北方工业大学高参小项目

春晖集

北京市石景山外语实验小学
教育教学成果

刘世彬　主编

中国发展出版社
CHINA DEVELOPMENT PRESS

图书在版编目（CIP）数据

春晖集：北京市石景山外语实验小学教育教学成果 / 刘世彬主编. — 北京：中国发展出版社，2022.1

ISBN 978-7-5177-1174-2

Ⅰ.①春… Ⅱ.①刘… Ⅲ.①小学教育—文集 Ⅳ.①G62-53

中国版本图书馆CIP数据核字（2021）第024735号

书　　　名：春晖集：北京市石景山外语实验小学教育教学成果
著作责任者：刘世彬
责 任 编 辑：杜　君　王　沛
出 版 发 行：中国发展出版社
联 系 地 址：北京经济技术开发区荣华中路22号亦城财富中心1号楼8层（100176）
标 准 书 号：ISBN 978-7-5177-1174-2
经 　销 　者：各地新华书店
印 　刷 　者：北京市金木堂数码科技有限公司
开 　　　本：787mm×1092mm　1/16
印 　　　张：18.5
字 　　　数：328千字
版 　　　次：2022年1月第1版
印 　　　次：2022年1月第1次印刷
定 　　　价：69.00元

联 系 电 话：（010）68990630　68990692
购 书 热 线：（010）68990682　68990686
网 络 订 购：http://zgfzcbs.tmall.com
网 购 电 话：（010）88333349　68990639
本 社 网 址：http://www.develpress.com
电 子 邮 件：330165361@qq.com

廿载春晖　今朝桃李满园

刘世彬

春风夏雨，晖光日新。北京市石景山外语实验小学，经过近 20 年的发展，不仅在教育教学上取得了喜人的成绩，学校的办学理念，学生培养目标也赢得了社会的认可与良好的口碑。这些成绩的取得，离不开学校一批专业、敬业、乐业的教师团队的默默耕耘，砥砺奉献。

学校要发展，教师是关键。建设一支师德高尚，素质优良，结构合理，充满活力的专业化教师队伍，是学校可持续发展的根本保障。教师的专业化，是指教师在其职业生涯中，基于个体经验，依据职业发展规律不断提升、改进自我，以顺应职业发展需要的过程；是教师的专业成长或教师内在专业结构不断更新、演进和丰富的过程；是教师专业发展终身化的过程。这一册教育教学成果集，汇集了北京市石景山外语实验小学全体教师的研究论文、课例设计、教学反思等，这些成果是教育教学过程中点滴智慧的凝结，是对自身工作的反复思考与研究，更是学校近 20 年以来积淀下来的一笔宝贵财富。

《春晖集》有着精彩纷呈的理念碰撞，迸发出教学探索的闪烁微光，其中尚觉稚嫩的观点，思之未深的问题，求教于大方之家，以获更大收益。

最后感谢我的同事在平凡的教学道路上留下自己成功的足迹，愿这本文集成为促进教师专业水平提升、推进学校内涵发展的里程碑，更成为学校未来发展的新起点。

目 录
Contents

语文篇

数学篇

英语篇

科任篇

教育科研篇

语文篇

小学低年级语文阅读教学中核心素养的培养策略

北京市石景山外语实验小学　秦笑尘

　　摘　　要：在当今语文教学改革中，不断提升小学生语文核心素养，对小学语文阅读教学提出了更高的要求，因此，语文教师必须不断创新和优化小学语文阅读的教学模式，强化学生语文核心素养的培养。本文以小学语文阅读教学为例，对在日常语文课堂教学中，学生核心素养的培养策略进行了详细的探索。

一、小学语文核心素养概述

　　培养小学生的语文核心素养，已经成为当前语文课堂教学的重要目标，小学语文核心素养主要包括四个方面。一是阅读理解能力。在核心素养要求下，在小学语文教学中，必须不断提升学生的阅读理解能力，即理解能力、感知能力、鉴赏能力和阅读能力、学生的阅读兴趣、阅读情感等。二是思维发展能力。在核心素养要求下，在小学语文阅读教学中，必须要借助阅读和交流等途径，加强学生语文思维能力的培养。三是文化感受能力。鉴于语文是文化传承的重要载体，在学习过程中，应引导学生逐渐达成理解社会、完善人格、丰富人生的目标，通常还应充分发挥其审美教育功能，引导学生感受文化，提升审美情趣。四是语言表达能力。在核心素养下，教师在语文教学中，必须要致力于提升学生的口头语言表达能力，指导学生应用准确的语言、意思和情感进行表达，与他人进行交流等。

二、阅读教学中小学语文核心素养的培养策略

（一）结合课标挖掘教材中的学科素养

作为一名语文教师，要掌握教材中的学科素养结合点，部编版语文教材建构适合小学的语文核心素养体系。在教材的呈现和教学中并不刻意强调体系，我们要思考的问题是：语文核心素养与教学内容的结合点在哪里？需要我们语文老师擦亮发现语文核心素养的慧眼。在单元导语中，在课文和课后练习中，寻找学科的核心素养。例如：小学语文第三册第一单元：整个单元3篇课文，主线只有一条，就是唤醒学生对有新鲜感的词句的敏感，并试着去感受、理解和积累，并在此基础上，通过练笔写话，试着加以运用。从教材的编辑上体现了"语言的建构与运用"。所谓"新鲜感"是相对于常态而言的，这就涉及"比较、分析、提炼、概括"等思维能力。"新鲜感"也是一种主观体验和感受，是一种审美体验，可以想象成画面和场景，这就涉及审美能力。"新鲜感"的词句的背后涉及文化背景，这与"文化的传承和理解"是密不可分的。例如：小学语文第五册，在第四页"朗读课文，一边读一边想象课文描写的画面。在文中画出有新鲜感的词句和同学交流"；在第六页"读课文的时候，你注意到下面加点的部分了吗"；在第七页"把有新鲜感的词句画下来和同学交流"。在日常的备课中，我们就要用整体的、系统的、辩证的眼光来把握每个单元的语文要素，要站在语文核心素养的角度来审视和把握每个单元的语文要素，有意识地引领学生关注教材内容。

（二）明确教学目标"一课一得"

"一课一得"，即一篇课文只确立一个核心目标。小学语文第三册第一单元中《总也不倒的老屋》，在备课时，只把"预测和猜想"设置为核心目标。在课堂教学中依据教材中的提示语，围绕着"为什么要边阅读边猜想？边阅读边猜想什么？怎样边阅读边猜想？"进行阅读教学，引发学生们的思考（见表1）。

表1 《总也不倒的老屋》预测与猜想

课文提示语	为什么要边阅读边猜想	边阅读边猜想什么	怎样边阅读边猜想
老屋总也不倒是被施了魔法了吗	通过猜想引发学生的期待	猜想原因	依据题目猜想
图中的老屋看上去那么慈祥，它应该会答应吧	通过猜想改变学生的视野	猜想情节	依据插图猜想
我想老屋会不耐烦了	通过猜想激活学生的体验	猜想心情	依据生活经验猜想

续表

课文提示语	为什么要边阅读边猜想	边阅读边猜想什么	怎样边阅读边猜想
一读到这句话，我就知道，一定有谁来请老屋帮忙了	通过猜想点燃学生的思维	猜想人物	依据特殊句子进行猜想
我猜到：老屋会怎么回答	通过猜想帮助学生打通读写环节	猜想语言	依据生活常识进行猜想
老屋可能还会遇到其他需要帮助的小动物	通过猜想调动学生的想象力	猜想情节	依据同类情节进行猜想
估计老屋不会倒了	通过猜想满足学生对美好生活的期待	猜想结果	依据发展趋势进行猜想

寻不离境，"得"指核心目标，核心目标往往承载语文核心素养，不把核心目标当成抽象的语文知识来学习，而是要基于语境，最后融化在语境中。

语文核心素养的形成是学得、习得、练得，指向的都是语文核心目标。任何核心目标的落实都不能抛弃具体的语言环境，一定要基于语言环境，通过语言环境，最后融入语言环境，即：文辞语境、文体语境、文化语境。

（三）丰富和优化阅读课堂教学模式

为了进一步实现小学生语文核心素养，在小学语文阅读教学中，借助多元化的语文阅读教学模式，以激发学生的学习兴趣，并提高小学语文阅读教学效果。例如：教师范读、学生轮读、情景阅读、分角色阅读等方法。在阅读教学中，还可以借助多媒体的教学设备，促使小学语文阅读课堂教学变得更具有趣味性，促使学生积极主动地参与到阅读教学中，以提升学生核心素养。

例如，在《江南》的阅读教学中，充分借助了多媒体这一教学设备，播放课文录音，鼓励学生们仔细倾听，交流所得。通过倾听促使他们从整体上感知诗歌的大致内容；鼓励学生们大胆质疑，小心求证，引领他们在解决问题中感悟诗歌内容，体味江南水乡的秀美以及人们劳动时的快乐；通过与诗歌所表达内容一致的优美乐曲，使用配乐朗读的方式，促使孩子们更好地诠释出江南的美景，采莲的欢愉！鼓励学生们与家长一起读、一起学，亲身实践，联系生活实际亲自分辨东、西、南、北 4 个方位。以播放动画片的形式，引领学生思考鱼儿戏耍时，都到过哪里？去体会诗歌的形式美；"鱼儿在莲叶间会怎么游戏呢？"在朗读中引导学生想象，以配乐朗读的形式，去引导学生体验诗歌的节奏美；"鱼戏莲叶东，鱼戏莲叶西，鱼戏莲叶南，鱼戏莲叶北"通过动画设置的"小鱼"提问，让学生们体验诗歌的自由美。采用多媒体教学的方式吸引学生的注意力，更好地开展阅读教学。在知识拓展过程中，教师还可采用小组内互动的方式进行，最终完成学生核心素养的提升。

（四）创新阅读教学形态

为了培养学生的核心素养，在小学语文阅读教学中，教师必须要针对形式不同、主体不同、内容不同的文章，进行教学形态的创新，进而在阅读过程中，培养学生的核心素养。统编版语文教材中的课文大概分为 3 类，第一类是教读课文，主要是"学得"；第二类是自读课文，主要是"习得"；第三类是课外阅读，主要是"用得"。学得、习得、用得，其实是一"得"，这个核心目标贯穿在教读课文、自读课文和课外阅读的整个过程当中。

首先，开展整本阅读赏析课。在小学语文阅读教学中，精品阅读的文章相对比较多。为了实现学生核心素养的培养，教师应选择最佳的阅读文本，并引导学生运用一定的阅读技巧开展阅读；接着引导学生大胆质疑，并结合自身已有文学素养解决问题，对其进行探讨。久而久之，学生就会形成良好的阅读习惯，并实现阅读能力、文化感受等能力的提升。其次，开展读写训练课程。在阅读教学中，学生会遇到许多精美的词句、段落等，教师可引导学生在阅读的过程中，对其进行仿写和积累。所以不仅提高了阅读教学效果，也增强了学生的写作能力，实现了知识的运用。最后，开展巩固背诵课程。在语文阅读教学中，通过开展巩固背诵课程，可使学生对文章进行熟读、背诵，并在这一过程中，开拓了学生的思维，促进了学生核心素养的提升。

在统编版小学语文教材中，语文核心素养是渗透在教学内容之中的。但是，一个有智慧的语文老师，一个有责任和担当的语文老师，就会擦亮自己的慧眼，去发现、捕捉和锁定散落在教材字里行间、方方面面的语文核心素养，并且以多种策略，如媒体教学、朗读、游戏、课间操等，"一课一得"，得不离境，得得相连，让语文核心素养真正落地，以实现学生核心素养的培养。

在古诗词中汲取力量，引领学生不断成长

北京市石景山外语实验小学　张　翠

摘　要：巧用教材，在整合与拓展中进行熏陶。抓住特点，灵活有效地开展诵读活动。通过总结归纳，感悟学习古诗词的一般方法。针对学生特点设计学案，有效提高学生在家的学习效率。捕捉难忘瞬间，在经典中汲取力量。让孩子们有古诗词相伴，从经典中获得力量，让这些耳熟能详的古诗词激励学生不断成长、不断前行！

中国是一个爱诗的国度，中华民族是一个爱诗的民族。3000 多年前，从《诗经》开始，无论是唐诗，还是宋词，都是祖先留给我们的精神财富。这种精神早已融入我们的血脉，塑造我们的容貌，淬炼我们的思想。"恰同学少年，风华正茂，书生意气，挥斥方遒。"六年级的学生正值他们人生最美的年纪，正是他们认识世界、学习知识最好的时期。当前，新冠肺炎疫情在全世界范围内传播。在这样一个特别的时间段里，让孩子们有古诗词相伴，从经典中获得力量，让这些耳熟能详的古诗词激励学生不断成长，不断前行！

一、巧用教材，在整合与拓展中进行熏陶

统编版小学语文课本第十二册后面的"古诗词诵读"收纳了 10 首经典诗词，都属于小学生必会古诗词的范围。这些古诗词或表达爱国之情，或抒发诗人志向，或赞颂山水之美。选编这 10 首古诗词既可以使学生受到古典诗词美的熏陶，同时又加强古诗词的积累。

经过 6 年的古诗词学习，学生应当具备一定的诗歌自学能力和表现能力。师生要

以这 10 首古诗词的学习为契机，把小学必背古诗词进行整合、拓展，使学生的古诗词知识有较大的提升，学习和运用古诗词的能力有较大的提高。

二、抓住特点，灵活有效地开展诵读活动

古诗词表达形式重含蓄，诗文讲究凝练，充满画意。针对这些特点，小学阶段的古诗词教学在教法上要根据学生的不同特点，应用独特的方法，灵活有效地开展诵读活动，让学生从古诗词中开智慧之泉，养浩然正气，立奋发之志，为将来的成就奠定基础。引导学生有感情地朗读、背诵诗词，领悟学习诗词的方法，理解诗词的含义，体会诗人所表达的思想感情，激发深化对传统文化的喜欢与热爱。因此，在指导学生时要注意以下几点：

（1）从诗文入手，感知作者的写作意图。

（2）深入诗的意境，与诗文产生共鸣。

（3）从灵活多变的写作技巧赏析诗文。

（4）注意激发兴趣，在感悟深刻的基础上不断增大积累数量。

三、总结归纳，感悟学习古诗词的一般方法

在开展古诗词师生诵读积累的活动一开始，先与学生一起归纳学习古诗词的步骤：

（1）读诗题。看到古诗题目先读一读。

（2）知作者。了解一下作者是谁，并说一说。

（3）读诗词。从整体入手，读通古诗词。

（4）解诗词、释诗意。结合注释，抓住对关键字词的理解，达到对诗句、词句的理解，再相互交流，达成共识。

（5）发挥想象，体会情感。在理解古诗词大意的基础上，分析作者写此诗词的目的，即作者想要表达的思想感情。

（6）再读古诗。入境悟情，感受诗韵，深化认识，达到记忆背诵的目的。

通过对小学 6 年来古诗词学习方法的梳理和归纳，引导学生感悟出学习古诗词的一般方法，并将这种方法在之后的古诗词诵读和积累中不断运用，从而形成学习能力并不断提高，为下一学段进一步学习古诗词奠定基础。

四、设计学案，有效提高学生在家的学习效率

病毒无情，学生们不能如期地在校进行学习。面对疫情，如何发挥教师的引导作用，做到停课不停学，这无疑是对我们每个教师的新挑战。我想，作为一个语文老师，我们最擅长的，与学生最默契的一定是文字的交流，于是我默默地为学生设计了一份古诗词积累的学案。学案中的每一处设计我都用心推敲，把它作为新学期的礼物送给孩子们，同时也为共抗疫情贡献出自己的微薄之力。

在每一首古诗词中我都设计了类似"出处我知道、读后知大意、细读有玄机、多读我积累、读后我会用"的问题，用这些问题引发学生对古诗词深入的学习。在此基础上，根据每首诗词的特点和内容不同，设计了不同形式的自学提示。

1.除了这首《早春呈水部张十八员外》其一，作者还写了其二，请你把这首诗按照现在的格式加上标点抄写一遍。

莫道官忙身
少大逐春心无凭
看君先到江头
深柳深色知今

【意图】让学生了解古今书写格式的不同，运用已掌握的关于古诗的相关知识和能力，尝试学习新的古诗。

我尝试着画一画：

2.《泊船瓜洲》一诗中出现了好几个地名，快拿出地图，找一找它们分别在哪里？

【意图】引导学生通过借助搜集资料，通过画一画加深印象，理解古诗含义以及诗人感情。

3.《清平乐》的作者是（　　　）代的（　　　　　　　　），他不仅是一位词人，还是一位有名的（　　）。快来欣赏一下黄庭坚的书法作品。

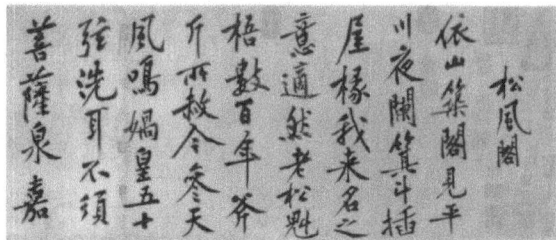

【意图】对于学生相对比较陌生的词人，恰当地引入作者相关资料，让学生对作者有全方位的认识与了解。

五、难忘瞬间，在经典中汲取力量

镜头一：温暖

当我在收看新闻时，看到有这样一篇报道，于是我设计了这样一道导学思考题：在送往武汉防护服的箱子上写着：岂曰无衣？与子同袍。（怎么能说没有衣服呢？我和你共穿一件战袍。）这句话同样出自《诗经·秦风》，反映出了我们全中国的人民是抗疫第一线的坚强后盾，读后你是什么心情呢？如果让你仿照《诗经》的格式写两句，我会写：

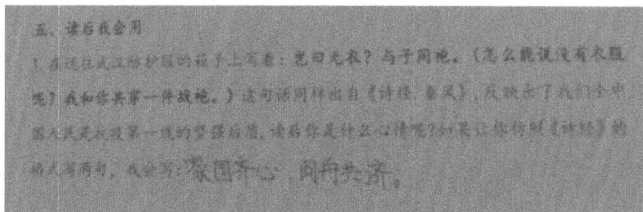

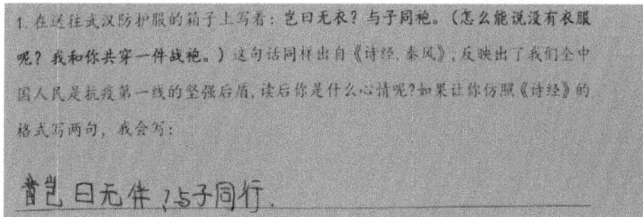

学生们写的内容令我动容，多难兴邦，面对疫情我们感受到了爱心与温暖。众志成城共抗疫情的身影深深地印在我和学生们的心上，每一幕在我看来都是壮举，是我人生中最难忘的经历和重要的精神财富。这个假期注定是最不平凡的，我们学会了尊重生命，心怀感恩，古老的《诗经》简短而有力，温暖了我们每个人的心，在我们的心底注入了一束阳光，一股力量……

镜头二：力量

那天，我们恰好学习古诗《游园不值》，一幅动人的画面吸引了我：一位男子在方舱医院病床上坚持读书。

于是在班级群里，我把自己的想法与孩子们进行了交流。"不值"就是恰好主人不在，没有遇见的意思。高兴而来，不能入园欣赏，本是一件扫兴的事情，但是诗人的心态却没有一丝不悦，而是由这一枝粉红色的杏花联想到满园的春色，激发诗人和我们无尽的想象。像这样"不值""不遇"的诗还有不少，你们不妨找一找，开学了我愿跟你们一起做一个这方面的专题研究。其实我们的人生并不都是顺境，关键看我们每个人的心态，前几天我看到在方舱医院的病床上，一个青年全神贯注地看书的情景，由衷地佩服。在如今特别的日子，特别的学习，我相信你们会格外认真，更有创意！

在这之后，我又设计了古诗闯关的活动，分门别类地进行闯关活动，激发他们对于古诗诵读积累的兴趣，巩固这一阶段开展古诗积累诵读的成效。

通过开展这样的古诗诵读活动，帮助学生打下扎实的文化基础。文化是人存在的根和魂。传统文化教育正是我们帮助学生深扎民族根、熔铸中国魂的重要方式与方法。让孩子们的童年始终与经典相伴，始终与古诗词相伴，穿越历史的时空，在诗词中畅游，感悟语言的魅力，感受充盈而满足，体验精彩的人生。

展开想象品古诗，培养学生核心素养

北京市石景山外语实验小学　孙明辉

摘　要：近年来，传统文化越发受到各界重视，在统编本小学语文教材中更是大量加入传统元素，加大古诗词教学力度，越来越多的古代优秀诗篇被选入小学语文教材中。但在我们低年级古诗词教学中，却存在着种种弊端，制约着学生的学习兴趣与能力培养。为此，我们应重视古诗词教学，勇于尝试、大胆革新，探索出一种低年级学生喜欢的教学方式，帮助学生从诗话中品味诗句，放飞想象，描绘诗画，以画面呈现的方式辅助理解诗话，达到激发学生兴趣、培养学生能力、树立学生价值观的最终目标。

近年来，传统文化越发受到各界重视，在统编本小学语文教材中更是大量加入传统元素，加大古诗词教学力度，越来越多的古代优秀诗篇被选入小学语文教材中。《义务教育语文课程标准（2011 年版）》更是明确提出了背诵古诗的具体要求，并推荐了小学生必背的 75 首古诗，进一步肯定了古诗在小学语文教学中的重要地位。因此，贯彻课标提出的古诗学习要求，势在必行。《义务教育语文课程标准（2011 年版）》中明确提出，小学低年级要诵读儿歌、童谣和浅近的古诗，展开想象，获得初步的情感体验，感受语言的优美。

这一要求看似简单，实施起来却有着诸多挑战。一方面，古诗言简意赅，内容精练，伴随识字教学的古诗学习，如何能做到激发学生兴趣；另一方面，透过文字，展开想象，如何引导学生与诗人产生情感共鸣，进而发现语言的优美。可见，低年级古诗教学的方法探索势在必行。

一、古诗教学中存在的问题

（一）古诗教学方法陈旧，学生对古诗不感兴趣

在日常教学中，不少教师津津乐道于诗句个别字的意思、使用方法和整句串讲……把一首完整的绝美古诗肢解成零散的汉字，学生学完一首古诗，了解了诗句的意思，背下来诗人想要表达的感情，却永远与美的欣赏擦肩而过。而《义务教育语文课程标准（2011 年版）》强调古诗教学除了要让学生读准确，知道诗句意思，更要让学生获得初步的情感体验，感受到语言的优美。因为语文不仅是一门工具性学科，它的学习更要让学生感受祖先文化的博大精深，感受到语言的无穷魅力，进而有一种归属感与自豪感。然而遗憾的是，不少教师因为重视分数而走上"读诗、拆解诗词、整合诗句、再读诗、背诵诗"的"念经式"课堂，单一的模式化教学，给予学生的只是机械式的记忆，毫无乐趣可言。

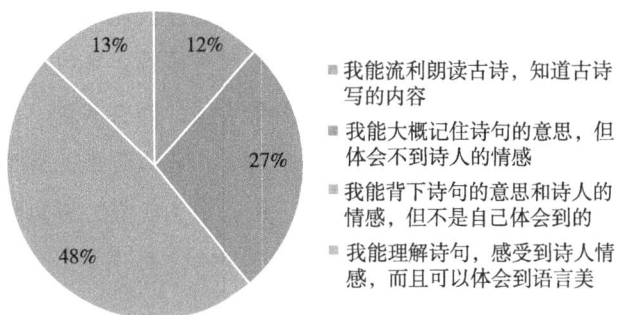

图1　学生学习古诗的层次调查结果

- 我能流利朗读古诗，知道古诗写的内容
- 我能大概记住诗句的意思，但体会不到诗人的情感
- 我能背下诗句的意思和诗人的情感，但不是自己体会到的
- 我能理解诗句，感受到诗人情感，而且可以体会到语言美

为此，我特意抽调了部分一年级和二年级学生进行问卷调查，调查方面涉及学生在学习古诗的各个层面，结果并不尽如人意（见图1）。

在学生看来，老师费力讲解的古诗如此乏味，他们并不喜欢古诗，那距离他们的生活太遥远了。而在这样的认知与学习态度下，学习的兴趣和效率从何谈起？情感的初步获得从何而来？语言的优美又如何去体验呢？

（二）就诗论诗理解诗，学习广度不够宽

前文说道，学生不喜欢学习古诗，只是单纯背诵古诗意思，那么也就无法理解诗句背后所蕴含的文化底蕴，更无从去体会语言的美与魅力。对于低年级学生而言，情感体验与感受语言美都非易事，需要老师的引导和讲解，那么问题出现了：如何引导他们去体验？所有的古诗都可以用一种方式体验吗？答案显然是否定的，以一个简单

的例子而言，送别诗多伤感，以景寄情；而抒情诗恰恰是有感而发，寄情于景，但不论是哪种诗，往往都要通过景来体会诗人的情感。

对于这种情况，显然需要老师带领学生透过景物，走近诗人，感受诗人。但一首古诗的教学，真的就是为了让学生学习一首古诗吗？在学习古诗的基础上，我们要做的是教给学生学习方法，用同样的方法去学习其他古诗，这也就是《义务教育语文课程标准（2011年版）》推荐75首古诗的用意之一。因此教师在教学古诗中，应结合教学目标，有目的地为学生拓展几首古诗，如一年级《江南》一课，就可以拓展有关江南的诗句，无须整首诗，一句"接天莲叶无穷碧，映日荷花别样红"，一首《忆江南》不又将江南的别样景色带给了学生吗？

再比如在统编本教材中，古诗编排大多以主题方式呈现，如二年级下册第15课《古诗二首》选取的两首古诗分别出自杨万里与杜甫。他们漫游祖国的山川，写下了许多著名的诗篇。两首古诗分别为我们呈现了西湖六月与杜甫草堂周围的美景，借由两首写景诗，我们更可以让孩子拓展其他写景诗，学有余力的学生更可以通过想象、感悟，尝试应用古诗诗句，真正做到学以致用。

二、古诗教学改革的意义和重要性

古诗是阅读教学的重要组成部分，学习古诗不仅能丰富学生的知识，提高学生的写作水平，还能提高学生的欣赏品位与审美情趣，是有效提升学生核心素养的关键部分。

（一）古诗教学可以丰富学生的文学知识

教师通过古诗词的教学，帮助学生有意识地积累、感悟和运用古诗词，扩大了学生的知识面，为学生今后的语文学习打下一定的文学功底。教师在指导学生学古诗词时，不但教会学生对古诗词内容的理解与记忆，还能够让学生了解到像李白、杜甫、白居易等著名诗人的生平及其重要成就。

（二）古诗教学有利于提高学生的写作水平

古诗词的教学，不但可以提高学生的阅读能力，还可以提高学生写作能力。写作中适当引用古诗词可以使文章更生动，更富有文采。"万紫千红总是春""春城无处不飞花""绿树阴浓夏日长""五月榴花照眼明""青女素娥俱耐冷，月中霜里斗婵娟""梅雪争春未肯降，骚人搁笔费评章"的诗句，就将我国春夏秋冬四季特征的美景呈现于读者面前。

（三）古诗学习有助于提高学生的欣赏品位和审美情趣

古诗是中国文学宝库中的一块瑰宝。通过阅读、欣赏这些古诗，不仅能促使学生认识中华文化的丰厚博大，还能提高学生的欣赏品位和审美情趣。

三、低年级古诗教学有效性初探

古诗的欣赏对于低年级学生而言，最主要的困难是理解诗句意思，那么将诗句转化为画面，就能好理解很多。这也就是将"诗话"转为"诗画"的过程，再从画面中理解诗句含义，也就容易理解很多。那么"诗话"到"诗画"，最后回归"诗话"的过程，我认为主要可以分为4步：诵读诗文明确景物，联系生活构画景物，诗画结合理解诗句，话语描绘表述意境。

（一）多种途径激发学生学习古诗的内驱力

1. 熟读成诵解诗文，探踪寻觅找景物

学习古诗，首先要做到的就是读熟。任何一篇文章的学习理解都是在熟悉的基础上建立起来的，而短小精悍的古诗更需要学生在学习前熟读成诵。

如教学二年级下册《绝句》一诗时，学生由于刚刚接触杜甫的诗，所以在上课伊始，便激励学生借助拼音大胆读诗，能够读对即可，进而找个别学生读诗，纠正字音。在能够做到读正确后，充分借助学生的好胜心，进行小组之间的比赛读，看看谁能读出节奏。七言诗是学生接触较多的一种诗，节奏感的把握也相对容易，因此直接采用小组读的方式，不仅能够让每一个学生参与其中，更可以促使他们动脑筋思考，而在汇报读中，采用自己喜欢的方式读，更是让人眼前一亮：有的组是传统的一人读一遍，有的组是一人读一句，还有的组是两个人穿插读诗……不同的朗读方式，激发了学生的学习兴趣，他们用更多的方式去读，在反复诵读中体会其中的快乐。

再读古诗，你能按照诗句顺序，找一找诗中都写了哪些景物吗？问题的提出不仅要求学生找到相关景物，更要有顺序地去找，因此学生在熟读的情况下很容易地找出：黄鹂、柳树、白鹭、西岭、雪、船，那么再次诵读，加以规范、归纳后，学生便知道杜甫从草堂中看到的是：两只黄鹂、翠绿的柳树、一行白鹭、白雪皑皑的西岭和从东吴驶来的客船。景物明确，理解诗意也就水到渠成了。

2. 联系生活勾画景物，诗画结合理解诗句

随着景物的逐渐明晰，学生对于诗句的理解也深入了一个层面，但对于《绝句》一诗仍显不够。在最初的教学设计中，我设计让学生在说出景物后，采用板图的形式（见图1），拼摆景色，让学生看一看是不是自己脑海中的样子。

图1 《绝句》的最初板图

但在课后练习中，我发现学生对于诗的掌握并不理想，如"一行白鹭上青天"中，虽然板图显示符合诗句意思，但学生没有经过思考，而是老师给出，哪怕形式看起来很新鲜，但学生却并没有完全理解，所以在课后回顾中才会出现诸多问题：有的学生认为白鹭是平行飞行的，有的学生把白鹭随意画上，并非一行；再如"窗含西岭千秋雪"，杜甫在哪里看到的景色？应该是窗内，而学生却把杜甫放在了门边！

为了能够让学生主动地思考并且参与其中，我们借助拼图的形式，将原本画在黑板上的板图做成卡片，采用边说边贴的形式去完成这幅画，同时为学生制造一定的小困难，如几只白鹭随意贴在黑板上，请同学摆放。果然，有的同学注意到了应该排列成一行，却没有注意方向。这时，就有学生提出，诗中原句为"一行白鹭上青天"，既然是"上"，那么方向就出现了问题！这时也有更多的同学注意到这个问题，并提出了修改方式，最终我们的板图呈现出真正的"一行白鹭上青天"（见图2）。

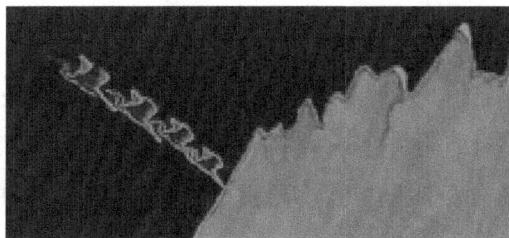

图2 "一行白鹭上青天"的板图

《绝句》一诗中，最难理解的其实是第三句"窗含西岭千秋雪"，诗人在哪里写下的这首诗呢？从习题中我们可以看出，有的学生泛泛而谈说在草堂，有的说是在门边，因为他看到了"门泊东吴万里船"，还有的说应该是在窗前，答案其实就藏在古诗当中。我们借助板图，先出示了草堂的图，进而将表示"杜甫"的小人交给学生，请根据古诗，选择位置，很多孩子在思考过后恍然大悟，杜甫是坐在窗前，看到的正是"窗含西岭千秋雪"！（见图3）由此可见，古诗的讲解并不需要教师的逐字拆解、诗句串联，只要让孩子多诵读，真思考，动手做，其实孩子们都是可以理解的，因此，在今后的教学中教师们要做的往往是组织孩子们动起来，而不是教师自己动起来！

图3　"窗含西岭千秋雪"的板图

3.结合课内展课外，共赏杜甫诗内情

在熟读成诵、理解诗句含义后，顺理成章地就是要背诵了，而这对于已经完全熟悉、理解诗句的孩子们来说并不难。然而我们不能就诗论诗，还要有目的地帮助学生拓展学习。二年级学生第一次接触杜甫的诗，更是第一次接触绝句这一体裁，因此我在教学中从75首推荐诗中挑选了杜甫的另一首《绝句》（迟日江山丽）作为拓展内容。承袭前面学习方法，学生采用拼摆方式理解诗句，不仅闻到了诗中的"春风花草香"，看到了睡在沙子上的小鸳鸯，更体会到了春景的美好，大自然的美丽，更从两首诗的对比中，了解了"绝句"是体裁，而非题目，诗句分为五言诗与七言诗……相信如果每一首诗都能教给学生一种想象的方法，那么古诗教学绝非是枯燥乏味的，学生对于祖先文化的学习绝不会是抵触的，而这就需要我们不断地探索、革新。

（二）精准评价激发学生主动想象的学习习惯

1.源于教师的适时、准确评价

（1）明确激励性评价的鼓励性。激励性评价是评价过程中众多环节的一项，每一次的激励性评价都应该对应明确的评价目标，准确地观察和恰当地评价结论，否则激励将是盲目和无效的。任何激励方式都要植根于提高学生素质的提升，只有这点明确了，激励性评价才会让学生如沐春风。

（2）讲求激励性评价的艺术性。教师应用鼓励性的语言赞扬学生的每一次成功，态度要真诚、中肯，语言要新颖、独特、幽默、灵活多样，富有创造性，满足学生求新求异的心理，要适时，要恰如其分，不过分夸张。

总之，教师如果能够用好用活语文课堂激励性评价，会使课堂教学更加契合《义务教育语文课程标准（2011年版）》的理念，在教师与学生之间、评价实践与课程目标之间形成良性互动，激发学生主动学习的热情。

2. 源于同学、自己的客观评价

《义务教育语文课程标准（2011年版）》指出：实施评价应注意教师的评价、学生的自我评价和学生间互相评价相结合。目前，新的课堂评价方式日趋丰富，"以学生为本"的教学理念在课堂教学中越发显得重要。因此，在教师评价之余，生生评价也是十分重要的，源于同学和自己的激励性评价更能促进学生自信心的增长，学生的接受能力也更强。

为此，我设计了一款简易评价表（见表1），用于学生在古诗学习时的学习层次自我评价，并激发学生兴趣，培养学生良好的学习习惯。

表1　　　　　　　　　　　课堂表现自我评价表

评价内容	评价等级
1. 我能够正确地拼读拼音，读准字音	☆ ☆ ☆ ☆ ☆
2. 课堂中，我能大胆练习，将古诗读得有韵味	☆ ☆ ☆ ☆ ☆
3. 我能主动思考，借助想象理解诗句	☆ ☆ ☆ ☆ ☆
4. 我能在理解的基础上，体会诗人情感，感受语言的优美	☆ ☆ ☆ ☆ ☆

四、结语

总之，小学语文是一门非常重要的科目，教师要顺应改革的发展要求，利用先进的教学方法优化对学生的古诗学习指导，使学生通过多种形式来进行学习，达到对学生的古诗学习能力的培养和提升，加强对学生的综合能力的培养，通过语文古诗词的学习，使学生获得更多的感受，进而帮助学生树立民族归属感与自豪感，在不断优化学生的学习能力中，使学生打好语文基础，获得进步。

猜猜·说说·编编　让绘本教学丰满起来

北京市石景山外语实验小学　唐　巍

摘　要：每一个文本都是有灵性的，面对每一本图书，引领学生进入的方式很多，但不管老师采取什么通道，最重要的是要让学生积极主动地参与阅读，借助一个个问题，一个个悬念，来启发他们独立思考，鼓励他们大胆地发表自己的见解。来吧，翻开绘本，让我们共同享受生命最初的成长之路。

根据儿童的年龄特征与认知心理，小学低学段更适宜阅读绘本，这是通向流畅、独立的文字阅读过程中的一个不可逾越的阶段。儿童处于形象思维阶段，是图形认知的敏感期。孩子在脑子里积累的图像资料越丰富，他的想象也就越丰富，他的逻辑思维发展也就越健康。一本好的绘本，不仅仅是用轻松幽默的文字讲述一个妙趣横生的故事，更重要的是它是以构思巧妙、想象奇特、富有童趣的画面来讲述故事的。

《彩虹色的花》叙述着一个极其温柔细腻的故事：一朵彩虹色的花，将自己的花瓣都用来帮助有困难的小动物了，最后，自己却被覆盖在白雪下面。可是，它的希望和梦想还在继续，当春天来到时，新的花朵又在阳光下绽放开来……生命可以轮回，乐于助人的精神则存留其中，给读者留下无穷的意味。

通过实践探索，笔者发现在低年级的绘本教学中，可以通过猜猜、说说与编编等活动，引导孩子与文本对话，让他们感知形象、品味语言，达到情感共鸣与心灵浸润。

一、猜猜，激发学生阅读兴趣

绘本都配有漂亮的图画，教师抓住这一特点，利用题目、封面、环衬等提供的信息，让学生尽情猜想故事情节或主人公的遭遇，可以大大激发阅读绘本的兴趣。《彩虹色的花》是一本风格极其独特的作品，本作品采取壁画法，先在画布上涂上灰泥再绘制，画出富有立体感的特殊效果。上课伊始，老师出示封面上那朵色彩艳丽的花，让学生说说这是怎样的一朵花。

生1：这是一朵美丽的花。

生2：这是一朵鲜艳的花。

生3：这是用红、橙、黄、绿、蓝、紫六种颜色组成的花，像彩虹一样。

这时老师出示书名：《彩虹色的花》，学生觉得自己说的内容和书名很接近，一下子就兴奋起来，迫不及待地想知道书中的故事，激起他们阅读的兴趣。

进入故事阅读，书中画面丰满而且富有情趣，文字穿插较少，我充分利用画面让孩子进行猜想。当彩虹色的花看见小蜥蜴的时候，和小蜥蜴打招呼：你好，我是彩虹色的花。你是谁呀？你为什么那么难过呢？小蜥蜴回答：我是蜥蜴，今天我要去参加宴会，可是没有适合的衣服。怎么办呢？彩虹色的花回答：哦，也许我的哪一片花瓣会与你的绿色相配。你看呢？故事讲到这里，书的下一页画面是小蜥蜴披着一片红色的花瓣。这时候我设计了让学生猜一猜的环节：你猜猜蜥蜴会选择什么颜色和它的绿衣服相配？

生1：它会选择绿色，因为它本身就是绿色的，很协调。

生2：它会选择黄色，黄色很漂亮。

生3：它会选择红色，红色最亮丽。

学生大胆地表述自己的猜测，在这个过程中启发学生深入思考。当翻到下一页发现猜想与画面一致的时候，猜对的学生会高兴得跳起来，体验到成功的快感，更加激起孩子阅读的热情。

这样的环节在后面小老鼠、小鸟选择花瓣的颜色的时候同样会采用。每一次，我总是先不急于放图片，而是让学生充分猜想。这样，不仅点燃了学生学习的热情，更是产生了全身心投入、主动地关心课堂进展的动力。这样一来，学生在课堂上情绪高涨、思维活跃，从而进入学习的最佳境地。所以，从另一个意义上说，猜想既是知识发现的先导，同样也是解决问题的一种很重要的手段。猜想，形成了阅读期待；猜想，深入了绘本的理解。作为一名老师，在引领学生阅读绘本时，留一点空白，听听孩子的猜想，不仅培养了孩子的想象力，还激发了孩子的阅读兴趣，何乐而不为呢！

二、说说，引导学生主动探究

优秀的绘本作品都配合漂亮的图画，这些图画，与文字之间相互依存、相互补充。

特别是图画隐藏着丰富的细节和深长的意味，往往蕴藏着文字以外的内容，是画者的精心之作。所以，读懂图画背后的文字，能让学生更深刻地领悟到绘本真正蕴含的道理。

只有自己感悟得来的东西才是记忆最深刻的。绘本简明的文字和细腻浪漫的图画、明亮艳丽的色彩对于儿童本身就是一种震撼，这种震撼连同各种精致的画面所表露出来的情感、所表达的意蕴只有通过儿童的眼睛、儿童的思考和创造才能真正内化为儿童内心的美，因此老师的阅读并不能完全代替儿童自身的感受、感悟。所以在绘本阅读过程中，要重视学生的读图能力与想象能力的发展。在简明、有效的导读后必须为学生的自由感悟留有足够的空间，让学生的想象力与创造力在与画面、文字的零距离接触中得以自由驰骋。

"阅读策略是可以带得走的。"也就是说我们教给学生更多的应该是阅读的方法。在这节课上，我采用了猜读、发挥想象、引导学生观察细节等策略。猜读能激发学生阅读的兴趣，发挥想象去读能培养学生的想象力，引导学生观察细节教会我们学生有一双善于发现的眼睛，做生活的有心人。这些策略使得学生能够根据图画信息猜测，通过观察小动物的表情来体会它们的内心。从共读故事环节到学生自读故事环节时，我对学生们说："我们看这本书的时候可以像刚才看蜥蜴和老鼠的两页那样看看动物的表情，可以像看小鸟的那页那样发挥自己的想象，还可以看看花的样子。现在快去看看书中有哪些地方是你最感兴趣的吧。"此时刻意引领孩子自己采用这些阅读方法去看书。

《彩虹色的花》这本书，在每次小动物选择完一片花瓣后，下面一页就只有图画，没有配文字，我每次都是这样问学生：这幅图没有文字，你看懂了吗？它会对彩虹色的花说什么？它的心情怎样？学生此时的个性阅读得到了激发，踊跃表达自己内心的感受。

生1：蜥蜴摘了一片红色的花瓣做衣服，笑眯眯地走了。

生2：老鼠摘了一片蓝色的花瓣，把花瓣绑在自己的尾巴上当扇子。它一边摇着尾巴，一边心里美滋滋地想，现在一点都不热了，真要感谢彩虹色的花呀。

学生你说我说，都在揣测着小动物的心理，但无论是哪一种，都触摸到了小动物的内心，那就是感受到帮助的快乐。那么，我们的绘本教学也就学得更加深入，不是简单地听了一个故事，而是明白了一些道理。

三、编编，激发学生创作激情

故事讲完了，学生们都沉浸在这美好的意境中，这时候老师引导：冬去春来，这一朵重新发芽的彩虹色的花会和以前的那朵花一样去帮助别人吗？她帮助了哪些小动物呢？那现在我们就来想象，如果彩虹色的花有更多的花瓣，她遇到了其他需要帮助的小动物，她会怎么做呢？想一想，会有哪些小动物碰到怎样的困难，需要彩虹色的花的帮助呢？我们也来当当作者，学着绘本的样子写一写，继续编编故事。

生 1：彩虹色的花帮助了小青蛙。

生 2：彩虹色的花帮助了小白兔。

绘本不光是故事教学，里面蕴含着很多价值。在有限的课堂时间里，我们不可能把所有的绘本内涵都带给孩子，这种创编故事的安排可以让学生密切联系生活实际，调动了学生的生活经验，通过与幼儿直接经验对接，拓展绘本教学。

每一个文本都是有灵性的，面对每一本图书，引领孩子进入的方式很多，但不管老师采取什么通道，最重要的是要让孩子们积极主动地参与阅读，借助一个个问题，一个个悬念，来启发他们独立思考，鼓励他们大胆地发表自己的见解。来吧，翻开绘本，让我们共同享受生命最初的成长之路。

发挥学生主体性　提高课堂实效

北京市石景山外语实验小学　王秀娟

摘　要：学生是语文学习的主人。因此，在教学过程中，我们应当充分发挥学生的主体作用，要积极引导学生参与教学过程，激发学生求知欲和他们的语言发展需要，开发蕴藏在他们身上的巨大学习"能源"，最大限度地调动和发挥学生的主动性、积极性、创造性，使学生成为学习的真正主人，在主动学习和探索中学习知识，发展智力，提高素质。如何真正发挥学生在学习中的主体地位呢？一要建立融洽的师生情感，为发挥学生主动性和提高学生素质打基础；二要为学生创造语言环境，吸引学生参与，发挥学生主体性；三要让学生当老师，发挥其主动性。总之，在教学中，只要我们教师重视激发学生的学习兴趣，培养学生良好的学习心理，学生的主体作用就能在兴趣中强化。

教育教学的主体是学生。因此，在教学中我们应当充分发挥学生的主体作用，要积极引导学生参与教学过程，激发学生求知欲和他们的语言发展需要，开发蕴藏在他们身上的巨大学习"能源"，最大限度地调动和发挥学生的主动性、积极性、创造性，使学生成为学习的真正主人，从而提高课堂教学的实效性，让学生在主动学习和探索中学习知识，发展智力，提高素质。

如何真正发挥学生在学习中的主体地位呢？

一、建立融洽的师生情感，为发挥学生主动性和提高学生素质打基础

教师与学生之间的感情，直接影响着学生对该学科的学习兴趣。美国心理学家罗杰斯认为："成功的教学依赖于一种真诚的理解和信任的师生关系，依赖于一种和谐

安全的课堂气氛。"因此,建立一种新型、民主、平等、和谐的师生关系,是学生创造性思维得以全面发展的基础,是学生主动性得以发挥的前提。作为教师,要以满腔的热情去热爱每一个学生,爱护和培养学生的好奇心、求知欲,保护学生的探索精神、创新思维,鼓励学生大胆发表自己的见解和观点。营造一种崇尚真知、追求真理的良好氛围,为学生的禀赋和潜能的充分开发创造一种宽松的环境。有和蔼可亲的老师,有和谐的气氛,学生们才会愿意上语文课,才能消除他们的顾虑,促使学生动口、动手、动脑,让思维插上飞翔的翅膀,从而调动学生的积极性,增强学生的自信心,为学生创新思维和创造能力的发展创造良好条件,为发挥学生的主动性、培养良好的素质打下坚实的基础。

二、为学生创造语言环境,吸引学生参与,发挥学生主体性

著名教育家陶行知先生曾提出"六个解放":解放学生的头脑、双手、眼睛、嘴巴、空间与时间,使他们能想、能干、能看、能说,广泛接触社会、大自然。表现在课堂上,要求教师创造语言环境,努力调动学生各种感官参与教学活动,更好地发挥主动性,提高学生的素质。

(一)精心导课,激发求知欲

创造语言环境,吸引学生参与,新课的导入比较关键。生动有趣的导入方法不仅能吸引学生,而且会极大地提高他们的学习兴趣,有时会产生争先恐后、竞相参与的热烈气氛。

1.设疑激趣

学源于思,思源于趣。有疑问才能引起学生思考,激发求知欲。我在教学中精心设置"引趣"性问题,调动学生积极性主动思维。如:抓题解疑,抓重点词语设疑,抓文中内容设疑,抓生活经验设疑,抓文中插图设疑等。例如《草船借箭》中的"借"字,诸葛亮既没征得曹操的同意,又用不着归还,何谓"借"?用"骗"不是更合适吗?学生们针对这一问题,进行了热烈的讨论。通过分析讨论得出一个"借"字,生动形象地表现了诸葛亮绝顶的聪明和过人的才智,更衬托出曹操的上当受骗和周瑜的机关算尽,理解"借"的深沉含义,对课文的理解也就更深刻了。设疑,不仅在课的开端,而且在教学的全过程中都要通过不断设置悬念,揭示矛盾,使学习的兴趣持久保持,不断增强,学生才能学得积极,学得主动。

2. 创设情境，引发兴趣

开篇时巧用幻灯、音响、图片、演示等电教手段激发学生兴趣，诱发学习动机，创造渲染气氛，使学生耳目一新，进入情境。例如：在讲《草原》一课时，我首先播放草原美景，让学生欣赏，学生们都被那辽阔的草原美景所吸引，接着我问："草原给你留下了什么样的印象？下面我们再到文中去感受一下。"学生们的积极性一下子被调动起来，都参与到了读书中。

（二）灵活教学，引导参与

明代教育家王阳明提出："今教童子，必使其趋向鼓舞，中心喜悦，则其进自不能已。"因此，要使学生主动性、积极性保持如一，就要从学生年龄特点及心理发展规律出发，需要教师采用丰富、新颖、灵活的教学方法。

1. 角色表演，唤起共鸣

爱表演是儿童的天性，能引起学生大脑皮层的高度兴奋，让学生的潜在动力最大限度地迸发出来，使学生奋发向上，创造力、想象力得以发挥。如教学《将相和》《晏子使楚》《夜莺之歌》等文章时，我让学生自由组合，编写课本剧，然后排演，极大地调动了学生的学习积极性，学生们跃跃欲试，认真揣摩体会人物的思想、动作、语言、心理活动，表演得惟妙惟肖。

2. 动手操作，增强学习主动性

让学生动手操作是激发学生主动性的一个重要方面。一方面满足小学生好奇的心理，另一方面调动学生运用多种感官参与学习过程，寓思维、创造于活动中，增强学习主动性，有效提高学生的素质。如教学《小站》一课后，我让学生按照方位顺序动手画一画小站，学生们充分发挥了想象力和创造力，发展了特长，培养了审美情趣。

3. 积极思辨，促进思维和语言的发展

辩论能训练大脑思维的敏捷性和灵活性，提高语言表达能力，这是有效调动学生主动性、提高学生素质的一个方式。

教学"听话、说话"中"报的班儿多好还是少好"时，我将班级学生分为正方和反方开展辩论比赛。学生情绪高涨，认真聆听对方观点，积极思维辩论，连平时不愿发言的学生也不甘示弱，踊跃发言，达到了预期的效果。

4. 利用好胜心，激发学习积极性

好胜心，是小学生重要的心理特点之一。他们在学习中往往希望争第一，得到老师的表扬。因此，我利用学生的好胜心理，激发他们动脑、动口的积极性，促进他们的学习兴趣。例如，教学中我组织各种比赛，看谁组得多，词语用得生动、准确，看

谁的办法多，方法巧妙等，使学生"大显身手"，促进学习兴趣，充分发挥学习的积极性和主动性。

5. 让学生体验成功，增强学习自信心

学生通过辛勤的劳动，获得了成功，就会对学习产生莫大的兴趣，而且学得更积极、更主动。比如学生学习习作，如果有的人的作文被教师作为范文在全班同学面前朗读出来，他们立即表现出喜悦、兴奋之情，他们今后学习写作的兴趣会更高，积极性和主动性也会更强。相反，如果学生在学习中总是得不到成功的体验，那么他们的学习主动性就会很自然地逐日递减甚至消失。所以，我在教学中制定的教学目标总是注意符合学生的实际水平，提出的问题或所出的练习题难度要适当，使大部分学生经过自己的努力，都能完成作业，获得成功的体验。对于一部分成绩比较差的学生，我也努力发现他们回答正确的部分，并且充分加以肯定，使他们也能经常获得成功的体验，增强学习的自信心。

6. 开展语文课外活动，发挥学习自觉能动性

课外活动丰富的内容和活泼的形式，能吸引许多学生，能激发和培养他们对语文的兴趣，使他们学习语文的自觉能动性得到充分发挥。例如，我先后组织了朗读比赛、挑战赛、辩论会、演讲比赛等，让学生在丰富多彩、生动活泼的语文活动中，既扩大知识面，发展语文的学习兴趣，又充分体现其主体地位。

三、让学生当老师，是发挥其主动性，提高素质的一个重要途径

学生心目中，教师是最神圣的。他们经常善意模仿教师的言行，利用这一点，在教学实践中，采取让学生当"老师"的办法，不仅使学生素质提高，而且会使学生学习由被动转为主动。例如：有些阅读课文，内容不是很难，所以我就让学生们分小组来共同备课，设计适合的教学方法，然后选派代表当"小老师"为大家讲课，学生们的积极性很高。这样一来，不但激发了学生的学习兴趣，提高了学生理解表达的能力，而且还让学生学会了反思，懂得了感恩。

总之，在教学中，只要我们教师重视激发学生的学习兴趣，培养学生良好的学习心理，学生的主体作用就能在兴趣中强化，我们的 40 分钟课堂也会更有实效。教师要善于引导、激发和保护学生的学习主动性，使学生在学习中始终保持兴奋的心理状态，处于积极思维的活动之中，主动参与教学过程，在参与中获得最佳学习效果，最大限度地发挥学生的思维能力、想象力、创造力，全面提高学生素质。

寄心云课堂，居家写话更精彩

北京市石景山外语实验小学　史　婷

摘　要： 语文课标指出：写话教学应贴近生活实际，让学生乐于动笔，乐于表达，应引导学生关注生活，热爱生活，表达真情实感。由此可知，低年级的看图写话教学，应该将重点放在激发学生写作兴趣，引导学生多观察、多积累。在这个特殊时期，如何能在完成课标写话目标的基础上，还能保证高质量高效率地完成写话的教学，是每个语文老师都关心和思考的问题。作为低年级的语文教师，在改变原有的教学模式下，我根据学生年龄的特点和在校掌握的情况，制订详细的习作计划，对学生疫情期间居家学习进行网络教学看图写话。

一、低年级看图写话现状

二年级的学生已有看图写话的基础，有一定的观察顺序和写作能力，能够将自己的习作写通顺。积累丰富的同学能够很自然地根据图片内容将自己想表达的想法说清楚，但他们缺乏一定的方法，观察得不够仔细，写得不够具体，习作没有真情实感。也有一部分同学，每每一做看图写话题目就犯怵，不知道如何下手，学生对看图写话提不起兴趣。在校时，教师可以面对面地对学生习作进行及时的反馈或点拨。在特殊时期，面对学生只能居家进行学习，看图写话的教学难度大大增加。学生居家学习，不可控的因素很多，又具有很大的局限性，更不利于学生对写话方法的掌握。所以学生面对单幅图或多幅图，能写上几句话或写一段话，并非一件很容易的事情。那如何利用好居家学习进行看图写话的教学？我认为可从以下几个方面入手。

二、网络教学看图写话的巧方法

（一）设计看图写话手册进行指导

在写话初期，教师可结合学生的年龄特点和已有的习作能力，设计精美的看图写话手册。利用看图写话手册对学生进行单幅图和多幅图写作方法的指导，引导学生如何观察图上内容，抓住细节或注意图与图之间的联系，培养学生加入适当的想象，结合生活实际让静止的内容在脑海中动起来。在设计中，教师应注重由浅入深地对知识点进行渗透。首先重温看图写话六要素（时间、地点、人物、起因、经过、结果），让学生们回忆在校写作要求，强调段落格式。平日在校时，习作重在培养学生如何按照顺序进行观察图片，如由远到近、由左到右、由上到下等，意在让学生观察仔细，不丢细节。有了这样的基础，在网络教学模式下，提高一个教学难度。第一阶段学习如何观察单幅图和多幅图写话的具体方法，以及写作时的侧重点（学习方式以说为主）并给学生提供学习小提示，如单幅图写话时要注意以下几点：

（1）观察图片，看得越仔细越好，注意细节（可利用之前的学习方法）。

（2）重点看一看图上的人是谁？看看她在干什么？想一想为什么这么做？你能想象她会说些什么吗？

（3）根据自己的实际生活进行合理的想象。例如多幅图，要注意寻找图与图之间的联系，把重点放在其中一两幅图上，不要面面俱到。

除此之外，教师应该在手册中设计4步骤——看、找、想、说。看是仔细地观察图片，找是时间、地点、人物、事件，想是发挥想象，丰富图片的内容，说是练习把话说得完整、正确。

学生们通过对看图写话指导手册的学习，掌握了单幅图和多幅图的看图需要注意的重点和写作的侧重点。在这一阶段，学生们对这种新鲜的授课方式非常感兴趣，表现得非常积极。

（二）妙用图片、视频、语言，提高学生习作能力

写话中期，可以锻炼学生加入人物的语言、动作，描写人物的神态、表情等，丰富自己的习作内容，提高自己的习作能力。手册上可以增添色彩鲜明的写话图片，一下就可以调动学生的视觉享受，让学生首先感到视觉上的美感，这就已经是一个好的开始。在无法现场指导学生的情况下，依托看图写话手册，利用微信语音去设计一些教师语言，用鲜明、生动、形象、富有逻辑性、富有吸引力的话语，让学生走进写话

课堂的教学中。低年级学生审美接受往往是色彩鲜明的图片，我们可以通过教师的语言提示，调动学生的想象力，让学生通过插图去感知人物、动物的形象，提高学生的理解能力。教学时，可以挑选一些鲜明的图片，比较有意思的图，让学生进行写话练习，循序渐进地提高学生的习作兴趣。著名的教育学者说过，教师的语言就是一面镜子，通过语言就可以看出教师思维的逻辑性、表达的艺术性。在居家学习中，如果教师还是按照以往的讲授方式直接开始教学，教师语言缺乏美感和设计，学生就更会感到枯燥乏味，写话效果也会不理想。所以可以通过精美的语言，疑问或设计问题、意境进入教学，写话会有意想不到的收获。教师可以制造气氛，请学生用视频的形式看图描述，引导学生观察同学间的表情，去感受每幅图的心境、情绪等；教师也可以分享一些与图中环境相似的小视频，让学生欣赏，紧接着让他们自己静下心来，一点一点地抓住图中环境的变化或者细节，从而利用学生已有的感知力把学生带入图中所描绘的情景，结合生活实际让静止的内容在脑海中动起来。

按照这样的模式训练，你可以非常明显地感觉到学生们的习作叙述得非常详细，想象合理，贴合实际。

（三）利用激励性评价和集体性评价促成长

学生在教师的引导下，根据布置的图片，在先说之后，丰富人物语言、动作、心理活动，加入拟人句、比喻句或是排比句，誊写在作文纸或抄书本上。这个时候教师一定要利用激励性评价和集体的力量让学生自信、大胆地进行表达和分享自己的习作，在这样积极的引导下，学生对习作兴趣大大提升，这也是学生习作的升华阶段。以集体性评价、激励性评价还有家长评价激发孩子浓厚的习作兴趣，培养学生做生活中的有心人，让习作成为学生快乐的事情、喜欢的事情、热爱的事情。通过微信小程序——班级小管家，班级微信群，私信等形式共同分享学生习作，用集体力量促进学生习作成长，互相学习优秀的习作，推送范文。好的看图写话，是沉淀着学生自己的生活感受，还有对环境特别的观察，也有着自己丰富的审美情感，所以教师可以通过让学生读懂同学之间的作品，品味语言文字的美，用审美的眼光、审美的情趣深入作品之中，从中欣赏同学的构思美、意境美，去真正反思自己习作欠缺的地方，进行一次次的修改。这样的过程，不仅能够让学生的心灵潜移默化地受到美的熏陶，也能让学生养成爱读文、爱学文的好习惯。

学生学习他人习作的经典段落，分析他人优点和可学习的方向，反思自己的习作欠缺的地方，进行一次次的修改。将自己的文章读给其他同学听，他们互相学习、借鉴，互相激励，取长补短。可见，利用激励性评价和集体性评价后，学生们的表现都非常积极，修改后的作文和之前确实有很大变化，条理更加清晰、结构更加紧凑，语言也变得丰富生动起来，甚至连孩子们的书写也一天比一天更漂亮，也找到了自信心。

（四）渗透美育指导学生提高习作审美

面对学生居家学习的情况，不可控的因素有很多，如何能在完成平日课标写话目标的基础上，还能保证高质量高效率地完成写话的教学，是每个语文老师都关心和思考的问题。在这个特殊时期，就更加体现出美育对写话的重要性。在写话教学过程中，教师应该贯穿美育思想，培养学生的审美情趣能够更好地激发学生对写话的兴趣，从而有效地提高语文教学的质量，促进学生语文素质的提高。而且作为一名语文教师，在这样的特殊时期，大家应该更加注重美育的渗透，从而引导学生调节自身情绪，在积极向上的环境中学习和居家生活。通过写话练习，学习图中主人的优秀品质，学会如何积极防控等，有意引导学生感受美的所在，以此保证学生顺利地度过居家时期，并且促使学生发自内心学习，热爱生活，留心生活，让学生们积极参与到习作中去。

总之，看图写话是小学语文教学的重要组成部分，是培养学生的观察能力、想象力、表达能力和思维习惯的重要凭借之一。看图写话可以看成一个连贯的整体，需要由浅入深地对学生进行习作的培养，重在一点一滴的积累和提高。教师也要认识到，习作能力上每个学生起点都是不一样的，但每个孩子都希望自己得到表扬，想拥有闪耀的明星光环，希望能够得到老师和同学们的肯定和认可。所以教师要营造一种良好的学习氛围，让学生愿意将自己的习作读给大家听，与他人分享习作的快乐。教师们要根据低段学生身心的特点，对学生进行激励性评价，并通过班级群和小程序进行明星榜样展示，让同学们互相学习、借鉴，互相激励，取长补短。通过利用激励性评价和集体性评价，促使学生习作兴趣和能力的提升。在上述居家学习中，我们不难看出激励性评价和集体性评价的力量，看到同学们的表现都非常积极，这就是激励性评价和集体性评价的好处。在网络模式教学下，给孩子们一个这样展示的大平台，使孩子们写作也有很大的提高，同时也激发了学生的写作兴趣。

批注式阅读与文本真诚对话

北京市石景山外语实验小学　王　玲

摘　要： 我们在教学中必须充分重视习惯的培养、方法的传授和思路的点拨。也就是说，充分教授学生阅读的方法在教学活动中有着不可替代的作用。批注式阅读教学能够让学生真正走进文本，与文本真诚对话，并将自己独特的阅读感悟用文字记录下来。同时，在教学实践中用圈点勾画批注的方法阅读文章效果颇佳。

《义务教育语文课程标准（2011年版）》指出：阅读教学是学生、教师、文本之间对话的过程。强调了阅读教学是学生、教师、文本，三者之间对话的过程。如果只是将简单的问答当作师生对话，将肤浅无效的讨论视作生生对话，将教师的分析来代替学生的阅读实践，将教参的解读复述给学生，谓之引领学生与文本对话，都是对"对话"的误解。课标里所提到的"对话"，更需要用"心"去阅读，让学生沉潜到文本构建的意境中去，亲历阅读过程，走进文本深处去触摸语言，体验情感，领会表达。

语文课堂上的批注式阅读，就是学生在阅读过程中，随时在书页上用特定的符号或文字写下自己读书的所疑、所感、所想。这是学生在自主状态下用恰当的文字与文本进行的一种创造性对话，是一个动态的思维过程。在这个过程中，学生根据研究的专题，结合自身的兴趣、爱好、特长等，主动地运用已有的生活经验和知识储备，设身处地地与文本进行广泛的、深入的、全方位的直接对话，从各个层面对文本进行理解、感悟、阐释、发现和点评，并直接在课文中圈点勾画，注明自己思维的轨迹，打上自己认识的烙印，表达自己的思想情感，从而获得自我发展的过程。

叶圣陶先生说：阅读程度不够的原因，阅读太少是一个，阅读不得法，是尤其重要的一个。多读固然重要，但尤其重要的是怎样读。中国有句古话叫"授人以鱼不如授人以渔"，说的是传授给人既有知识，不如传授给人学习知识的方法。新课标指出："阅读是学生的个性化行为，不应以教师的分析代替学生的阅读实际。让学生在主动积极的思维和情感活动中，加以理解和体验，有所感悟和思考，受情感熏陶，获得思想启迪，享受审美乐趣。要珍视学生独特的感受、体验和理解。"这就要求我们在教学中必须充分重视习惯的培养、方法的传授和思路的点拨。也就是说，充分教授学生阅读的方法在教学活动中有着不可替代的作用。同时，在教学实践中用圈点勾画批注的方法阅读文章效果颇佳。

一、圈圈点点有门道

批注式阅读在我国具有悠久的传统，毛泽东就是不动笔墨不看书的典范。在毛主席读过的书中，重要的地方都有圈、杠、点等符号，在书眉和空白的地方还写着批语。而圈点勾画批注阅读法是一种边阅读、边勾画标记的阅读方法。阅读时要求学生一边读，一边想，一边品味，一边勾画，画出本课生字词，并注上音；画出自己不懂的地方，并注上符号。在阅读的同时，边读边想边动笔，用一些自己惯用的符号，圈点勾画，标出重要的字、词、句，划分层次，写出感想，归纳要点，概括中心，评价手法等，都是很好的方法。

（一）圈圈点点有规矩

学生可以在阅读后圈画生词、难字注音、理解重点词语、标出自然段的序号、勾画文章的中心句或重点语句等，如表 1 示例。

表1　　　　　　　　　　　　标注符号示例

符号	含义	符号	含义
"○"	圈关键性的词语或内容	"。。"	标在生字或好词下面
"？"	标在有疑问或暂时不理解之处	？？"	标在有疑惑需要认真思考之处
"！"	标在需要注意或有感想的地方	"△△"	（着重号）标在关键词下面
"★★"	标在应熟记和背诵之处	"—"	标在需要着重理解的句子下面
"~"	标在修辞或说明方法的句子下面	"＝"	标在中心句下面

用什么符号，可以自行设计，用横线画出重点句子，用波浪线画出优美的句子或含义深刻的句子，用问号标明有疑问的句子等。

批注的位置：可以是"眉批"（批在书头上），也可以是"旁批"（字、词、句的旁边，书页右侧），还可以是"夹批"：批在字行的中间。更可以是"尾批"（批在一段或全文之后）。

教师可以进行针对性的指导，把提问的主动权与学习内容的选择权交给了学生。教师负责对学生不会或质疑的内容进行讲解，从而提高课堂效率，在单位时间内给予学生最多的知识。

教师还应该提醒学生，批注使用的符号应该是固定的，不要随意更改，符号的种类也不宜过多，这样才能保证一打开圈画过的书就能看明白。

（二）圈圈点点讲程序

为真正加强学生的阅读实践，让学生最终掌握能自己读书的基本方法，应当遵循：

首先，自读自悟，做好批注。这一步是让学生直面文本，经历自学一篇文章的过程。重点是保证学生的读书时间，明确读书任务，并对自读质量进行检测，确保每个学生都能认真扎实地进行自读，学有所获。学生在批注的过程中学会批注，批什么、如何批、怎样批好，老师要在细节处给予示范指导。这一环节重在让学生潜心读书，在把课文读正确、读流利的基础上，能够让学生识字词，默读初步感知课文，以感性的方式写下关于内容、表达等方面的批注。需要指导学生在长期实践中，掌握自读课文的步骤与方法。

其次，交流批注，点拨深化。在这一环节中，教师心中要有明确的教学目标，在学生充分自读自悟的基础上开展阅读教学。既要关注学生在第一课时的批注，体现学生的主体地位，又要加强主导，引领学生围绕重点、难点，展开交流讨论。在交流中深化学生对批注的理解，促进有感情朗读，提高听说读写的综合能力。

最后，二次批注，积累运用。二次批注，回归整体，突出重点。在阅读教学结束后，学生对文本的解读与自读自悟时相比，有了质的提升。老师要引导学生就全文的内容和情感作出批注（与随文练笔相结合），或就本文重点句段，要求学生重写批注。还可以多种形式加大语言文字训练力度，如进行朗读、抄写、背诵等形式的语言积累；写读书笔记、随文练笔等的读写结合。

二、圈圈点点看实践

勾画圈点不仅能充分发挥学生的思维潜能，提高对知识的理解记忆效率，而且能极大地激发学生揣摩研读文章的兴趣，有利于培养和提高自学能力。俗话说：一把钥匙开一把锁。圈点勾画批注法因课文的不同而不同，方法也不尽相同。

（一）圈点勾画重在提炼

在学生刚接触批注这个新的学习任务，茫然不知如何下笔时，教师要帮助学生根据课文的特点选好切入点，引导学生进行有目的性的批注，这样才能突破教学重难点，提高阅读的质量。有的课文语言优美、情节生动，有的课文则表达特色显著。在阅读之前，教师要提示学生将有用的信息标注出来。

在讲授写人记事的文章时，教师要指导学生勾画描写人物的语言、动作、神态的文字，批注人物是怎样的人，从而把握人物性格。比如《画杨桃》一课，教师围绕着同学的笑来引导和教育学生。同学们采取嘲笑的态度时，而老师则通过：看、走、坐、审视一系列动作，从"我"的角度去观察实物，这两种截然不同的行为形成了鲜明的对比。老师的神情态度从"严肃"到"和颜悦色"，是因为他发现同学们已经认识到自己错在哪里。人物的语言、神态的描写具体细致、形象生动，准确地反映了人物的心理变化。比如《燕子专列》《路旁的橡树》等情节性较强的课文，可以让学生标出事件发生的时间、地点、人物，简单地在书上标明事件的起因、经过、结果，从而有效地提炼出文本主要内容。再如教学《荷花》《珍珠泉》等写景的文章时，则可以让学生通过圈画句子，找到文章的写作顺序、描写方法及运用的典型修辞方法，将自己的体会和收获做好旁批。同样的一句话，学生从不同的角度，读出了不同的理解，真可谓仁者见仁，智者见智。

（二）圈点勾画贵在质疑

苏霍姆林斯基指出："如果教师不想方设法使学生产生情绪高昂和智力振奋的内心状态，就急于传授知识，那么这种知识只能使人产生冷漠的态度。"由此可见，阅读教学只有激发学生阅读的兴致和欲望，才能实现事半功倍的效果。

学贵有疑，不疑不能激思，不疑不能增趣。学生带着问题去读书，才会真正进入文本，与文本对话。质疑式批注的阅读方法，有利于培养学生的怀疑与探究精神。

如有的学生见了《燕子专列》这一题目后，写下了"小燕子是飞行健将，为什么要坐上专列呢？"这个问题。有的学生读《想别人没有想到的》思考到"这是一种怎样的思维呢？"在学习《路旁的橡树》这一课时，学生读到"工程师叹了口气和工人们也沉重地叹着气"时，批注道：两个叹气所要表达的一样吗？正因为他的这个批注，学生间展开了激烈的辩论，课堂生成了意外的精彩。这种阅读方法为我们的课堂掀起了一次又一次波澜，带来了一次又一次高潮。通过批注式阅读，学生得到的不仅是知识的增加、能力的提高，更为重要的是，他们在批注式阅读中找到了读书的乐趣，形成了独立的思想，拥有了自主的精神。

（三）圈点勾画表达内心

品读文章，圈点勾画主要让学生读透文章，给学生真正的阅读权利，让学生真正走进作品，真正有自己的创见，达到既"忘我"又"有我"的境界。这对于提高学生的鉴赏能力、批判能力、创造能力是极好的。教师在要求学生做批注时，除了引导他们进行内容的获取以外，还应及时地鼓励他们写下自己的感受。学生往往对文本有着独特的感受，这是一个和文本直接对话的过程，可以在已获得的信息上，在那些优美的、独特的、感人的、有哲理的句子旁写下自己的感受。

学生在课堂上读书，进行批注，很想把自己的阅读感受进行交流，把批注的文字读给大家听。教师要敏锐地捕捉时机，可以按先自读批注，再小组交流，最后推选精彩批注在班级交流的形式组织教学。这样既能尊重每个学生独特的阅读感受，同时又能引导学生进行鉴赏，还可以让学生相互取长补短，集合大家的智慧，把更多的精彩批注记录下来。如在学习《翠鸟》一课时，学生在学习第三自然段时，纷纷圈出了几个表示动作的词，还画出了比喻句，学生们交流时发现很多同学都作了旁注，翠鸟捕鱼的动作迅速敏捷，动作极快。一名学生还画出了"只有苇秆还在摇晃，水波还在荡漾"。并标注道"还在……还在……"更能说明翠鸟的动作快。他将这一批注在小组交流时，赢得了大家的称赞，又被选为小组代表在全班交流。许多同学在读书时并没有注意到这句话，听他一讲，送上了热烈的掌声，极大地鼓励了批注者的学习热情。语文书中有很多这样的精彩句段，长期引导学生去关注，写批注，进行交流，学生的欣赏能力一定会得到提升的。

学生只有主动质疑，找出疑点，才能进一步深入探究文章内涵，揭示主旨。圈点、批注不是在文章中任意涂写，而是要求有自己的一套符号系统，同时要简单、明了，表示的意义也要固定。尤其给文章作批注时要在反复阅读、认真思考、比较分析、揣摩体味后才能进行。当学生按以上要求阅读完一篇文章时会发现：这样的圈点、批注原来也是一篇绝妙的作品。进一步提高学生的写作能力，真正做到读写结合。

批注式阅读的开展，使读书不再是一种被动、一种负担，成了学生主动的精神需求。随着时间的推移，体验的深入，学生的批注也会越来越长，越来越精彩。在这个过程中，学生习得了知识，提升了能力，感受到了阅读的快乐，丰富了情感体验，拥有了自主、独立的思想，能够享受成功的喜悦，个性得到了张扬，语文教学的课堂也焕发出了光彩。

浅谈小学语文综合实践活动课程实施现状

北京市石景山外语实验小学　刘　慧

一、研究的背景

　　《义务教育语文课程标准（2011 年版）》在语文课程性质中指出，语文课程是一门学习语言文字运用的综合性、实践性课程。新形式的语文综合实践活动课程也就在课程改革的大环境下应运而生，语文综合实践活动课程也被越来越多的老师们重视起来运用到教学中去。小学是每个孩子大量的、系统的、科学的学文识字阶段，同时在这一阶段学生不断地学习并将理论联系实际，理解语文课程综合性与实践性的特征。小学中学段的学生已具备一定的自主学习能力，有良好的学习适应能力，同时还没有很大的升学压力，语文学习难度适中，这为分析与实施语文综合实践活动课程提供了良好的环境基础。因此，选取了小学中学段的学生为观察和研究的对象，展开对小学语文综合实践活动课程实施的现状及策略研究。

二、基于学生的语文综合实践活动的现状调查

　　（一）学生对该课程的认识

　　通过对学生的问卷调查，了解他们所喜欢的语文课堂，了解他们现在语文课堂的实施形式，看一看在孩子们眼中，语文课是什么样子的。通过对学生语文课堂的直接观察，课下与学生的沟通交流以及问卷的直观数字反馈，我们了解到，孩子对于什么是语文综合实践活动过程，或多或少都有自己的理解与认识，但很少有同学清晰地表达出它的概念。

（二）学生对于语文课堂的兴趣

首先就孩子们是否喜欢语文课展开提问，根据问卷的结果（见表1）可以看出，当前小学语文课堂是很受学生们欢迎的，其中有89.31%的学生是喜欢上语文课的，有10.69%的学生表示不喜欢上语文课。由此可以看出，我们新课改下的快乐教学、快乐课堂在小学语文课堂的实施过程中是有明显的效果的，孩子们对于语文学科的兴趣是提高的，这非常利于教师们对于语文课堂的顺利实施，更有利于学生们带着兴趣充满激情地学习语文，学好语文。

表1   **学生对语文课堂喜恶态度统计表**

态度	人数（人）	占比（%）
喜欢	117	89.31
不喜欢	14	10.69

（三）学生喜欢语文课堂的原因

接下来我针对学生为什么喜欢或不喜欢上语文课进行提问（见表2）。学生们的回答中，喜欢上语文课是因为语文老师的占67.94%，由此可见，一名教师的个人魅力和课堂形式，对于学生能否学好这门课，是否喜欢这门课有很大的影响，从结果中我们可以看出，学校语文老师的个人魅力是非常大的，受到了同学们一致的欢迎和喜爱。其中有63.36%的同学是因为语文课堂环境非常好，从而喜欢上语文课。这也就体现出语文老师设计好一堂语文课的重要性。创设一个良好的语文课堂环境，是学生们全身心积极投入语文课堂中的重要保障。而喜欢教师的原因又分为许多，该年龄段的学生还处于去自我中心化的年龄阶段，很难像成年人一样综合地、全面地、客观地去评价喜欢一个老师的原因，为此我们仅以学生的喜欢为喜欢，不深入分析教师个人因素对学生的影响，重点看教师的课堂模式对学生情感的影响。

其中还有32.06%的学生表示，是因为个人喜欢语文知识的学习而喜欢上语文课。这个占比相对较少，也就是说明该年龄段的学生对于自身学习知识的一个认识和需求还不够深刻。这也就需要教师们通过创设良好的综合实践活动课堂，引导学生通过实践与活动学习语文知识，体会语文知识本身的魅力，通过获得语文知识来获取成就感与自我满足感，从而发自内心地接受与喜欢语文综合实践活动课程，受益于语文综合实践活动课程。

表2 　　　　　　　　　　　**学生喜欢语文课堂原因统计表**

因素	因为语文老师	因为课堂环境	因为语文知识
人数（人）	89	83	42
占比（%）	67.94	63.36	32.06

（四）学生对语文综合实践活动课程的认识与接受

调查中还显示出对于三、四年级的小学生来说，他们大部分是不知道语文综合实践活动课程是怎样的一门课，也不知道这样的课堂应该是怎样的一个形式。其中70.99%的学生不知道语文综合实践活动课程，29.01%的学生知道。在对这两类同学进行进一步访谈的时候，我们发现有的学生即使知道什么是语文综合实践活动课程，也只是了解一些，并不能很准确地说出它的内容。而那些不知道什么是语文综合实践活动课程的同学，他们的语文课堂中也有很多同学参与过、感受过语文综合实践活动课程。由此可以看出，教师对于语文综合实践活动课程在教学中有应用，但是对于学生来说并不明确。作为一种新型的课堂形式，对学生来说，更多意义只是一堂更有意思、更加丰富多彩的语文课。这也就要求我们教师，在自身明确语文综合实践活动课程的基础上，灵活地将综合实践活动课程融入小学语文教学中，并且对学生加以正确的引导，给学生一个对于语文综合实践活动课程的认识。

当问到学生们，现在你们的语文课堂是什么样子时，有46.56%的学生回答是老师讲学生听；有48.85%的学生说，会看一些视频或其他的书籍，有一些互动；48.09%的学生说，他们的语文课堂是根据课文内容设计丰富多彩的活动，如通过小组展示形式进行话剧表演等。由此我们可以看出，在现在的小学语文课堂中采用的是多种形式相结合的教学模式，有传统的讲授型，有问题引导型，也有实训型。可以看出我们的教师在准备每一节语文课时背后的用心与耐心，老师们对于每一节课都精心地去设计，使语文课堂能够丰富多彩起来，使学生在学到知识的同时，可以真正参与到语文教学活动中。我们也可以从中看出教师对于培养学生语文综合素养的重视，对于培养学生创新精神与实践能力的重视。

最后，当问到学生们喜欢上什么样的语文课时，有96.18%的同学表示喜欢丰富多彩的活动，喜欢自己可以在课堂中动起来的语文课；有9.92%的同学表示喜欢老师讲学生听，课上有一些互动的语文课。由此我们可以看出，学生们理想中的语文课堂，是新课改指导下的语文课堂，与我们所追求的课堂是一致的。他们也希望在语文课堂中能够动起来，能够让自己参与进来，不仅仅是老师站在讲台上面讲，自己坐在教室里听就可以了。我们在设计部编版三年级上册第十课《在牛肚子里旅行》这一篇课文时，就尝试着指导学生在课堂上分角色朗读。找几名同学分别扮演青头和红头两只小蟋蟀，课文内容通过表演的形式还原复现给每一名同学。我们发现这样一堂课下来，同学们对于这篇课文主要内容掌握得非常好。在课后与同学们的访谈中，可以看出，这篇课文对于他们来说印象十分深刻。对于课文的中心思想，同学们也有着非常深刻的印象，因为他们通过表演的形式将自身融入这个故事中，进行自己的想象，产生情感的共鸣，最终领会文章思想感情与价值观。

三、小学语文综合实践活动课程实施建议

开展小学语文综合实践活动课程的过程中，学校、老师和学生是活动的参与者，是必不可少的 3 个因素。如何在小学语文综合实践活动课程中最大限度地发挥好学校、老师和学生 3 个身份的作用，对于课程的开展是十分必要的。学校应进一步提供保障和实施的平台，教师要做到敢于放手做学生的引路人而不是绝对的主导，学生也要在课程中积极创新主体意识，才能确保今后小学语文综合实践活动课程的顺利开展。

（一）教师层面

教师是语文综合实践活动课程的直接制定者和参与者，一名教师对于语文综合实践活动课程的理解与认识，直接影响着老师与学生共同参与的语文综合实践活动课程的质量。因此教师要在整个过程中不断学习进步，提高自己的思想认识，要牢牢把握住语文综合实践活动课程的整体方向。在新时期以学生为中心的教学理念下，教师要学会做一名合格的引路人，不再做单纯的教书匠，要转变传统的教学模式，勇于放手，将课堂归还于学生的手中。

1. 提升课程整体认识

对于教师们自身对语文综合实践活动课程的设计与实施不是很明确的问题，需要教师们坚定终身学习的信念。教师在开发和准备一些语文综合实践活动课程中，也要做到不断地学习和提升自身教学能力，适应实践课程的新课程需求。语文学科作为一门人文类学科，本身应该做到与时俱进。我们的语文课本在不断地更新，我们的语文课堂也在不断地更新，作为教师要不断探索和发现适应时代发展的教学模式，并实施在语文课程中。随着教育改革的不断深入和语文学科内容的不断调整，教师要把握语文综合实践活动的特色，以保证语文综合实践活动课程的顺利开展。我们也一定要注意到，随着社会的进步，随着时代的变化，我们的学习者也发生了改变，学生们接触的世界越来越广阔，他们的认知也越来越丰富，老师更要不断学习，广泛学习，适应

学生们的发展需求，做学生坚强有力的后盾。

2. 结合教学对象特点，设计有特色的教学内容和环节

在实施语文综合实践活动课程的过程中，教师们会遇到许多不利因素，例如影响教学进度、难以维持课堂纪律、学生注意力不集中、增加备课难度等。在语文综合实践活动课程实施过程中，教师应当转变自身角色，我们要做的是学生学习的引路人，是知识的分享者，不再是学生学习知识的绝对领导者。因此，在开展语文综合实践活动课程的过程中，教师们一定要注重学生的学习感受，激发学生参与到课堂中的兴趣，做到将语文学科的教学与综合实践活动课程有机融合。要因材施教，把握不同学段学生的学习特点，把握每一个学生对于知识的个人需求，设计有特色的教学内容和环节。真真正正地做学生学习知识的引路人，和学生们一同参与到语文综合实践活动过程中，享受课程的整体过程，认真听取学生们对于课程的理解与感悟，走进学生们的内心世界。

3. 在课程实施过程中要注重多元化的教学指导

基于学校、学生和语文综合实践活动课堂的本身这3个方面的要求，他们对教师的知识素养、文化水平、经验积累，都有了更高、更难的需求。教师自身要有足够强的能力准备更多的课堂内容与课堂形式，要更好地在丰富多样的课堂形式中抓住学生的思维，对学生进行语言启发与知识引导。这就需要教师们在进行课程指导时，利用更加多元化的方式，单一的课堂模式是不利于语文知识与技能的传授的；需要全面提升自己，尝试更加多样化，更加灵活的语文课堂。

（二）学生层面

1. 激发兴趣，主动学习

学生是学习的主体，在开展语文综合实践活动课程时也要根据不同学段学生的特点进行合理的安排。学校和教师在研发语文综合实践活动课程的过程中，要根据学生身心发展特点，找到不同学段学生的特点进行针对性的实施，让学生在课堂中感受到自然的知识习得，产生学习的幸福感与满足感，逐渐化被动式填鸭教育为主动性激情学习。

2. 转换自身学习观念

学生在学习知识时，经常会将自己置身课堂之外，认为课堂就是老师站在讲台上讲授知识，自己坐在下面单调乏味地听讲。而语文综合实践活动课程就很大程度上避免了学生的自我排外现象，它使学生们充分参与到学习知识的过程中，体会知识与知识之间的巧妙结合，感受学习知识的快乐与满足。将自己作为这些语文课堂中的小主人公，与老师一起更好地上好语文综合实践活动课程。

四、结论

　　小学语文综合实践活动课程，是近些年来备受大家关注的一种语文课堂，它主张让学生在课堂中动起来，充分发挥学生在学习中的主体地位。同时，教师在设计课堂的过程中要以学生为出发点，设计丰富多彩、形式多样的语文课堂。将语文课堂与综合实践活动有机融合，发挥语文学科知识与内容更丰富的含义，使学生不仅仅从老师的嘴中认识世界，从课本真实的文字中学习世界，更从自己的活动中学习知识，认识世界。

　　在语文课堂上，传统的以老师教、学生听进行的教学方式仍占主体地位，要想真正地把语文综合实践活动课程有机地融入日常的学科教学中，仍是一种很大的挑战。本文也借助此次课题研究的机会，深入小学语文课堂中，了解当前小学语文综合实践活动课程的实施现状，探索今后小学语文综合性课程设置的方向，根据发现的问题提出合理化的建议。将语文课堂设计得更丰富，让学生学习语文成为一种快乐，让学生真正感受到小学语文综合实践活动课程的魅力，同时让老师和学生都成为语文综合实践活动课程的有力创造者和最大受益者。

让传统文化走进学生的心灵

北京市石景山外语实验小学　　张朝辉

摘　要: 中华优秀传统文化是中华民族的"根"与"魂"。古诗词是我国传统文化的精髓,文化需要传承,古诗词亦然。小学语文教材选编了不少我国的古代诗词,古诗词教学是小学语文教学的重要组成部分。小学生学习古诗词,要了解有关诗歌常识性的知识,把握诗词中优美的意境、独特的神韵和深邃的思想。古诗词教学中注重中华民族传统美的弘扬,只有品味韵律美,感知图画美,领会感情美,感悟意境美,才能真正领悟到我国古代文化的精髓,增强文化自信心和民族自豪感。

中华传统文化是中华民族的"根"与"魂"。优秀传统文化是一个国家、一个民族传承和发展的根本,如果丢掉了,就割断了精神命脉。它代表着中华民族独特的精神标识,是中华民族发展壮大的丰厚滋养。一个国家或民族如果不珍惜自己的思想文化,丢掉这个灵魂,那这个国家或民族是立不起来的。

一、古诗词是需要传承的

古诗词是我国传统文化的精髓,千百年来感动着不同时空的人:"飞流直下三千尺,疑是银河落九天"的雄伟气势;"老骥伏枥,志在千里"的雄心壮志;"采菊东篱下,悠然见南山"的隐士风流……古诗词中那些精神和情感,生生不息。它反映着几千年来中国人的精神风貌,我们在触摸和感知古诗词之时,不自觉地唤起渗透于心中的情怀,油然地生长出文化自信心和民族自豪感。

文化需要传承,古诗词亦然。那些几经历史遴选,在灿若星河的名篇佳作中脱颖而出、传唱不衰的华美诗章,传承了人类的生活和文化,呈现给我们的不仅是文字之美、音韵之美、意境之美、哲理之美，还如乳汁，不断滋润着我们的心灵，又若清风，唤醒潜藏在人们血脉中的传统文化基因，让我们拥有文化自信。小学语文教材选编了不少古代诗词，让学生从小热爱它，是每个教师的责任。

在古诗词教学中，我采用以下方法，让学生把握诗词中优美的意境、独特的神韵和深邃的思想。

二、古诗词教学中注重中华民族传统美的弘扬

（一）品味韵律美

无论是五言绝句还是七言律诗都平仄有序，简短精练，读来朗朗上口。学生的学习应定位于诵读这个根本。让学生充分地朗读，在读中整体感知，培养语感，受到情感熏陶。学生浅吟低诵，品味诗词的韵律、节奏，也就自然感悟了诗词所蕴含的感情基调。朗读要注意节奏鲜明，用合适的音调，恰当地表示诗中的思想感情。有的古诗读时音调要缓慢低沉，如《示儿》，朗读时要把诗人那种至死不忘收复失地、光复中原的爱国主义精神表达出来；有的则要用深情诚恳的音调，如《赠汪伦》中的"桃花潭水深千尺，不及汪伦送我情"，表达了诗人与汪伦之间深厚的情谊；而《望庐山瀑布》则要用热情奔放的音调来朗读，才能把诗人热爱祖国大好河山的情感表现出来。

借助音乐可以帮助学生更好地吟诵。如《送元二使安西》这首脍炙人口的送别诗。元二将远赴安西，诗人特意从长安赶到渭城前来相送，其深厚的情谊，不言可知。这首七言绝句在当时极负盛名，它还被谱成乐曲称为《阳关三叠》，广泛流传。每唱到最后一句时，都要反复三遍，故称"三叠"。指导朗读这首古诗的后两句时，配以《阳关三叠》的古琴曲，创设情境，教师深情引读：（1）出阳关到安西，路途遥远，这一别不知何时才能再见，王维心中充满对老友的不舍，于是他端起酒杯说……（2）出阳关到安西，一路是茫茫戈壁，漫漫黄沙，王维心中充满对老朋友的担忧，于是他再一次举起酒杯说……（3）出阳关到安西，好友肩负着国家的使命，要勇往直前，这是一杯壮行的酒，于是他又一次举起酒杯说……师生共描述和想象，随之朗读也层层递进，加之音乐的渲染，使感情达到高潮，再次体会了这千古友情。

古诗反复吟咏，不但能体会语言的精美，还能感受到诗人表达的细腻情感。诗词吟诵自有曲调，诗词的音韵美和节奏美拨动学生的心弦，触动学生的情思，学生在反复吟诵中，就能了解蕴含在和谐音律中的诗之内涵。

（二）感知图画美

苏轼曾盛赞王维的诗"诗中有画"。其实许多优美的诗词都是意味隽永的画卷，其间的佳词丽句更是诗词作者的匠心独运。它能激发学生想象的欲望，开启学生联想的创造之门。

有些古诗，本身就是一幅优美的图画。如果把绘画引入古诗教学，将会大大提高学生的兴趣。《黄鹤楼送孟浩然之广陵》表达了诗人送别好友时无限依恋的感情。诗的前两行叙事，后两行写景，景中却包含着一个诗意的情节：帆影已消逝了，而诗人还在翘首凝望，似乎要把自己的一片情谊托付江水，陪伴行舟，将友人送到目的地。诗人巧妙地将对好友的一片深情寄托在对自然景物的动态描写之中，将情与景自然地交融在一起，含吐不露而余味无穷。教学时可充分激发学生的想象力，提出问题：如果将李白送别孟浩然的场面画成一幅画，画里有什么呢？学生纷纷回答要画黄鹤楼、烟花、孤帆、长江、碧空等，教师随即在黑板上贴画了一幅简笔画。学生感受到画面的每一处景物都与送别有着密切的关系，诗人的所有情感都寄托在这些景物上：黄鹤楼是送别的地点，名楼送别友人，多有浪漫色彩呀，这也是李白和孟浩然曾经相聚的地方，有着美好的回忆，触景生情，更加不舍；烟花不但告诉我们送别的时间，还描绘出了一幅柳如烟花似锦的江南春景图；唐朝时期的长江交通繁忙，可以说是千帆竞渡。在恢宏壮阔、船只往来繁忙的大背景中，诗人眼里却只有友人的小船渐行渐远，直至消失在水天相接处。"茫茫船海中、我的眼里只有你"，绵绵的情谊在诗人久久伫立深情目送中传递。诗人把对孟浩然的情谊都托付给了奔流不息的江水，他们的友谊如江水般绵延不绝。从孤帆到远影，从远影到碧空，最后消失在水天相接的地方，在这一幅幅动态的画面中，学生体会到诗中的景物描写都传达着作者的情谊。

《送元二使安西》所描写的景更有讲究。从清朗的天宇到洁净的道路，从青青的客舍到翠绿的杨柳，构成了一幅色调清新的图景。这是场深情的离别，却并不令人黯然神伤。相反地，倒是透露出一种轻快而富于希望的情调。而"柳"作为古诗词中特别的意象，也代表着别样的真情景语。教学中，教师可引导学生细读诗中的景，品味传递的情。

（三）领会感情美

诗人善于在千丝万缕的联系中发现自己所描写的对象，并把它放在广阔的生活潮流与历史背景中加以描写和歌咏，充满着社会的内涵，回响着时代的声音，揭示着生活的规律和意蕴。体会诗歌感情是真正读懂古诗的标志。古诗所表达的感情离不开当时、当地的情况。古诗的时代背景距现代很远，对于现代人来说要做到细致、深入地了解尚且不够，何况是不谙世事的小学生？怎样引导学生克服体会古诗思想感情的心理障碍呢？

要让学生了解诗人和诗的时代背景，只有大量地阅读诗人的材料，才能拉近时空的距离，走进诗人的内心世界，触摸到诗的灵魂。如学习《示儿》这首诗，如果学生不知道陆游生活的年代背景，不知道他一生戎马，就不能真正明白他为何"但悲不见九州同"的悲愤，也就不能被他的爱国情怀所感动。对于小学生而言，他们最喜欢的就是故事性强、有情节的内容。尤其是在古诗学习中，如果能插入故事，学生就更感兴趣了，而且能将学生引入古诗的情境中，让学生了解诗人的写作背景，与诗人产生情感共鸣。如《赠汪伦》导入新课时，讲述了李白与汪伦之间关于"千尺桃花，万家酒楼"的故事，学生对汪伦与李白之间的情谊有了切实的了解，学习诗文的兴趣油然而生。教学中，我们可以根据教学内容的需要，选读或编说与教学活动密切相关的故事，以引起学生兴趣，激发学习动力。

（四）感悟意境美

古人早有"和诗以歌"的传统，古诗词与音乐有着天然的紧密联系，几乎每一首诗里都可以发现音乐的存在。现在许多古诗词被谱曲成歌，新编的诗词歌曲入耳又入心，逐渐在校园中传唱开来，如《静夜思》《明日歌》《苔》《春晓》等都成为校园流行歌曲和课间啦啦操的配乐。大多数古诗词都具有独特的意境，传唱有助于培养学生对诗词的意境理解。这些情境生动形象，可以清晰地呈现在学生的脑海中，使其对古诗词形成初步印象。借助古诗词这一优势引导学生发挥自己的想象力与创造力，让传统文化的种子在学生们心中生根发芽。传唱古诗词，是让学生在最好的记忆时期以最便捷、最喜欢的方式感受到经典古诗词文化的魅力，提高了学生学习古诗的积极性，使枯燥的古诗词学习变得轻松愉快！

三、结语

综上所述，中国传统文化是中华民族时代延续、生生不息的灵魂。语文有自己丰富的学科特点和魅力，古诗更有它无尽的内涵和高远的意境，只有让古诗词的课堂教学成为语文教学中最美的课堂，让古诗词学习成为学生的快乐之旅，才能真正领悟到我国古代文化的精髓。古往今来，古诗词仿佛一股清泉，浸润我们共同的文化基因；仿佛一面镜子，折射我们对优秀传统文化的旺盛需求；仿佛一声号角，召唤我们更好地传承经典。传统文化永远不会自动发挥作用，需要教育工作者细致入微的努力，只有坚持到底，让传统文化真正走进学生的心灵世界，才能筑牢文化自信。

小学低年级围绕主要问题进行阅读教学活动的实践研究

——以《我要的是葫芦》一课为例

北京市石景山外语实验小学　王婷婷

一、案例背景

《义务教育语文课程标准（2011 年版）》在总目标中明确指出："学生应该具有独立阅读的能力，学会运用多种阅读方法，有较为丰富的积累和良好的语感，注重情感体验，发展感受和理解的能力。"在第一学段阅读目标中明确指出："学生要喜欢阅读，感受阅读的兴趣。能够结合上下文、联系生活实际、借助读物中的图画了解课文的意思，获得初步的情感体验，感受语言的优美。"

二、设计依据

（一）教学内容分析

部编版二年级上册第五单元围绕着"思维方法"这个主题编排了《坐井观天》《寒号鸟》《我要的是葫芦》3 篇课文，这 3 个寓言故事篇幅短小，形象鲜明，情节有趣，能激发学生的阅读兴趣。

本单元的阅读要素是"初步体会课文讲述的道理"。在教学时，要借助课后题，引导学生联系生活实际发表自己的观点，通过交流讨论，逐步体会课文讲述的道理。表达要素是"感受和体会课文语言表达的多样性，学习表达"。教学时引导学生感受同样的意思可以用不同的方式表达，不同的语气可以表达不同的情感。这不仅有助于学生更好地理解故事的道理，也为后面"有感情地朗读课文"奠定基础。

"初步体会课文讲述的道理"这一阅读要素在本套教材首次出现，阅读感悟的呈现在小学阶段有针对性地分步推进：二、三年级侧重学生自己的感悟；三、四年级侧重体验文本的内容、人物的心情、作者的想法；五、六年级侧重感悟写法和体会文本之美。因此"初步体会课文讲述的道理"这一要素是阅读感悟的基础。通过梳理全套教材的阅读要素，把握要素之间的关联，为三年级下册第二单元寓言教学单元"读寓言故事，明白其中的道理"，四年级上册第二单元"尝试从不同角度去思考，提出自己的问题"等阅读能力的培养，提供阅读和思考问题的方法，体现语文能力训练的梯度发展（见表1）。

表1　　　　　　　　　　不同年级的阅读要素

年级	册次	单元	人文主题	阅读要素
三年级	下册	第二单元	寓言	读寓言故事，明白其中的道理
四年级	上册	第二单元	策略单元：提问	阅读时，尝试从不同角度去思考，提出自己的问题
四年级	下册	第一单元	田园生活	抓住关键词句，初步体会课文表达的思想感情
四年级	下册	第四单元	动物朋友	体会作家是如何表达对动物的感情的
五年级	下册	第六单元	思维的火花	了解人物思维过程，加深对课文的理解
六年级	上册	第五单元	习作单元：围绕中心意思写	体会文章是怎样围绕中心意思来写的
六年级	上册	第六单元	保护环境	抓住关键句，把握文章的主要观点
六年级	下册	第三单元	习作单元：写出真实情感	体会文章是怎样表达情感的

《我要的是葫芦》这篇寓言是本单元的最后一篇精读篇目，本则寓言蕴含着"事物之间是有密切联系的"这一道理。在学习《坐井观天》《寒号鸟》时学生已经尝试围绕主要问题开展讨论，学习联系生活实际谈自己的看法，初步体会课文讲述的道理。在此基础上，本课教材安排对比朗读句子，体会语气的不同，了解种葫芦人的心态，促进对关键问题的理解，借助段落间的关系，逐步理解课文寓意。初步掌握思考问题的一些方法。

（二）学生情况分析

在一年级的学习中，学生已经能按照一定顺序观察插图，说清图画上的内容，图文对照进行阅读。在教学本单元的《坐井观天》《寒号鸟》时，学习通过联系生活实际、理解关键词句等方法，体会寓意。因此，学生借助图画读懂课文内容并不难。在此基础上，通过读寓言，明白其中蕴含的道理，清楚万事万物都是有联系的，学生在感悟过程中会出现一定的困难，需要教师逐步引导。

三、我的思考

本课计划分两课时完成。第一课时，通过把插图和课文段落对应起来读，初步了解课文的主要内容，知道葫芦藤以及小葫芦开始长势良好，后来葫芦藤枯萎、小葫芦掉落，感知做任何事情都要注意事物之间的联系。第二课时，学生在对比观察插图中，找出前后两幅图的异同，并和课文内容建立联系，发现关键问题，以此引导学生找出种葫芦人在葫芦生长中的种种表现，和他面对邻居劝告时的反应，从而获得问题的答案。在回顾全篇课文内容时，把独立的段落建立联系，渗透全篇课文的思想，逐步理解寓意，最后通过拓展阅读，自主体会，加深对寓意的理解。

在本课的教学设计中，通过分角色读、齐读、引读等不同方式，从多个角度引导学生体会种葫芦人的心态，以读悟文，让学生在读的过程中思考领悟。通过图文联系阅读、两图对比进行发现学习，不断渗透联系的思想。基于以上分析，我将本课的学习主题定为：始终引领学生以发现者、探索者的身份参与整个学习过程，在有效的参与中，自主阅读、不断探索，做学习的主人。

四、课堂重现

活动一：对比观察，归纳问题

师：把两幅图联系起来，认真对比观察这两幅图，看看它们有什么不一样？

生1：我发现种葫芦人的表情不一样：第一幅图种葫芦人是笑着的，很高兴；第二幅图种葫芦人嘴巴张得大大的，特别吃惊。

生2：我观察到葫芦叶子的颜色不一样：第一幅图叶子是绿绿的，第二幅图叶子都黄了，上面还有很多小虫眼。

生3：我观察到小葫芦也不一样：第一幅图小葫芦是绿绿的，挂在藤上；第二幅图小葫芦都掉在地上，而且已经枯黄了。

师：我们把两幅图联系起来进行对比就会发现：同样是一棵葫芦藤，前后发生了很大的变化。开始，葫芦的长势那么好，藤上挂满可爱的小葫芦，后来都落到了地上；种葫芦人开始目不转睛地盯着小葫芦，那么惊喜，后来看着枯黄的掉了满地的小葫芦，一脸惊讶。他弯着腰，低下头，看着枯黄的小葫芦，心里会想些什么呢？

生 1：种葫芦人可能想：小葫芦开始长得多好啊！现在怎么都掉了？

生 2：种葫芦人可能想：葫芦藤开始长得那么好，都结小葫芦了，后来为什么掉了？

生 3：种葫芦人还可能想：叶子上只不过有几只小虫子，葫芦怎么掉了呢？

师：是啊！种葫芦人想要葫芦，可是最后，他为什么一个葫芦也没得到？让我们带着这些问题，再次走进课文，去文中找找答案。

教学感受：该活动从插图入手，让学生比较葫芦枝叶茂盛的样子与被蚜虫咬过以后的样子，培养学生的阅读习惯和观察方法。通过对比观察，感受前后的变化，主动思考进而提出问题，降低理解课文的难度。在对比观察中，鼓励学生自主表达，发展语言能力。

活动二：朗读课文，感受种葫芦人的心态和做法

师：听老师读课文第二、三自然段，边听边想，种葫芦人看到叶子上有蚜虫，他是怎么想、怎么说的？邻居劝他时，他又是怎么说的？

生 1：他心里想，有几个虫子怕什么！

生 2：他盯着小葫芦自言自语地说："我的小葫芦，快长啊，快长啊！长得赛过大南瓜才好呢！"

生 3：邻居劝他时，那个人感到很奇怪，他说："什么？叶子上的虫还用治？我要的是葫芦。"

师：请你读一读"有几个虫子怕什么！"这句话是什么意思呢？

生："有几个虫子怕什么！"这句话就是有几个虫子不用怕的意思。

师：请你对比着读一读这两句话，想一想它们有什么地方相同，有什么地方不同？

生：我发现这两句话意思一样，但是标点符号不一样。

师：请同学们把这句话反复对比着再读一读，看看有什么新的发现。

生：我觉得这两句话标点符号不同，读的时候语气就不一样，第一句话有感叹号，怕字要重读。

师：通过朗读，你是不是发现：有几个虫子怕什么！这句话语气更强烈，让人觉得有虫子一点都不可怕。

教学感受：本环节的教学紧扣重点语句进行对比朗读、体会、理解课文主要内容，以读促悟，通过反复对比朗读，品悟语言里丰富的思想感情，感受种葫芦人的心态和做法。可以让学生分角色、分小组朗读课文，要求读出种葫芦人在面对别人劝说时那种"满不在乎"的语气，以及等到最后葫芦枯萎了、凋落了之后那种后悔、痛惜的心理。学生读得兴味盎然，对课文也在不知不觉中熟悉了。

活动三：回顾课文，揭示道理

师：假如你是种葫芦人的邻居，看到葫芦叶子上长满了蚜虫，你会怎样劝他？

生1：叶子上的虫子不治，就会越来越多，这样，叶子就会被虫子吃光，小葫芦吸收不到营养，肯定会枯萎了。

生2：叶子长得好，葫芦才能长得好，叶子都被虫子咬坏了，小葫芦肯定长不大了。

师：看来你们都知道了葫芦叶子和小葫芦有很大的关系。果然，叶子上的蚜虫越来越多了，没过几天，小葫芦慢慢地变黄了，一个一个都落了。

师：请你根据自己对课文的理解，把课文每个段落的内容联系到一起，根据自己的理解把下面这些句子补充完整。

生：当种葫芦人看到叶子上爬了几只蚜虫时，他说："有几个虫子怕什么！"

当蚜虫越来越多时，他说："有几个虫子没什么可怕的。"

当邻居劝他时，他还是说："叶子上的虫还用治？"

不管怎么样，在他眼里看到的、心里想到的都是葫芦，他没有管叶子上的蚜虫，更没有听邻居的劝告。最后，葫芦藤枯萎了，小葫芦一个一个都落了。

师：通过回顾故事的内容，我们知道了，就是因为：种葫芦人不懂得葫芦叶子和小葫芦是有联系的，也不听别人的劝告，才一个葫芦也没得到。任何植物的根、茎、叶、花、果实，都互相联系、互相影响，要想得到果实，就要细心呵护每部分的生长。当生活中遇到类似的事情，你会怎样做呢？

生1：生活中，我要多虚心地听听别人的建议。

生2：我们学习时，可不能犯和种葫芦人一样的错误，遇到不会的题就要及时问，否则考试就考不好了。

师：正如同学们所说的那样，很多事物之间是互相联系、互相影响的，如果只顾结果，不考虑其他，有可能什么也得不到。所以我们要联系地看待问题，更要虚心听别人的劝告。

教学感受：《义务教育语文课程标准（2011年版）》指出："阅读教学应重视学生的独特感受和体验。"学生的生活经验和个性不一样，教学中我们应鼓励学生对阅读内容作出有个性的解读。因此，引导学生借助角色换位去体会：如果你是那个种葫芦人的邻居，你会怎么劝？学生根据自己的体会进行个性化表达，在交流碰撞中进一步理解葫芦叶子和小葫芦之间的联系，同时思维也得到全面发展。通过全篇回顾，给学生自主交流与表达的空间，在自悟和他人启发的基础上，逐步理解整篇课文的思想，发现课文揭示的道理。在拓展阅读中，激发学生阅读兴趣，在开放性的问题中，鼓励学生表达，渗透联系的思想。

五、自我反思

（一）渗透联系思想，逐步理解寓意

《我要的是葫芦》是一篇寓言故事，内容浅显易懂，但是理解事物之间是有联系的对于学生来说有难度，因此在本课教学中，始终渗透联系思想，逐步加深对课文内容的理解，进而理解寓意。

1. 将两幅插图建立联系

进行对比观察，感受葫芦藤和种葫芦人前后的变化，进而发现课文的关键问题，用一个大问题作为学习本课寓言的主线，找变化，提问题，理清教学思路。

2. 将关键句和种葫芦人的心态建立联系

把感叹句、反问句分别与陈述句进行对比，发现两句话的意思相同，标点符号不同，因而朗读语气就不同。在反复对比朗读中体会，种葫芦人一点都不在乎葫芦叶子上的蚜虫，只是想要葫芦。

3. 将课文段落之间建立起联系

整体感知故事内容，体会在葫芦生长过程中，种葫芦人的想法、做法和最后的结果，形成鲜明对比，在对比过程中感悟寓意。

4. 将课内阅读和课外阅读建立联系

在拓展阅读《亡羊补牢》时，通过感受养羊人和种葫芦人的不同，帮助理解寓意，体会生活中我们应该听劝告的道理。引导学生思考生活中遇到类似的事情该如何处理，将读书和做事相联系。

（二）注重自读自悟，引领学生探索

以一个大问题为引领，引导学生发现种葫芦人没有得到葫芦的原因。学生通过自主观察、自主阅读，不断探索，进一步体会种葫芦人的心态和做法。在开放性的问题中，交流讨论，进而理解寓意。始终引领学生以发现者、探索者的身份参与整个学习过程，在有效的参与中，自主阅读、不断探索，做学习的主人。

以多种方法促进小学生真实写作的调查研究

北京市石景山外语实验小学　王桂超

摘　要: 教育部门一直在要求和倡导"真实写作",并反复强调真实写作的重要性。写作是要学生留心观察周围的人、景物、事后,写出自己的所看、所想、所感。而现阶段写作更多的是流于表面的空想后的程式化表达。但是,解决这项问题始终没有一套很好的理论支撑和切实可行的方法策略。现经调查,有比较多的学生会在习作中出现取材、情感和写作过程不真实的现象。出现此类现象的原因中,考试评分形式和社会原因占有相当高的比例。为了有效解决这一难题,我采用任务教学法、绘本教学法、实践教学法,有效减少学生习作中无目的、无兴趣、缺乏素材和感情不真挚的现象。当然,在习作中也要避免出现,为了真实而不顾学生精神品质的塑造和刻意追求"真实"而放弃理性的思考。

一、绪论

（一）研究背景

《义务教育语文课程标准（2011年版）》中明确规定三年级写作:对写作有兴趣,留心周围事物,写自己想说的话,写想象中的事物。同样,教育部门一直都在要求和倡导"真实写作",并反复强调真实写作的重要性。但是对这个问题的解决方案,始终没有一套很好的理论支撑和切实可行的方法策略。《观照核心素养聚焦真实写作》指出:长久以来,习作教学一直是语文教学的"疑难杂症",是老师头疼、学生苦恼、家长心烦的苦差事。从教师的角度来说,存在着渴望学生写出真情实感的话和教学内容繁多、应试要求严格的矛盾。从学生的角度来说,学生为了得到老师的认可盲目引用好词好句,为了考得高分背诵范文。长此以往,不仅严重偏离了写作的本质和课标的要求，同样磨灭了学生的写作兴趣。

（二）相关研究文献综述

我国作文教学一直倡导"真实写作"，尤其重视"真情实感"的写作。《义务教育语文课程标准（2011 年版）》对学生作文的要求是：学生的作文应关注生活，热爱生活，表达真情实感。国内有些学者认为"真实写作"是有利于学生人格塑造、成长需要的。尤其是在学生的学习起始阶段，摆正学生写作初衷、培养写作兴趣尤为重要。《虚假写作向真实写作的追求——2011 年版〈语文课程标准〉对写作教学的指引》中提到写作是综合性语文活动，包含观察、认知、记忆、思维和表达等多个维度，既有单纯的表达技巧，也有具体语境下的运用。这为"真实写作"的方向和方法提出了具体要求。同样，在这条追求"真实"的路上也容易出现各种误区。国内就有学者提到："真实写作"并非提高学生写作能力的灵丹妙药，而是作为教师催生学生写作欲望和情感表达的途径。所以，这条探寻"真实写作"的道路必须观点正确、方法恰当、评价可取，才能真正完成引领学生学会写作这项艰巨的任务。

（三）研究意义与价值

首先，按照中国《义务教育语文课程标准（2011 年版）》中所说的：写作是要学生留心观察周围的人、景物、事后写出自己的所看、所想、所感。这就要求不是迎合教师，不是迫于无奈的表达。而现阶段写作更多的是流于表面的空想后的程式化表达。所有的学生本应有着不同的感受和关注点，却因为教师、家长、自身和应试等多方面原因写出一样的内容，这无异于批量生产和仿照造假。这样长此以往，不仅对学生身心发展有着不利影响，更在孩子成长上抹去了最重要的表达学习和情感输出。从而可见，"真实写作"这条路是必然方向和教学重点。

（四）研究内容

1. 了解学生真实写作的现状

通过实践教学，观察学生对写作的态度以及学生写作的成果。进一步分析学生作品中的空洞现象和"不真实"的问题，得出现阶段学生写作中的问题。

2. 分析学生出现"不真实"写作的原因

（1）通过调查问卷，了解学生对于写作的态度，了解教师对现阶段写作教学的满意程度和存在问题。

（2）应用访谈法，了解学生对写作的想法，存在的疑惑。

3. 提出成熟有效的解决策略，帮助学生解决习作中"不真实"的现象

（1）帮助学生到自然中观察，到生活中体会，让学生感受到自己真实的想法。

（2）应用绘本为学生搭建便于理解的心理平台，为学生讲述自己真实想法提供素材。

二、小学生习作现状及原因的调查方法及思路

（1）研究对象：北京市石景山某重点小学三年级学生100名及语文任课教师3名。

（2）文献研究法：通过查阅书刊、上网等方式，获取与本课题有关的大量的研究资料，丰富理论素养，为课题研究提供有力的理论支持。在中国知网、国家图书馆查阅文献资料，其中学术论文20篇，著作2部，使研究更加科学化。

（3）访谈法：访问3位教师对习作现状的看法和原因的思考。

（4）问卷调查法：调查三年级100名学生对于习作的态度。

（5）实践研究法：通过分析100名学生近1个月习作中出现的"不真实"内容。

（6）数据处理法：通过运用软件，对调查问卷进行分析，得到相关研究数据。

三、小学生习作现状的调查结果及原因分析

（一）基于分析法了解学生写作现状

本论文中，通过分析北京市石景山某校三年级学生近1个月（4次）的习作取材、情感及写作过程，了解学生现阶段习作现状。通过3个维度包括取材、情感和过程进行分析。其中取材不真实，为习作内容虚假，杜撰未发生事件或未观察到的内容；情感不真实，为用空话、套话、大话表达出并非内心所想所感；过程不真实，就是在写作过程中借助外力，并非自己能力范围内的写作（见表1、表2）。

表1　　　　　某校三年级学生近1个月的习作现状

第一次《我的周末》	取材不真实	情感不真实	过程不真实
一班（32人）	9	7	2
二班（34人）	6	3	1
三班（34人）	8	7	2
汇总（100人）	23	17	5

续表

第二次《植树》	取材不真实	情感不真实	过程不真实
一班（32人）	8	6	3
二班（34人）	4	7	1
三班（34人）	5	9	0
汇总（100人）	17	22	4
第三次《感受春天》	取材不真实	情感不真实	过程不真实
一班（32人）	8	7	5
二班（34人）	5	4	4
三班（34人）	8	6	5
汇总（100人）	21	17	14
第四次《我的妈妈》	取材不真实	情感不真实	过程不真实
一班（32人）	7	6	3
二班（34人）	8	7	1
三班（34人）	9	5	1
汇总（100人）	24	18	5

表2 　　　　　　　　**某校三年级学生近1个月的习作不同问题占比**

习作次数	取材不真实	情感不真实	过程不真实
第一次	23%	17%	5%
第二次	17%	22%	4%
第三次	21%	17%	14%
第四次	24%	18%	5%
平均	21%	18%	7%

通过以上调查研究，经分析得出北京市石景山某重点小学三年级学生在写作过程中有近46%出现了"不真实"现象。其中，取材虚假占有最高比例，这说明学生经常会借用未曾发生过的事情去写作，这样方便自己构思，但写出的内容既不吸引人，也缺乏感情的升华。其次，情感不真实也占了相当高的比例。学生在情感表达时，习惯性用到"我很开心""我很高兴"这种单一、过于程式化的表达方式，并不能让读者感受到作者的心情，显然学生并没有将自己的真实心情通过恰当的表达方式说出来。个别同学在写作文时，习惯借鉴甚至抄袭范文，久而久之，学生会失去对语言的运用能力和组织能力，对习作也会失去兴趣。

（二）基于调查问卷分析学生习作"不真实"问题原因

在教师指导下，通过调查问卷法分析学生对于写作的态度和写作过程（见表3）。

表3   学生对写作的态度

	是	有时是	不是
我很喜欢习作课	39%	25%	36%
我喜欢写作文	20%	3%	77%
我喜欢抄写范文	45%	5%	50%
爸爸妈妈教我写	67%	15%	18%
我写没发生的事	38%	22%	40%
我写作文只为高分	65%	15%	20%
我喜欢读给别人听	55%	25%	20%
我不知道写什么	55%	30%	15%

基于调查结果，经分析可以看出：

（1）较多学生并不喜欢写作文：有些学生认为写作文就是为了考试时取得高分。

（2）社会原因：从表3中还可以看出，学生取材"不真实"有很重要的一部分原因是因为学生不知道写些什么。于是，学生就开始选择编造一些未曾发生的事情来弥补习作中的内容空白。有时候，学生还会直接选择抄袭范文。当今社会，因为从某些安全角度出发，会选择让学生在班级中学习，减少操场上的活动。家长也会让学生在课余时间多参加各种补习班，学生自由活动的时间是越来越少。而考试题目又往往集中在学校活动和放风筝、植树等传统活动上。这明显使学生的真实生活和习作题目产生了很大的偏离。学生无从下手便会自编自话甚至上网查阅范文抄写。有学者认为，生活是习作之源，并非来源于生活的习作就是无源之水、无本之木。

（3）父母参与：在学生的写作过程中，家长的参与度还是十分高的。家长的参与直接影响学生写作的目的、取材和情感表达。有的家长干脆直接取代学生的构思，强加给学生一些过高的知识；有些家长从其自身经验出发，认为习作越是运用华丽的辞藻作为修饰，越是引经据典就越会拿高分；有的家长认为，在习作中只要表达出非常正面、非常积极的思想就好。却不知在孩子这个年龄，有些时候并不是简简单单用好或不好来诠释的，有时候孩子就是想玩耍，有时候就是会软弱，也许就是不太友好，但是学生会慢慢去分辨是非，去克服弱点。但是在家长的一番指导下学生都变成了不会犯错的孩子。学生失去了自我反思的过程，渐渐对习作失去兴趣。

（三）基于访谈法了解学生习作"不真实"问题原因

通过访谈法了解教师对于学生习作现状"不真实"的原因分析。

在与学校教师交流沟通后，了解到以下几种可能导致学生习作"不真实"的原因。

（1）教师原因：教师在上习作课时，为了在有限的时间内完成并修改习作，便会把本应让学生体验和畅谈的过程，省略变为集体听范文的过程。学生听后都会写成千篇一律老师喜欢的样子。虽然有些老师也愿意让学生自己构思、自己完成并反复修改，但是由于课时有限，课业负担较重，作业又无法拿回家完成，所以不得不选择减少中间环节，以减轻修改的工作量。

（2）评分机制：习作属于语文学科里占分值非常大的一部分。而评分标准中语句通顺、连贯，语言优美，内容翔实等要求又占习作分值的绝大多数。学生只要写成一篇内容具体、词句达意的作文就可以了，完全不需要去想我真正想写的是什么，我真正的感受如何表达出来。

（3）学生原因：现在的学生接触社会的机会多，更多的时间用来接触新鲜事物。他们很难静下心来思考，我想将生活中的什么事情记录下来。他们更愿意采取上网查找资料的形式，完成本应自己回忆并完成的习作。

四、提升小学生真实习作的实践研究

（一）小学生真实习作概念界定

真实写作：真实写作是基于学生对外界的真实反映。包括对人、物、事件和景色的真实感受，发自内心的感慨，喜怒哀乐的自然流露。写作时不写大话、空话、套话，不敷衍、不厌烦。

（二）提升小学生真实习作的研究方法及思路

（1）研究对象：北京市石景山某重点小学一年级学生100名及语文任课教师3名。

（2）文献研究法：通过查阅书刊、上网等方式，获取与本课题有关的大量的研究资料，丰富理论素养，为课题研究提供有力的理论支持。在中国知网、国家图书馆查阅文献资料，其中学术论文5篇，著作2部，使研究更加科学化。

（3）访谈法：访问3位教师对习作教学方法的想法。

（4）问卷调查法：调查一年级100名学生对于改变教学方式后对习作的兴趣。

（5）实践研究法：通过分析100名学生采用新的教学策略后与之前对比习作内容的改变。

（6）数据处理法：通过运用软件，对调查问卷进行了分析，得到相关研究数据。

（三）提升小学生真实习作的解决方案与实施

1. 任务教学法

任务教学法，主要是让学生在一定的任务情境中去运用写作。例如：书信、便条和演说稿都是比较实用的写作类。但是，以往遇到此类写作教学时往往以一个虚构的情境来促成写作。学生兴趣不浓、动力不足、效果不佳。而真正地运用任务教学法，就是要有真正的任务作为驱动，在写作反复修改后切实地运用实施到真实情境中去。只有这样，学生的写作目的，写作取材和情感表达才是真实的。

2. 体验教学法

体验包括身体实践和情感体验。写景类习作让学生到景中一游，仔细观察。写事类习作就要学生去体验：亲自去种树，真正为家长做一次便饭等。不可凭以往看到或他人转述中听到的经验代替自己的亲身体验。

3. 绘本教学法

绘本故事来源于学生身边的生活小事，容易与之产生共鸣。

例如：《迟到的烦恼》写的就是学生对于迟到的内心感受；《大脚丫学芭蕾》就是对于学生缺乏自信而写的故事；《逃家小兔》正是写学生成长中渴望自由而又离不开母亲的爱的烦恼。在这种情境下，学生更加愿意去感受、去思考、去观察和表达。

首先，学生应思考为什么绘本可以打动自己。从绘本的表达上、语言上感受绘本的真实性。其次，绘本中的诸多情境，例如，迟到的小猪、缺乏自信的"大脚丫"、有爱心的爷爷……都会给学生似曾相识的感觉。因而可以用填补空白的方式，把自己的经历写出来。也可以结合绘本中的故事续写一个合理的结尾。例如：《谁动了我的帽子》结尾处正适合学生去发散，到底草丛中发生了什么事，小鱼怎么样了？学生不仅兴趣盎然，而且有话可说。学生创编绘本，可以运用图画配文字的方式来表达自己的真实感情。

（四）提升小学生真实习作方案的实施效果分析

1. 分析使用以上 3 种教学策略后的 3 次习作"真实性"分析（见表 4）

表4　　　　　　　　　　使用教学策略后的习作真实性分析

习作次数 不真实原因	第一次	第二次	第三次
取材不真实	3%	2%	1%
情感不真实	1%	3%	0%
过程不真实	5%	1%	2%

基于调查得出上表中的数据，不难看出，在采用相应的教学策略后，学生"不真实"情况明显有所下降。

2. 研究一年级学生写作兴趣和写作过程并对其进行分析（见表5）

表5 一年级学生写作态度及过程

	是	有时是	不是
我很喜欢习作课	92%	8%	0%
我喜欢写作文	66%	10%	24%
我喜欢抄写范文	5%	5%	90%
爸爸妈妈教我写	7%	15%	78%
我写没发生的事	3%	2%	95%
我写作文只为高分	55%	10%	35%
我喜欢读给别人听	75%	15%	10%
我不知道写什么	4%	30%	15%

学生对习作以及习作课的兴趣明显提高。习作的目的也由之前的"仅为分数"有所改变。在习作过程中，更是解决了学生没有素材，不知道写些什么的困惑，更愿意自己独立完成习作。

3. 基于对一年级语文任课教师的访谈，得出以下结论

（1）学生对习作和习作课的兴趣大大提高了。学生更愿意去谈论自己的作文，和老师同学分享，而不是写完即止。

（2）学生习作的素材明显丰富了很多，更多的是真实发生在学生中间的事情。

（3）学生的习作明显读起来生动有趣了很多，有时候可以跟着开怀大笑，有时候也会伤感难受。这都是因为情感的真实流露。

4. 典型案例

实例1：先告知有一个重要的任务。那就是为"六一"活动，学生家长参观学校写一段介绍词，而且写得好的同学将评为校园解说员，带领家长参观校园。这不仅是一件真实的事情，而且是学生非常感兴趣的活动。这样，学生就有了写作的愿望。在下笔之前，让学生先亲自在学校里走一走，看一看，发现学校的美。学生根据自己看到的选取最感兴趣的三处仔细介绍。因为是自己选择的，就格外细心地去观察，想办法介绍清楚。最后自己设计参观路线图和注意事项。介绍词的写法自然而然就会了，也为游览词或游记做了铺垫。

实例2：绘本《花公鸡》讲述了一个母亲将爱化身为一只公鸡陪伴在赶考的儿子身边，最后儿子当官后和母亲一起幸福生活的故事。在故事讲述后，激起了学生的种种感怀。之后学生去说的不再是生搬硬套的情节，而是发自内心的想法。在说的过程

中自发地联想自己的母亲是如何爱自己的。课后，写了一篇关于母爱的小片段，学生再没有写妈妈带我看病或妈妈为我撑伞的千篇一律的情节。有个学生写道：我的母爱，就是妈妈每天陪着我和妹妹写作业；就是每天为我碗中夹的肉；就是运动场上为我呐喊的嘶哑声音。后来我得知这个孩子的妈妈，自己要供养两个女儿，却从未让女儿觉得和其他同学有任何不同。

五、研究总结

在语文大变革的背景下，我意识到学生习作中存在的"不真实"问题在危害着学生语文的学习和心理的成长。将来，习作必将成为考试拉开分数档的部分，其原因在于评分标准的改变。而学生再以编造、抄袭的形式学习是绝对不行的。而且，学生也更加需要提高语文应用能力，充分感受生活，反思自身。所以，在调查后得知学生因社会、家长、教师和自身等原因导致的"不真实"十分严重。我应用的任务教学法、实践教学法和绘本教学法对解决这一难题有着自身的优势和一定的作用。其中，绘本是属于相信童话人物的读物，它图文结合，但主要用图片讲故事。小学生以形象思维为主，用直观的图片给学生以启发，弥补了学生没有形象概念的遗憾。绘本是可以解决所有心灵问题的读物，学生通过听故事与之心灵进行碰撞，从而使学生表达出内心那一份真实的感动。未来，我也会继续在习作教学上探索出更多有效的办法，帮助学生提高习作水平。

因材施教，分层评价，提升效率

北京市石景山外语实验小学　王　曦

　　摘　要：外来务工人员子女家庭环境参差不齐，部分家长对孩子的学习期望值不高，使得孩子学习动机出现问题，导致他们对学习提不起兴趣，成绩提高不上来。通过归纳总结，我发现：学生的"不同"是造成这种差异的根本原因。于是，《语文分层测试卡》出现在我的教学中，在争取让每个学生都能有所收获有所发展的同时，我激发他们的热情，让他们对学习产生兴趣。本文，是笔者在教学中落实分层评价的几点做法。

　　作为一名生源绝大多数为外来务工人员子女学校的老师，我经常在苦恼一件事，为什么无论我们怎么拼命地教学、辅导，学生的成绩却依然无法和重点学校的学生相提并论呢？备课，上课，作业，辅导，一样都不比重点校老师做得少、做得差，但就是有一部分学生的成绩提高不上来。

　　我们身处北京城区，我们的教学设备、教学理念、教学方法，不比重点学校差，老师们的学历、能力，也不比任何重点学校的老师差，我坚信我们从硬件的教学环境到软件的师资力量都没有问题,那问题到底出在哪呢？通过参加工作以来的归纳总结，我发现：学生的"不同"是造成这种差异的根本原因。外来务工人员子女的家庭环境参差不齐，更有一部分本着"顺其自然"的家长对孩子的学习期望值不高，使得孩子学习动机出现了问题，日久天长，让一部分学生对学习提不起兴趣，不管老师怎么努力，他就是无动于衷。

　　面对这种现象，从家长处着手显然是望梅止渴，短期内根本解决不了什么问题，但是我们就这样放弃这些学生吗？和家长的态度一样，顺其自然，让他们自生自灭？不！我们是老师，我们是教育者，我们应该从根本上帮助学生树立良好的人生观、价值观，努力让学生产生学习的兴趣与欲望，这是我们每个老师都应该完成的职业使命！

于是，我开始寻找一种途径，争取让每个学生都能有所收获有所发展的同时，激发他们的热情，让他们对学习产生兴趣。我不停地尝试着，随着教学年级的升高，《语文分层测试卡》出现在我的教学中。通过不断的学习与探索，我初步对分层评价形成了一个总体的轮廓认知，结合我自己工作以来发现的问题和已经摸索到的一点经验，终于找到一种寻求多年的"路"，它让我对提高学生的学习兴趣与欲望，提高部分特殊孩子的成绩有了新的理解和认识。

一、点燃自信的希望

首先，我对班里的学生进行了分类，基础知识不扎实的、成绩出色的、学习兴趣有障碍的等不同的组别，并建立不同的"语文联系卡""喜报飞来""我真棒"等一系列奖励措施。教学中，我充分利用分层测试卡的分层教学形式，字词题做对了画一个笑脸，课内阅读题做对了得个100分，课外阅读等一些拓展提高题完成了画一排智慧星。不同层次的孩子取得不同的成绩，填好卡片拿给家长。全班每周有多少学生联系卡得了100分，多少同学喜报飞来告诉家长学生哪儿取得了好的成绩，多少同学拿到了"我真棒"奖励。每周每个学生都能拿回家几张这样的"联系卡"，透明化的了解增长了各类家长的信心，使家长和学校的教育吻合，充分调动家长那一部分力量，这些联系卡传递着学生们突飞猛进的变化。我还不断地跟一些家长单独联系，"是××的家长吗？你好，今天，××课上思维特敏捷，《语文分层测试卡》得了3颗智慧星，表现很出色，您有什么好的教育方法，可以介绍介绍吗？"我适时和家长沟通，家长会上省略了"某某同学学习要想办法"等让家长着急又手足无措的话语，家长看着孩子们的"成绩"，一个个小笑脸，一颗颗小星星，让家长们觉得自己的孩子是有出息的。"真没想到，《语文分层测试卡》这么多笑脸，100分，孩子变化这么大，看来将来没准还能成才呢！"听着一些家长的话，我心里终于体会到那种不枉辛苦做这么多事的喜悦！燃起的希望积聚在家长的心里，同样也积聚在孩子们的心里。孩子在课堂上感受到成功的喜悦，回到家从父母的嘴里得到认可，点燃自信的同时，更多的是涌现出希望！这样的教育效果令我激动不已。

二、在激励中进步

变化蕴含生机，生机带来活力。怎样让《语文分层测试卡》的评语从"老面孔"变成富有生命力的"魔棒"？让孩子在记录自己成功的同时也不会感到"索然无味"。我在教室的墙上设了《语文分层测试卡》专栏，按一册教材的几个单元板块，每个板块设置不同的评价方式，如第一单元是花朵，整个单元共 12 课时，每课时一个花瓣，整个单元共两朵花，每堂课上如果能练习全对就可以涂一片花瓣，最后综合检测如果成绩比上次有提高则可以多涂一片，最后看谁的花更多更美，可以得到特殊荣誉勋章！孩子们在竞争中飞快地进步，每学期学校的各项语文活动、语文竞赛我们班成绩都遥遥领先。此外，我惊喜地发现，全班的整体成绩也提高了很多，那些以前没什么兴趣学习的孩子，现在也主动地关注自己的花上有几个花瓣了。这实现了我许久以来一直想达到的效果，让孩子人人都有进步，人人都想进步。

三、在活动中成长

在人所有的情绪中，最强烈的莫过于渴望被人重视与赏识。《语文分层测试卡》突出的特点，是它用分层理念指导教师进行分层教学、分层评价、分层练习，是对不同的评价个体采用不同层次的评价标准进行评价，着眼于发现并发扬每一个学生的长处，促进每个学生在原有基础上最大限度地发展，让每个学生都有成功的体验。

根据教材知识体系的安排，结合《语文分层测试卡》，我帮助孩子们组织了许多有趣、多彩、有意义的活动。如结合《语文分层测试卡》基础练习中必备的看拼音写词语，结合学校的听写大赛，开展了"词语小状元"活动，每天的词语小比赛，让学生们在拼读拼音能力日渐提高的基础上，一次次享受到成功的乐趣。《语文分层测试卡》上亮晶晶的小星星，发到学生手里红彤彤的词语小状元喜报，让学生们欢欣鼓舞，最基础的成功让学习吃力的学生尝到了成功的甜头；有序的比赛、合理的评价让"翘尾巴"的学生开始严谨地对待自己所做的每一道题。根据《语文分层测试卡》分层练习的特点，我采取了"多劳多得"的策略，"小收获带动大成功"不管字词基础练习还是阅读提高练习，我都会根据题目类型分为若干组，做对一组就会得一个灿烂的笑脸，三个笑脸就会在专栏内自己的"禾苗"上结一粒金灿灿的谷粒，看着自己的谷粒越来越多，笑在学生脸上，收获尽在学生的知识掌握中。为促进班内同学的竞争，我还推出了"标兵组""进步组"流动牌，每两周评选一次，优胜组把相应的标牌挂在该组第一位的显著位置，学生感到无比光荣。活动提高了能力，活动让孩子体验到了成功，活动加快了孩子们成长的步伐。

四、在探究中提高

作为语文教师，我深钻教材，研究学生，结合《语文分层测试卡》把"教案"转化为"学案"，创造性使用教材，选择时机合理使用《语文分层测试卡》，让探究走进学生生活，许多闪光的"点"出现在学生的课堂上，画一画、说一说、辩一辩等一个个精彩的情景出现在课堂上，课堂成了学生大显身手的地方，展示的舞台让学生体验到成功。

还记得教学《记金华的双龙洞》时，《语文分层测试卡》有一个练习：概括课文的主要内容。有了对作者游览顺序的了解，学生此时的心情跃跃欲试，听不进教师的任何点拨。此时我充分相信学生，放手让学生主宰探究知识的方式："同学们，了解了旅游线路，怎样概括文章主要内容才最简练呢？概括越全面、简练，智慧星越多！"宽松的环境，和谐的氛围，学生忙而不乱，写一写、想一想、再写一写，俨然就是一位位小思想家。反复读文章的同时，学生进一步理解课文。学生们概括越全面，说得越简练，表达能力与概括能力的提高令我深深折服。学生们在探究中用科学的态度观察解决问题，实现了学生真正意义的发展。此时此刻，学生头脑中的知识不单单停留在模仿层面，而是进一步深入到了运用知识解决问题的理解层面，知识在探究中逐渐深厚。

我深切地体会到：让《语文分层测试卡》融入课堂教学，教师不再是高高在上的"传道、授业、解惑"的"先生"，而是能融入学生探究活动中的参与者，是学生探究活动的组织者，是适时适度的引导者，是学生的大朋友。跨越师生的界限，将别有一番天地。当学生千辛万苦地探究出我早已熟知的东西时，我没有不屑一顾，我把自己融入他们的行列之中，非常惊讶又发自内心地赞叹："真了不起！我怎么没想到呢？"当学生一步一个脚印地做出最简单的字词基础题时，我没有不以为然，而是真诚地赞叹："你进步真大！"表扬中，学生的眼睛亮了，心动了。一石激起千层浪，《语文分层测试卡》真正成了"激励"和"唤醒"的沃土，积极探索，自信成功的心跃跃欲试。

关注差异，分层评价，让我找到了一直想寻找的途径，让我实现了让所有孩子都有进步，都有学习兴趣的教育梦想，让我的教育生涯更"丰满"。

在阅读教学中有效指导朗读

北京市石景山外语实验小学　赵秀娟

一、明确朗读在阅读教学中的意义

《义务教育语文课程标准（2011年版）》在小学低、中、高不同学段都强调了"用普通话正确、流利、有感情地朗读课文"。所以，朗读教学在小学阶段显得尤为重要。苏霍姆林斯基说："许多学生之所以不能掌握知识，乃是因为他们还没有学会流利地、有理解地朗读，还没有学会在朗读的同时进行思考。"我们也经常谈到孩子们的语感差，《义务教育语文课程标准（2011年版）》中还指出：在教学中尤其要重视培养良好的语感。有了语感才会有流畅的表达，才会有好的理解能力和感悟能力。所以有人说，有了语感就有了一切。培养语感靠什么？一句话，主要靠有声语言的实践，也就是靠朗读。

其实，朗读的好处特别多，朗读培养语感、朗读有助记忆、朗读促进领悟、朗读提高审美、朗读益于写作、朗读发展想象等。于永正老师说，朗读能赋予作品生命，好的朗读能使形象活起来，走到读者眼前，走进读者心里。作为一名语文教师，不用我再多说，都知道朗读的重要性。

二、分析阅读教学中的朗读现状

在实际教学中，我们往往由于各种原因使得阅读教学的朗读环节存在不少问题。比如：（1）朗读时间不充分。大量时间用在老师的讲解上，常常以分析代替朗读，以讲代读。（2）朗读目的不明确。学生没有明白为什么而读，只是被老师驱赶着为读而读，根本没有用心、用情去读。（3）朗读的面窄。读来读去，叫来叫去，就是那四五个学生朗读，大部分学生当听众。（4）朗读指导不到位。指名朗读时我们往往会说，请你把这部分内容有感情地朗读出来。而没有把理解和感悟融入进来，学生很难读出语气。（5）朗读评价单一。教师的评价语经常是读得真流利，读得真有感情，仅仅这样是不够的。课标中强调："评价学生的朗读，可以从语音、语调和感情等方面进行综合考察，还应该注意考察对内容的理解和文体的把握。"

三、根据课文内容选取恰当的朗读方法

怎样才能在阅读教学中精心地设计朗读，运用有效的指导策略和方法，有层次地指导学生从不懂到懂，从肤浅的感知到深入的感悟，最终与作者达到情感的共鸣，从而提高朗读能力。下面我结合自己的教学来讲几个课例。

（一）运用多媒体创设情境，指导学生朗读

在信息技术飞速发展的今天，利用多媒体创设情境是最直观、最形象、最能激发学生兴趣的手段。例如教学《观潮》一课。钱塘江大潮，自古以来被称为天下奇观。作者在描写大潮到来时的景象时，从它的形状和声音的变化来描写大潮的壮观。课文描写得生动、形象，富有感染力。在学生理解的基础上，我播放了视频资料。学生边看边发出赞叹与惊呼。通过观看，很直观地就理解了什么是"横贯江面"，什么是"白色战马"，什么是"山崩地裂"。然后，我再让学生朗读第三、四自然段的内容，为了读出大潮的声势浩大我还采取了小组加入式朗读，使课堂气氛达到了一个高潮。孩子们的朗读效果真是如临其境，如闻其声，如见其景。他们不仅感受到钱塘江大潮的雄伟壮观，更加感受到大自然的魅力。记得刚学完这课不久，电视台转播钱塘江大潮的场面，我赶紧把消息发到班级群，让他们进行观看，使得孩子们再一次感受到今年大潮的壮观景象，拉近了书本中的文字内容与实际生活的距离。

（二）采用加入读的方式，指导学生朗读

刚才正好提到加入式朗读，在这里我以《狼牙山五壮士》一课为例。课文记叙了抗日战争时期，八路军某部5个战士，为了掩护群众和连队转移，诱敌上山，英勇杀敌，最后把敌人引上狼牙山顶峰，英勇跳崖的故事，字里行间饱含着对"五壮士"的崇敬与颂扬之情。在最后战士们英勇跳崖的部分，我是这样指导朗读的。在国际歌的配乐下，教师用充满激情的语言说道："五壮士"一个接着一个毫不犹豫、昂首挺胸从悬

崖上往下跳，狼牙山上响起了他们壮烈豪迈的口号声。谁来读，指名读——接着教师又说道：这壮烈豪迈的口号声响彻云霄、震撼大地。它喊出了中华儿女头可断，血可流，民族尊严不可丢的凛然正气。请男生加入读——最后，教师又说道：这是英雄的中国人民坚强不屈的声音！这声音惊天动地，气壮山河！请全班一起读——这样从人数的增加，从声音的加大，使学生感受到五位壮士的英勇无畏，感受到革命先烈的无私伟大，对祖国的热爱。记得当时孩子们读得真是热泪盈眶，有的甚至流下了感动的泪水。

（三）揣摩角色内心，指导学生朗读

我以童话《去年的树》一课为例。这是一篇感人至深的童话故事，是日本著名作家新美南吉创作的。它主要通过对话展开故事的情节，推动故事的发展。故事主要由四次对话构成，分别是鸟儿与树、鸟儿与树根、鸟儿与大门、鸟儿与小姑娘。这四次对话构成了一个完整的、美丽而略带忧伤的故事。读后不仅使人感动，更叫人潸然泪下，赞美了高尚的、令人荡气回肠的友情。在本学期我们中年级的老师参加的区教研活动中，就听了这节研究课。教过的老师都知道，这篇文章很适合分角色朗读或者表演式朗读。但仅此方式我感觉还不够，如果没有揣摩角色内心，是读不出感情的。因为在我检查学生初读课文时，对于小鸟寻找大树的三次询问，就不是很理想。记得当时我用饱含深情的语言过渡："他们就这样依依惜别，并做了约定。第二年的春天，小鸟满怀期望地跑回来找她的好朋友大树。然而，往日朝夕相处的伙伴却不见了。她不顾一切地找啊，一刻不歇地找啊，历尽千辛万苦，在寻找大树的过程中，有了下面的3次询问。老师想先请同学们自己选定一个角色，3人一组合作练习朗读，之后再展示给大家。"但是在小组汇报朗读时，叫了两组，总感觉他们的语气有些平淡，没有真正深入理解小鸟的内心。这时我让孩子们来评价一下同学们的朗读，这时有个学生说：我觉得小鸟应该读得更焦急些。她这样子读还不够焦急。又有一个学生补充道：鸟儿问了那么多人，找了那么多地方，都没有大树的消息，她还不灰心。我觉得这时的小鸟除了着急还有恳求的语气。有的说：我觉得小鸟找了那么久，有些失望了。她不怕辛苦，不分昼夜地找，连水都顾不上喝，可还是没找着。应该读出失望的语气。还有的学生说：我觉得树根应该读得悲伤一点。因为树根和树他们两个是命运相连的，就等于是好朋友一样。如果哪一方不见了，或者死去了，他们应该是很悲痛的。没想到他们理解得还不错。在学生深入角色内心后再次练习分角色朗读，明显有了提高。最后我还让他们加上动作表演式朗读，学生们情绪高涨，犹如真正的小鸟在寻找自己的好朋友。

（四）变换体裁形式，指导学生朗读

　　小学阶段我们的课文多以记叙文为主，伴有古诗和诗歌。如果适当变换一下体裁形式进行朗读，有时效果也不错。我以《搭石》一课为例。这篇文章作者紧紧围绕"搭石，构成了家乡一道美丽的风景"这一中心句，让学生从乡亲们摆搭石、走搭石的一幕幕情景中，感受到家乡人默默无闻、无私奉献、文明礼让、尊老爱幼的精神品质。首先在理解什么是"协调有序"时，我采用的是师生合作朗读（教师：指定6个学生，分别安排好角色，"前面的"3人，"后面的"3人）。之后说道：让我们也加入走搭石的行列中，咱们合作着读一读。教师领读：每当上工、下工，一行人走搭石的时候，动作是那么协调有序。师：前面的——生：抬起脚来；师：后面的——生：紧跟上去；师：前面的——生：抬起脚来；师：后面的——生：紧跟上去；师：前面的——生：抬起脚来；师：后面的——生：紧跟上去。教师小结：抬起脚来，紧跟上去，抬起脚来，紧跟上去，踏踏的声音，像轻快的音乐，没有跌入水中的，也没有踩到脚的，这动作是那样的默契、那样的有序，原来这样走就是协调有序，原来这样的动作就是协调有序。咱们一起来走走搭石吧！（把学生分成两个部分分别为"前面的""后面的"）让每一个学生都有体验的机会。清波漾漾，人影绰绰，这一行人走搭石，既像是一幅美丽的画，又像是一首清丽的小诗，这时教师课件点击，将书中这段文字变成诗歌的形式，再配上音乐。是呀，这一行人在搭石上走出了韵律美、画面美，这的确是家乡的一道风景。

　　其实在学习"走搭石"这部分时，我主要设计了几种读的练习。有些词语单凭说说是很难使学生理解透彻的，如"协调有序"，教师通过师生配合、接龙朗读的形式，立刻就使学生明白了什么是协调有序，加深了对课文的理解。在理解"清波漾漾，人影绰绰"时，教师又采用了想象朗读的方法，通过边读边想象，初步感受到了美的意境。最后再通过改变段落语句形式的方式，把自然段变换成诗歌的形式，再通过音乐的渲染，学生的情绪一下就进入了美的情境中，既理解了文章的内涵，又陶冶了性情。同时在这部分的教学中，还有一种理解词语方法的渗透"想象理解法"，为学生自主学习奠定了基础。

　　指导朗读还有很多种方法，如：激情读、设境读、趣味读、示范读、竞赛读、评价读、想象式朗读、补充背景资料指导朗读等。在实际教学中，我发现朗读没有一个标准的定义，有的课文适合一种形式，有的课文适合多种形式并用。但在课堂实践中选取什么方式进行训练，应视学生学习情况、课文的特点而定，不可牵强运用。教学有法，教无定法，贵在得法。让我们从现在开始，重视每一节语文课的朗读训练，提高学生的语文能力和语文素养。

数学篇

经历概念生成，感悟概念本质

——《圆的认识》案例分析

北京市石景山外语实验小学　赵　燕

一、事例背景

建构主义认为在知识构建过程中存在着两种经验，感知经验和感性经验。感知经验是一种静止的关于视觉、听觉、触觉的经验。学生目前对圆的已有认识属于感知经验范畴，"圆"在学生的头脑中只能从众多平面图形中辨认出来，但是对于圆的本质特征学生知之甚少。感性经验是一种活动的经验，是在主客体的相互作用中，产生的动态的感性表象，这种动态的表象是"数理——逻辑经验"产生的源泉，而操作活动数学化的过程就是让学生积累丰富的感性经验，再在这个基础上抽象，从而认识概念的本质内涵。

数学学习是一种过程，一种不断经历尝试、反思、解释、重构的再创造过程。《圆的认识》一课，学生应该经历怎样一种学习过程呢？教师应该进行怎样的一种"有过程"的教学设计呢？我进入了深深的思考当中。

二、设计依据

（一）什么是圆

圆不同于长方形、平行四边形等线段围成的平面图形，它是曲线围成的。其静态定义是：平面上到定点的距离等于定长的所有点的集合；动态定义是：平面上，一动点以一定点为圆心，一定长为距离运动一周的轨迹。代数定义是：满足公式 $x^2+y^2=r^2$（r

为大于0的已知实数）的所有点（x, y）的集合就是圆。无论哪个定义都指向圆的本质"一中同长"。

那么，小学阶段教学圆到底该让学生认识什么？怎样认识？我对教材和学生进行了深入的分析。

（二）教材对"一中同长"的编排

有关圆的知识，学生从一年级起就有所接触，他们能从外形是长方形、正方形、三角形、圆等实物或模型中，正确地辨认出圆。在日常生活中，学生也接触过大量的外形是圆形的物体。在中年级和高年级，学生又先后学习了长方形、正方形、平行四边形、三角形和梯形等平面图形的特征，掌握了一定的几何初步知识，具备了一定的空间观念，积累了一些学习几何知识的经验。所有这些，都是学生今天学习圆的基础。

本节"圆的认识"是学生研究曲线图形的开始，是学生认识发展的又一次飞跃。教材通过比着实物画圆和用圆规画圆的活动，通过画一画、量一量、折一折等活动，使学生认识圆心、半径和直径了解半径与直径的关系等。学生在这些操作活动中加深对"圆心到圆上各点的距离都相等"这一圆特征的了解，感受圆之所以为圆，其本质所在就是到定点的距离等于定长的点的集合。从认识线段围成的图形到认识圆这样的曲线图形，不仅能拓宽学生的知识面，丰富学生"空间与图形"的学习经验，而且能给学生探索学习的方法注入一些新的内容，这也是学生对平面图形认知结构的一次重要拓展。

对于线段围成的图形，学生主要是从边、角两方面来认识图形特征的，而圆是由一条封闭曲线围成的图形，学生认为它是圆圆的、没棱没角的，但为什么是这样的？是圆的什么特征使圆看起来没棱没角圆圆的，孩子们不知道如何去解释。圆的本质特征主要体现在隐形的线段——半径、隐形的点——圆心上。

无论哪个版本的教材，都遵循了学生熟悉的实物入手认识圆，首先从形状上（圆圆的，没棱没角）感受"一中同长"，学生通过折一折、量一量等活动积累数学活动经验，体验理解"一中同长"，最后引导学生用圆规画圆，应用"一中同长"来解决问题。教材的安排体现了学生对"一中同长"的理解过程。

（三）学生对"一中同长"的理解

1. 学生已有知识基础

在低年级的学习中，学生已经对圆有了初步的认识，可以在众多所画图形中较为准确地辨认出圆，说出其特征：圆圆的、没棱没角的、曲线的。但是让学生说说圆为什么是圆圆的、没棱没角的，几乎没有学生能够说出其原因。学生有一定的研究图形特点的方法积累（如：对长方形和正方形的研究）。参加访谈的 10 位同学中有 8 人都想到了我们是用测量或对折的方法来验证出长方形、正方形边和角的特点的。这些方法可以为课堂中学生研究圆的特点有一定的启发。

2. 学生已有生活经验和学习该内容的经验

学生能够体会到圆广泛地存在于我们的生活之中，并能举出生活中圆的例子。但不能对于生活中圆的例子进行准确性描述。举例说出生活中见到过的圆，学生回答：笔筒、胶条……不能正确认识到这个物体上的某个面是圆形的。也有的同学将各类球体列入所谓"圆"的行列之中，看来孩子们对于"圆"与"球"的概念不清，需在教学环节中加以正确引导。对于列举圆在生活中的应用，只能想到车轮被做成圆形的是使得其行走起来更平稳，但不能作出充分的解释。

3. 学生学习该内容可能遇到的困难

尽管学生在低年级的学习中已经初步认识过圆，而且我想通过本节课的教学也可以使学生学到圆方面的很多相关知识。但对于让学生做到真正深入认识圆是由之上的若干个点连接而成，以及在学生头脑中充分体会到圆的各点分布均匀性和广泛的对称性还是比较困难的。

4. 学生学习的兴趣、学习方式和学法分析

学生对研究有关几何图形的内容比较感兴趣，尤其喜欢通过实际的动手操作与小组合作学习相结合的方式来进行学习，而且现在也已经初步具备了一定的小组合作学习的意识与能力。

三、我的思考

本节课的核心概念即：圆，一中同长也，也就是学生理解圆有一个圆心，同时圆上任意一点到圆心的距离都相等。学生记住这一事实并不难，关键是怎样真正地从本质上理解。

（1）学生对圆的理解，怎样从形式上的理解（圆圆的，没棱没角的）上升到本质上的理解，感受到圆之所以称为圆就是因为它的本质"一中同长"所在；

（2）学生怎样从自己原有的认知经验：美丽的建筑等物化属性中抽离出圆，从而感受圆之所以美丽也是它的数学本质"一中同长"所在；

（3）学生到底应该经历怎样的数学活动，教师应该进行怎样的有过程的教学设计？

学生怎样认识圆：

①学生应充分经历圆的形成过程，真正经历圆的生成过程；

②学生要经历从感性到理性，最后达到本质层面认识圆的过程；

③学生在"怎样能画出标准的圆"与"为什么不能画出标准的圆"的强烈的认知冲突下理解圆的本质"一中同长"。

我在设计教学过程中以"一中同长"为圆心，引导学生经历欣赏圆、实物画圆、学具画圆、圆规画圆、应用圆的认识解释生活中的圆、带着对圆的理解再次欣赏圆，完成学生对圆的认识和理解。

四、课堂重现

（一）在画一画、折一折的活动中初步感受"圆，一中同长"

（1）要认识圆我们首先要画一个圆，怎样画一个圆呢？我们在前面学过的平面图形，都是用尺子画，这回你们为什么不选择用尺子画圆呢？

（2）下面就请同学借助你身边的实物画一个圆，把这个圆剪下来。在剪圆的过程中你有什么发现？（曲线图形）

（3）把你剪下来的这个圆对折再对折，然后打开，你有什么发现？对这些折痕你有什么想法？（这些折痕都一样长）

小结：在圆中是不是这样的线段都一样长呢？我们就带着这样的问题一起来再次画圆。

教学感受：通过实物画圆、剪圆等活动使学生感受圆是一个曲线图形，通过折一折的活动初步猜测圆的半径都相等。

（二）借助学具画圆，体验"圆，一中同长"

（1）老师为同学们准备了一些画圆的工具，打开工具盒看看都有什么？

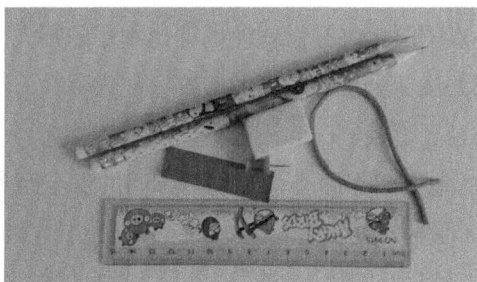

（2）你能试着选择合适的工具，用 1 到 2 种画圆方法试着画一画吗？

想一想：

你是怎么画的？

在画圆的时候你都注意到了什么？

（3）展示汇报：

两支笔做成圆规画圆；

用纸条画圆；

用绳子画圆……

（4）小结：刚才我们借助这些学具找到了这么多画圆的方法，它们有什么共同的地方吗？（定点，定长）

（5）老师借助这张正方形纸也能够剪出一个圆，看看这里有没有你们画圆的时候的定点、定长。

剪圆的过程：将这张正方形纸对折、对折再对折，剪一个等腰三角形，形成一个正八边形，这时距离中心相等的折痕有 8 条；再对折剪一个等腰三角形，形成了一个正十六边形，这时距离中心相等的折痕有 16 条；再对折剪一个等腰三角形，就形成了一个正三十二边形，这时距离中心相等的折痕有 32 条；随着我们对折的次数越来越多，距离中心相等的折痕就越来越多，就越接近圆；当我对折无数次，距离中心相等的折痕就有无数条，就形成了一个圆。

教学感受：通过用正方形纸剪圆的过程，意在引导学生理解当正方形纸对折的次数越多，剪出的正多边形的边数越多的时候越接近于圆，引导学生想象当无限剪下去的时候，剪出的图形就越接近于圆。

（三）在圆规画圆中建构认识，理解"圆，一中同长"

刚才我们用这些学具确实画出了一些圆，为了绘图更方便、更准确，我们一般选择什么来画圆呢？（圆规）

（1）请同学试着用圆规画一个圆，边画边想：用圆规画圆的时候要注意什么？

（2）画一个更大一点的圆，怎样做就能保证比刚才的圆大了？

（3）你们能不能想办法让全班同学画的圆都一样大呢？

（4）认识圆心、半径、直径。

①我们把圆规针扎的地方叫作圆心，圆规两脚间的这个距离叫作圆的半径，请同学们试着画一个半径是 3 厘米的圆。

②能试着画出一条半径吗？给你 15 秒的时间看谁画的半径最多？

③怎么画能相对比较多一些呢？我们把像这样的线段叫作直径。

④通过这么多次的画圆你对半径和直径有什么理解？

教学感受：学生通过圆规画圆，在动态生成过程中理解"圆之所以为圆"的本质所在，理解"圆，一中同长"。

五、自我反思

本节课我借助学生画圆的原有知识经验：用实物画圆，学生通过描出圆的边线，然后把这个圆剪下来，学生感受到在剪圆的时候要不断地变换方向，从而体验圆是一个曲线图形。剪圆后让学生将这个圆对折再对折，引导学生观察这些折痕，有什么发现？你对这些折痕的长度有什么想法？我们可以看看学生最初的想法是什么样的。此时，学生仅仅能够感受到有限条折痕的长度相等，对圆中有无数条半径，这无数条半径都相等半信半疑；不认为圆上任意一点到圆心的距离都相等。

接下来进入学具画圆部分，教师为学生提供以下学具，引导学生选择合适的工具，用1到2种画圆方法试着画一画。我们一起来看一看学生选择的画圆方法。在此环节，学生在"怎样能画出标准的圆"与"为什么不能画出标准的圆"的强烈的认知冲突下理解圆的本质"一中同长"。在画圆后教师直奔圆的本质：刚才同学们选择了那么多种画圆的方法，但是在画圆的过程中同学们都强调了按住了、把线绳拉直，为什么？这里面老师最奇怪的就是这张小小的纸条，为什么这么一张小小的纸条就能画出一个这么标准的圆？此时，在学生多种方法的背后隐藏的是对圆的本质深层次的理解。但此时我也在想，学生怎样才能多角度地理解圆是一个动态的"点"形成线的过程，充分感受圆上有无数个点，这些点到定点的距离等于定长。由此我设计了剪圆的活动进一步加深学生对圆的本质的理解，将正方形纸对折、对折再对折，剪出一个等腰三角形，打开就是一个正八边形，距离中心相等的折痕有8条；再对折、剪，就是一个正十六边形，距离中心相等的折痕有16条；依此剪下去，距离中心相等的折痕就越来越多，就越来越接近一个圆了……距离中心相等的折痕有无数条，就真的形成一个圆了。虽然教师在做"圆出于方"，却蕴含了极限思想，使学生深刻理解"圆是平面上到定点的距离等于定长的所有点的集合"，体验到了"无限"世界中的神奇与美妙。

接下来引导学生借助圆规画圆，我想我们不能因为注重用圆规画圆的方法，而忽视了圆规画圆的原理。因此，在教学圆规画圆的方法时，我提问："用圆规画圆要注意什么，为什么？"学生的回答出乎意料："老师，要一动不动。"这时候我追问："什么一动不动？"学生回答："圆心一动不动，半径一动不动。"这不就是圆的本质所在吗？这时教师适时补充："当然除了一动不动，还有动的（旋转）"。

此时学生对"一中同长"已经水到渠成，我国伟大的思想家墨子曾这样描述圆："圆，一中同长也。"你怎么理解"一中同长"？

学生在对圆有了充分的理解后解释生活中的圆，篮球场的三分线为什么设计成半圆形的？车轮为什么是圆的？介绍圆桌会议；这一切的一切都源于圆的本质"一中同长"，同时使学生感受到生活中不仅仅是因为美观而将其物体表面设计为圆形，这里面也蕴含着深刻的数学道理，体会数学在生活中的应用价值。

最后引导学生根据这节课你对圆的理解，再次欣赏生活中的圆，你又有了什么新的感受呢？学生此时再次欣赏圆，一定是带着自己对圆的进一步理解，感受圆之所以美丽都是源于它的本质所在。

整节课看似在研究画圆，实质是引导学生经历了多次比较概括，使学生对圆的理解从模糊到清晰。

经历探究过程，感悟方程思想
——《方程的意义》案例分析

北京市石景山外语实验小学　杨久玲

《义务教育数学课程标准（2011年版）》强调"从学生已有的生活经验出发，让学生亲身经历将实际问题抽象成数学模型并进行解释与应用的过程，进而使学生获得对数学理解的同时，在思维能力、情感态度与价值观等多方面得到进步和发展"。因此，在小学阶段渗透数学建模思想已显得越来越重要。数学模型是对于现实世界的某一特定研究对象，在作了一些必要的简化和假设之后，运用适当的数学工具，并通过数学语言提炼、表达出来的一个数学结构，如数学公式、数学概念、解题方法及某类知识的特征等。

由此可见，数学模型在解决问题过程中发挥着重要作用，它是沟通现实问题与数学问题之间的桥梁。引导学生学习建立数学模型，可以培养学生运用数学知识解决实际问题的能力，对于培养学生的创造能力和逻辑思维能力有极大的促进作用。方程思想的核心在于建模和化归。

基于这样的理解和认识，我在进行《方程的意义》这一内容的教学设计时，力求让学生经历由"现实问题—抽象成数学模型—解决现实问题"的全过程，从而理解方程的意义。即把日常语言抽象成数学语言，进而转换成符号语言。在多次经历这样的活动过程中，学生感受到方程与实际问题的联系，领会数学建模的思想和基本过程，顺利实现从算术思维向代数思维的过渡。

一、借助生活现象，做好建模准备

借助生活中孩子熟悉的跷跷板，帮助学生感受平衡与不平衡。这样的情景教学，架起了现实问题与数学问题之间的桥梁，沟通了两者之间的关系。为学生将现实问题抽象成数学模型做好了准备。

　　片段一

　　1. 情景导入，模型准备
　　问：同学们，你们玩过跷跷板吗？说说怎样玩跷跷板。（出示课件：你们看他们玩得多开心呀！想不想再玩玩？）

　　2. 游戏演示，激发兴趣
　　游戏：手上的跷跷板。（演示：用指尖顶住直尺保持平衡，这样就形成一个手指上的跷跷板。）
　　问：想象两个同学玩跷跷板，会是什么情况？（学生报体重，老师选择两个同学。①一重一轻——跷跷板倾斜；②相等——跷跷板平衡。）
　　问：你有什么发现？（当两边的距离相等，重的一边会把轻的一边跷起来，两边的重量相等，跷跷板就平衡。）
　　问：在日常生活中，我们还见过哪些平衡现象？

　　3. 介绍天平
　　利用这种现象，科学家们设计出了更为科学的平衡工具——天平。（课件出示：天平）
　　常用的天平，由托盘、指针、横梁标尺、游码、砝码、平衡螺母、分度盘等组成。
　　设计意图：从学生小时候常玩的游戏引入新课，创设生动有趣的情景。通过"手上的跷跷板"游戏，使学生初步体验两边"相等""平衡"的关系，为新课学习作知识上的准备。从游戏引出生活中的平衡现象，并过渡到天平，教学显得自然而又流畅。

二、利用天平的平与不平，初步构建模型

　　从学生熟悉的生活现象"跷跷板"引至天平，使学生在观察、分析天平的变化中，尝试用数学知识来描述这些现象，从算术式的相等——未知数——含有未知数的不等式——方程，使学生获得了关于等式和不等式的知识，为学生建立数学模型做好了前期的思维准备。

片段二

1. 直观演示，激发兴趣

天平是一种精密的仪器，它对两边物品质量的变化反应很灵敏，为了避免操作费时过多的情况，同时为了让同学们看得更清楚，我们利用电脑课件对它进行操作与观察。

（1）感受天平中的平衡，引出等式。在天平一边放上两个 50 克的砝码，一边放一个 100 克的砝码。

问：现在天平是什么状态？（平衡状态）

大家能不能用式子来表示这种情况？试试看。（板书：50+50=100）

50+50=100 是个什么式子？算式表示什么意思？（等式，出示下图。）

请你仔细观察，现在天平处于什么状态？你发现了什么？（一个空杯子的质量是100 克）

（2）感受天平中的不平衡，引出未知数。

猜测：如果往杯子中加入一些水，天平会发生怎样的变化呢？

验证：天平不平衡，向左倾斜了。

问：我们不知道加入的水有多重，可以用一个字母 x 来表示，因此在这里可以把 x 看作是一个未知数。那么左边杯子和水共重多少克，可以怎样表示？（板书：$100+x$)

2. 继续实验，自主发现

（1）感受含有未知数的不等式。

问：要想知道杯子中加入的水的质量，怎么办呢？（加砝码）

（课件演示，在右边增加 100 克的砝码。）

问：仔细观察，你发现了什么？哪边重？

那你现在可以用一个式子表示出现在天平两边物品质量之间的关系吗？（板书：$100+x>200$）

（继续演示：在右边再增加 100 克的砝码。）

问：观察能否使天平平衡？你又发现了什么？用什么式子表示？（板书：$100+x<300$）

（2）感受含有未知数的等式——方程。

问：现在你能估计出，大约加了多少克水吗？为什么？（$200<100+x<300$）

两次调整都没能使天平平衡，你还有什么办法吗？（将 100 克砝码换成 50 克的）

课件演示：天平逐渐平衡。

$100+x=250$

问：现在两边的质量怎样了？用式子怎样表示？（板书：$100+x=250$）

等号表示什么意思？（左右两边的质量相等）

设计意图：通过直观演示，让学生观察分析每一步实验现象，并尝试用数学知识来描述这些现象，从算术式的相等——未知数——含有未知数的不等式——方程，使学生获得了关于等式和不等式的知识，为学生建立数学模型做好了前期的思维准备。

3. 看图写式，感受方程

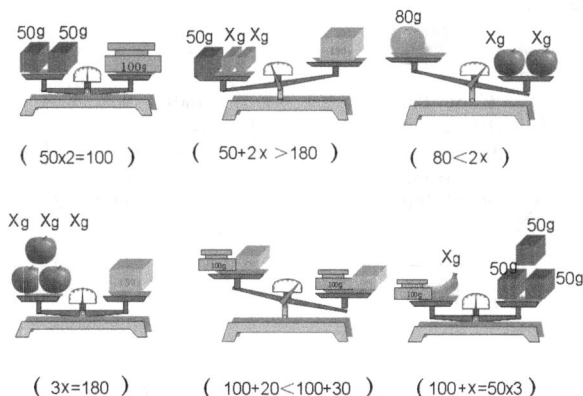

（ $50\times2=100$ ）   （ $50+2x>180$ ）   （ $80<2x$ ）

（ $3x=180$ ）   （ $100+20<100+30$ ）   （ $100+x=50\times3$ ）

（1）看图写算式。学生独立写，然后组内交流。

（2）交流反馈。

设计意图：这一环节由天平称重自然过渡到生活现象，如水果、物体多少克等。学生已经能够比较熟练地用数学式子去描述一些数量关系。不但为后面的分类提供了充实的资源，而且也为后面学系列方程解应用题奠定了基础，更突出了数学与日常生活的紧密联系。

三、对比分类中，建立数学模型

在引导学生进行分类时，采用了两个层次。首先，学生按照天平是否平衡的情况将式子分成等式与不等式两类。然后，在等式的基础上将等式进一步分类，从而在确定分类标准时，进一步建立了数学模型，深化了学生对方程意义的理解。

片段三

1. 引导分类

（1）第一次分类：等式与不等式。

出示：

$50+50=100$　　$100+x>200$　　$100+x<300$　　$100+x=250$　　$50\times2=100$

$50+2x>180$　　$80<2x$　　$3x=180$　　$100+20<100+30$　　$100+2x=50\times3$

问：刚才我们用了这么多的式子来描述天平的平衡情况，你能按天平的平衡情况将这些式子分分类吗？

（学生有目的地进行分类）

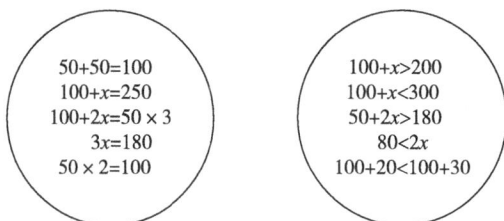

像这些含有等号的式子都是等式。

（2）第二次分类：等式与方程。

请你再来仔细观察这些等式，你还能再来分分类吗？说说你分类的标准。

（小组讨论后汇报）

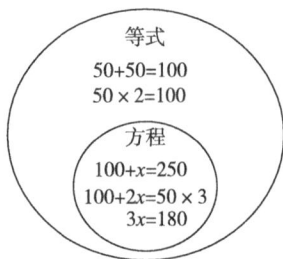

2. 提炼概念

像 100+x=250 这样的含有未知数的等式，称为方程。

问：如果你是方程，你会作自我介绍吗？（学生自我介绍）

很高兴认识你——"方程朋友"。也请你向你的同桌作介绍。（同桌间互相介绍）

经过你们的介绍，我们知道：含有未知数的等式叫作方程。在此强调未知数、等式两个要点。（板书标题：方程的意义）

设计意图：这个环节的设计为学生提供了充分从事数学活动的机会，面向全体学生，让学生通过观察、思考、尝试分类、讨论、比较以及与同伴合作交流，积极主动地参与到数学活动中来，并从活动过程中自主发现，获得对方程意义的理解，同时初步渗透了数学中的集合思想。对于"方程"的意义让学生通过介绍来感知，既感兴趣又易于理解。

四、概念辨析中，深入理解数学模型

从学生易出现混淆的关键性问题入手，在分析、讨论、辩论中逐步加深学生对等式与方程关系的认识。进一步明确方程的意义，深入理解数学模型。然后，再让学生去写出几个方程，不断地深化学生对方程意义的理解，进一步深化学生对数学模型的理解与认识。

片段四

1. 课件出示：你觉得谁说的对？为什么？

设计意图：快来评一评的设计注意围绕重点，不但激发了学生的兴趣，而且在想一想、辩一辩中使学生进一步加深了对等式与方程关系的认识，能够正确区分等式与方程。

2.试写方程，深化意义

（1）试写方程。让学生根据自己对方程的理解任意写几个方程。

设计意图：学生不仅展示了学习的结果，而且感知了方程的多样性，同时在对自己所列方程的——判断中，加深了对方程意义本质的理解。

（2）说关系。

问：你能不能尝试用数量来表示自己写的方程的两边？（如：苹果的质量加上梨的质量等于橘子的质量，一共的钱数减去花了的钱数等于剩下的钱数……）

设计意图：列方程解决实际问题的关键就是寻找等量关系，这是教学的重点，也是学生学习的难点，在此渗透寻找和利用等量关系的思想方法，为学生的后续学习作适当的铺垫。

五、解决问题中，应用数学模型

在学生建立了数学模型之后，我又设计了形式多样、层次逐步加深的实际问题，让学生在解决问题中，应用数学模型，在运用中深化模型思想，感受数学模型的价值。

片段五

1.下边哪些式子是方程？

$6+x=14$ $36-7=29$ $60+23>70$ $8+x$

$50\div2=25$ $x+4<14$ $y-28=35$ $5y=40$

2.看图列方程

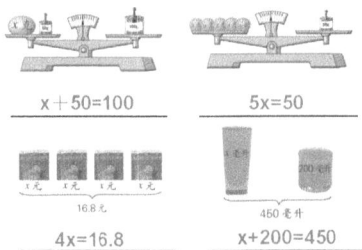

$x+50=100$ $5x=50$

$4x=16.8$ $x+200=450$

3.用方程表示下面的数量关系

设计意图：围绕着本节课的教学目标，我设计了由浅入深三个层次的练习，关注到不同层次学生的需求，第一层次是基本题，面对全体考查学生对于方程概念的理解。第二层次是考查学生是否能应用今天学习的方程的模型去表述等量关系。第三层次是面对思维程度较好的学生，使学生利用方程的模型用方程去表示数量关系，联系实际，学以致用，而且为后面列方程解应用题做好了前期准备，使学生进一步体会到学习数学的重要性。总之，在这一课的设计上我追求让学生经历由"现实问题—抽象成数学模型—解决现实问题"的全过程，从而理解方程的意义，并让学生在多次经历这样的活动过程中感受到方程与实际问题的联系，领会数学建模的思想和基本过程，感悟数学模型，逐步建立数学模型，感受数学模型的价值。

课堂小故事　数学大算理
——"小数加减法"案例分析

北京市石景山外语实验小学　芦震红

摘　要：《义务教育数学课程标准（2011 年版）》中指出，运算能力主要是指能够根据法则和运算律正确地进行运算的能力。培养运算能力有助于学生理解运算的算理，寻求合理简洁的运算途径解决问题。本文结合四年级"小数加减法的计算"课堂中"在小数末尾添不添 0"的问题，探讨教师应该如何在数学计算教学中培养学生的运算能力，突出学生对于算理的认识与理解。

《义务教育数学课程标准（2011 年版）》中指出，运算能力主要是指能够根据法则和运算律正确地进行运算的能力。培养运算能力有助于学生理解运算的算理，寻求合理简洁的运算途径解决问题。此核心概念一是指运算，二是指运算能力。运算能力不仅仅会算和算正确，还包括对于运算的本身要有理解，比如运算对象、运算的意义、算理等。作为新课标中变化较大的核心概念之一，教师如何在数学计算教学中更好地体现、突出算理呢？本文将通过四年级"小数加减法"课堂中发生的小故事对这一问题进行诠释。

一、案例回放："只是小数末尾添不添 0 的问题吗？"

"小数加减法的计算"一节中，教师先利用有关姚明投篮的实际问题，带领学生一起进行了两位小数加减法的学习。之后出示了"一般人出生平均身高 0.5 米，姚明出生身高比一般人高 0.15 米"这样的情境，请同学们求姚明出生时的身高。从而引出算式"0.5+0.15=？"来探讨计算的方法。教师收集了学生比较典型的两种计算方法进行展示交流。

（1）
```
    0. 50
+   0. 15
─────────
    0. 65
```
（2）
```
    0. 5
+   0. 15
─────────
    0. 65
```

对比两种计算方法。大多数人都使用第一种方法。

师：为什么？

生 1：就是因为它们两个的位数不一样。

生 2：在 0.5 的末尾添上 0，让算的人更好算。

师：是不是 0.5 的百分位上也要加上一个 0？你才知道算几，对吧？

生 3：我觉得第二个根本就是不对的，因为百分位上没有数，那个 5 加谁呢？必须得用 0 来占位。他没有用 0 来占位，所以这道题是不对的。

师：我们把一位小数看成两位小数是在干吗呢？

生：统一位数、统一单位。

师：0.5 的计数单位是谁？如果画在格子图中你会选择哪一种格子图表示 0.5？0.15 呢？

师：课件展示在十分格中涂色表示 0.5、百分格中涂色表示 0.15。

师：课件演示，将 0.5 和 0.15 合在一起，变成百分格。

师：发生什么变化？这回 0.5 变成了 50 个格子，是 50 个什么？

生：50 个 0.01。

师：所以，这个 0.5 的后面加 0 的意思，就是变成了 50 个 0.01。

生 4：我觉得意义不同，0.5 是 5 个 0.1，0.50 是 50 个 0.01。

师：那 0.5 的后面添 0 有没有必要？

生：有必要。

师：意义改变了，计数单位统一成了 0.01。

教师板书第一个竖式。边板书，边说明：小数点对齐其实就是相同数位对齐，相同数位对齐方便我们相同计数单位计算。

听完这个环节，我陷入了深思。在这节课上，由于之前学生研究的问题都是小数位数相同的加减法，这样的小数部分位数不同的加法，引起了学生的认知冲突。面对这种情况，学生的做法是在末尾添 0 将位数不同转化为位数相同的情况。老师的做法是让孩子在对比中分析，利用课件演示将 0.5 化成 50 个 0.01，从而解决问题。最终学生明确了在 0.5 的末尾添 0 是有必要的，统一成 0.01 的计数单位了。那么，学生在添 0 的过程中，真实的想法到底是什么？解决办法只有将大单位化成小单位吗？在小数加减法中，到底要研究什么呢？

二、提出问题

（一）在计算中，学生的真实想法到底是什么？

通过实录，可以看出，大多数的孩子都认可第一种竖式。认为应该在 0.5 的末尾添上 0，这样就知道加哪一位了，就好算了。透过学生的回答，孩子们真实的想法到底是什么？只是因为没有数就不知道加谁，就不好算了吗？

（二）位数不同时将大单位化成小单位是唯一的解决办法吗？

在 0.5+0.15 时，是不是只能把 0.5 化成更小的计数单位才能计算呢？那么，对于小数加减法的计算，孩子们是不是只有将大单位化成更小的单位这一种方法来解决？那么，这样做孩子对于"相同计数单位相加减"是否就能理解到位？还是存在片面性、局限性？

（三）小数位数不同的小数加减法到底要教学的是什么？

在数位不同的情况下，我们只是停留在学生能够对齐相同数位，能够正确计算的算法上吗？这背后的数学本质到底是什么？作为教师，我们应该给学生的是什么？怎样凸显算理呢？

三、分析与诠释

针对上述所提问题，在参阅相关文献的基础上，做出如下分析：

（一）依托学生的真实想法，找准知识的生长点

纵观小学教材计算内容的编排，在四年级之前学生学习了三年有关整数的加减法，可以说整数加减法的计算方法"个位对齐——末位对齐——相同数位对齐"孩子们已经根深蒂固了。包括整数乘法，也都是末位对齐。对比一下整数、小数位数相同、小数位数不同这三种情况的加法竖式。

```
     25            0.25          0.5
  +   9        +   0.09      +   0.15
  ———————      ——————————    ——————————
     34            0.34          0.65
```

通过竖式可以看出，从整数到相同数位的小数加法计算，其实仍旧是"末位对齐——相同数位对齐"就能解决。按照瑞士心理学家皮亚杰的认知发展理论来看，此时旧知识与新知识是匹配的，学生可以自主地将新知识同化到已有的认知结构中。而当孩子们看到小数位数不同的 0.5+0.15 时，位数不同的冲突造成学生已经不能再利用原有的知识进行同化了，这就引发了学生想把小数位数转化成位数相同，也就是末位对齐的情况。这里，其实就是学生要通过顺应来将已有的认知结构进行扩展和修正，从而形成新的认知结构。可以看出，相比位数相同的小数加减法，学生对于位数不同的小数加减法在解决上还是存在着更大的学习困难的。

因此，教师应抓住孩子的真实想法，找准知识的生长点。透过小数末尾添 0 的问题，将研究的重点放在是"末位对齐"还是"相同数位"对齐上，从而更深入地理解小数加减法的算理，培养运算能力。

（二）小数位数不同的小数加减法更能激发学生对"相同计数单位"的思考

三年级的时候，学生已经学习了简单的一位小数加减法，但是那时候的学习只是借助生活情景，以学生熟悉的人民币单位和长度单位为依托，借助整数加减法的计算形式，绝大多数孩子都能正确地对位并计算一位小数的加减法。但是，并没有学习小数的数位和计数单位的知识，而现在学习小数位数不同的小数加减法，孩子在对位时明显出现了困难，很容易出现不能正确对位，甚至是末位对齐的情况。这充分显示了孩子们对"相同计数单位个数相加减"的算理理解不到位。创设这样的认知冲突，才能更好地激发学生学习的欲望，暴露学生的真实想法，从而进行更深入的研究与分析。

（三）两个角度分析，深刻理解"小数加减法"的算理

1. 两个角度分析

那么，如何更好地利用 0.5+0.15 这样一道小数位数不同的题目来帮助学生明确算理，突破难点？我认为，教师的设计顺应了孩子们的做法。但是，将大单位化成小单位并不是唯一的解决办法。通过研究和讨论，将此环节修改为：把这个问题提供给学生，

让他们利用方格纸进行探究。利用更开放的方式，自主探究，交流展示后教师从两个角度来对比分析并进行解决（见图1和图2）。

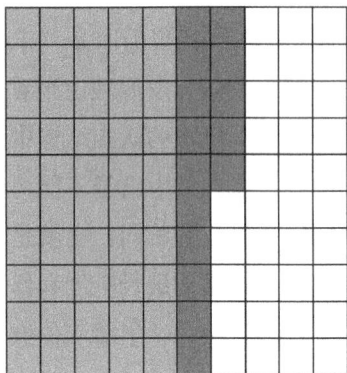

图1　大单位化成小单位　　　　　　图2　小单位聚成大单位

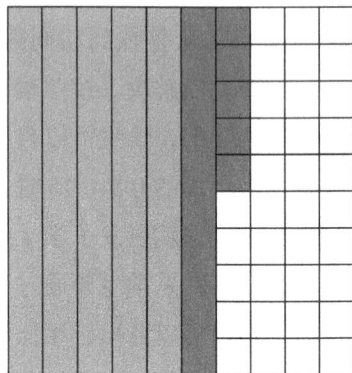

一种是将0.5的末尾添0，化成50个0.01。另一种是把0.15这15个0.01中的10个0.01化成1个0.1，用十分位上的5加1，再加上百分位上的5个0.01来计算。这样借助小数的意义从两个角度理解小数的末尾添上零或去掉零小数的大小不变的含义。

2.对比中透过形式悟算理

在两个角度分析之后，更重要的是教师要引导学生利用对比的方法进行深入的研究。让学生通过讨论"透过末尾添0不添0的不同，你能看到什么相同之处？"这一挑战性的问题，去发现其中的异同。

从形式到本质，逐步使学生更深刻地认识到添0还是不添0只是形式上的问题，而真正的目的是"统一计数单位——相同数位对齐——相同计数单位相加减"。从而使学生不但能正确地进行运算，还加深了对运算本身的理解。

3.沟通联系深化算理

出示：整数、位数相同与位数不同的小数加法。

$$
\begin{array}{r}
25 \\
+\ \ 9 \\
\hline
34
\end{array}
\qquad
\begin{array}{r}
0.25 \\
+\ 0.09 \\
\hline
0.34
\end{array}
\qquad
\begin{array}{r}
0.5 \\
+\ 0.15 \\
\hline
0.65
\end{array}
$$

引导学生横向对比这三个竖式，在对比分析中沟通整数、小数加减法之间的联系与区别。感受到不管是整数还是小数，不管是个位还是百分位，数位相同还是不同，只要是"相同数位对齐——相同计数单位相加减"。不但帮助学生走出了末尾对齐的误区，而且在深入理解小数加减法计算算理的同时培养运算能力，也为后续学习分数加减法做好了铺垫与准备。

　　可见，教师应该抓住教学中的细节，依托学生的真实想法，找准知识的生长点。利用小数位数不同的小数加减法来更好地激发学生对"相同计数单位"的思考。精心地设计有效的学习活动，通过对比、讨论、分析、沟通等环节，透过"添不添0"的形式感受到"相同计数单位相加减"的数学本质，让学生在自主探究中逐步加深对"小数加减法"算理的理解，从而达到培养运算能力的目的。

指导教师进行教学目标的制定、陈述与落实的案例研究

北京教育学院石景山分院　闫云梅　北京市石景山外语实验小学　万东春

一、问题的提出

教学设计是教育技术学的核心理论之一，也是每位教师必备的基本功。教学设计水平的提高对于促进教师专业化发展具有重要作用，同时也是提高课堂教学实效性的重要保证。

教师教学设计过程的不同决定着不同的教学设计。由于笔者自身是做教师培训工作的，工作对象只有两类，即参加工作三年以下的新手型教师和工作三年以上的经验型教师，从日常的接触与观察中，发现这两类教师的教学设计过程是不同的，因此，试图通过对这两类教师教学设计的过程进行对比，发现问题，从而进行有效的过程干预，以提高教师的教学设计水平。

二、经验型、新手型数学教师教学设计过程的对比

为了了解新手型、经验型教师进行教学设计的流程，我们对 34 名实验教师进行了问卷调查与访谈。

调查题目：你在进行一节课的教学设计时，要做哪几方面的工作？（见表1，可多选）

表1　　　　　　　　教师教学设计行为统计表

项目	分析教材	分析学生	设计教学目标	设计教学活动	设计教学评价
人数	17人	8人	14人	34人	2人
百分比	50%	23.5%	41.2%	100%	5.9%

访谈提纲:

（1）你做教学设计的流程是什么？

（2）你做教学设计的依据是什么？

（3）你在进行教学设计时，重点进行哪个部分的设计？

（4）你在设计某项教学活动时关注的是什么？

（5）你的设计在实施中遇到的困惑是什么？

对教师的访谈内容整理如下（见表2）：

表2　　　　　　　　经验型、新手型数学教师教学设计过程对比表

	经验型	新手型
流程	看教材—想学生—借助经验—成稿	看教材—上网找—复制粘贴
依据	以往经验	自我感觉
核心	教学活动设计	教学活动设计
关注点	学生状况	形式新颖
困惑	缺少跟进方法与策略	事与愿违

从表2可以看出，无论是新手型教师还是经验型教师，他们进行教学设计的核心还是教学活动设计，没有真正将教学设计的核心转移到教学目标设计上来。

三、教学目标的制定、陈述与落实的研究

教学目标是教学设计的核心。如何促进教师将教学设计的重心转移到教学目标设计上来，笔者进行了三方面的案例研究。

（一）系统分析教材，引进教学目标陈述技术，准确陈述教学目标的案例研究

课例《角的初步认识》（人教版教材第三册）

1. 对教学目标的五次表述、分析、干预及调整过程

第一次：教师提交的教学设计中，没有教学目标，只有教学过程。

干预：针对这种情况，请教师补写教学目标。

第二次：教师补写教学目标。

● 知识与技能：初步认识角，认识角各部分的名称，初步学会用直尺画角。

● 过程与方法：通过教学，培养学生的初步观察能力，动手操作能力，语言表达

能力，会从实物、平面图形中辨析角。

● 情感态度价值观：学生能够知道周围许多物体表面都有角，了解数学和日常生活的密切关系，从小养成良好的学习习惯以及创新精神和大胆尝试。

分析及干预：从知识目标来看，可操作、可检测的功能没有显现出来。如"初步认识角"，学生达到哪些要求就可以认为他们"初步认识角"了？教师在教学目标中没有明确提出来。能力目标与情感目标多而空泛。如"培养学生的初步观察能力，动手操作能力，语言表达能力""从小养成良好的学习习惯以及创新精神和大胆尝试"，这些能力通过一节课的教学能否培养完成？学生的创新精神应该有哪些表现？显然教师缺乏充分思考。

第三次：补充知识目标中可操作、可检测功能。

笔者为该教师提供人教版与《角的认识》有关的其他几册的教材，包括第四册、第八册，请教师了解各册的教学内容，并写出各册教学目标。

表3是该教师写出的有关"角的认识"各阶段主要任务和单元教学目标。

表3   "角的认识"各阶段主要任务和单元教学目标

	教学内容	教学目标	课时
二年级上册	主要教学角和直角的初步认识，这些内容是在学生已经初步认识长方形、正方形、三角形的基础上教学的	角和直角本册是第一次出现，只要求通过各种实际活动初步认识即可（这是教师设计的第三次教学目标）	2
二年级下册	在学生已经学会如何辨认角和直角的基础上，让学生认识锐角和钝角	学生对一个角和直角进行比较大小，知道它是锐角或钝角	4
四年级上册	教材借助直观，引入了射线和直线的概念。在此基础上教学角的概念和角的表示符号。然后在角的度量的知识基础上让学生认识平角和周角，教学角的分类和角的画法	认识常见的几种角，会比较角的大小，会用量角器量角的度数和按指定度数画角	4

分析及干预：这次教师对所学内容应达到的程度有了明确的定位，但还不能准确地用可操作、可检测的行为动词表述出来。因此，与教师共同学习了教学目标陈述技术的理论，并将"布卢姆的教育目标分类及相应行为动词表"作为陈述教学目标的参考依据。在此基础上，通过与教师的谈话，共同研究制定本节课的教学目标。

干预谈话：

问：你怎样知道学生初步认识角了？

答：给出一些图形，学生能判断哪些是角，哪些不是角，能说出角的各部分名称。

问：还有吗？

答：能举出角的例子，会画角。

问：初步认识角，还包括哪些内容？

答：知道角的大小和角张开的大小有关，和边的长短无关。

问：这个目标怎样检测？

答：通过一些活动，我想引导学生说出来。

问：说出来就一定理解了吗？

答：不知道。

问：再看看八册教材，在学生学习了角的度量以后，才明确提出角的大小和什么有关，和什么无关的问题，为什么？

答：学习了度量，就能用具体的度数说明角的大小，自然就能理解角的大小和边的长短无关，而与两边张开的大小有关。

问：那本节课的目标怎样定位？

答：能利用教具开、合，知道角有大有小就行了。

这次谈话以后，教师进行了第四次教学目标设计：

● 知识与技能：辨别什么是角，并能举出身边的例子。能够说出角的各部分名称，会用直尺画角。能借助活动角的教具，说明角的大小。

● 过程与方法：学会直接、间接地对角进行比较。

● 情感态度价值观：了解数学和日常生活的关系密切，从小养成良好的学习习惯以及创新精神和大胆尝试。

分析：教师已能使用行为动词"辨别、举例、说出、说明"等进行目标陈述，但情感目标还是空泛，需要进一步明确。

第五次设计的教学目标：

● 知识与技能：辨别什么是角，并能举出身边角的例子；能够说出角的各部分名称，会用直尺画角；能结合教具、学具说明角的大小。

● 过程与方法：经历从实物抽象出角的过程；能直接、间接地进行角的比较。

● 情感态度价值观：感受角在日常生活中广泛存在。

2. 进行教学评价设计，检测教学目标

《角的认识》教学评价设计：

★课堂练习

（1）判断下面图形哪个是角，是角的画"√"，不是的画"×"。

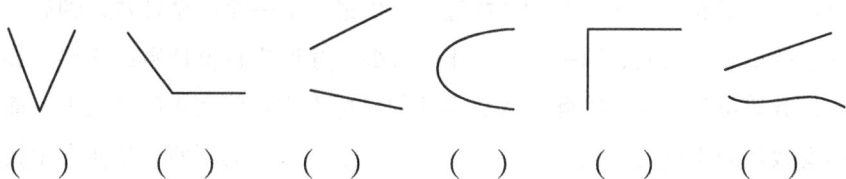

（　　）　　（　　）　　（　　）　　（　　）　　（　　）　　（　　）

目的：检测学生能否辨认角。

（2）请你画一个角。

目的：检测学生能否画角。

（3）画一个比上面的角大的角。

目的：检测学生能否结合实例认识角的大小。

★课堂观察

课堂上结合学生举出角的实例的过程，检测学生是否能从实物中抽象出图形角，感受角的广泛存在性；让学生结合图说出角的各部分名称，检测学生对角各部分名称的掌握情况。

分析：从教学评价设计可以看出，课前制定的教学目标是可操作、可检测的，每一项目标都可以得到落实。

3.反思与结论

教师在进行某一课时教学设计时，需要将这一部分知识放在整个单元甚至更大的范围内去思考，整体把握所学内容的前后联系，准确定位。教学目标的陈述既需要有关理论的培训，同时也要将教学目标与教学评价紧密结合，以评价促教学目标的制定，才能使教学目标具有可操作性、可检测性。

（二）深入调研学生，分析前测中出现的问题，调整教学目标的案例研究

制定准确、合理的教学目标，除了对教学内容的深入分析，还需要对学生的深入调研，分析学生的知识基础、生活经验、学习兴趣、学习方式，包括学生可能出现的困难，以此作为确定教学目标的依据。

课例：《100 以内数的认识》（人教版实验教材第二册）

在第一次设计的教学目标中，有一个重要的知识目标，即"学生能一个一个地正确数出数量是 100 的物体个数"。

为了了解学生能否达到此目标，对一年级中四位不同学习水平的学生进行了数数活动的观察和记录。在这个活动中，发现学生虽然都能唱数 100 以内的数，但由于受注意力、记忆力、所数物品的材料等多方面因素的影响，学生很难真正数对 100 个物品。这种状况引发我们进一步的思考：这个目标制定得是否得当？为什么学生无法达到这个目标的要求呢？回顾人类的计数过程，由最初的一个一个计数，到后来随着所数物品数量的增多，人们难以一个一个正确计数，才产生按群计数的需要，逐步形成了不同的计数单位和进制。因此，数数活动的目标不应定位在正确计数上，而是应该定位在感受数数的十进制规则，感受一个一个计数所带来的不便，从而产生按群计数

的需要上，再让学生十个十个地数数，既体会了这样数数的简洁性，又突出了计数单位"十"的概念。这样的过程也体现了数学发展的过程。

有了对学生的深入调研，有了充分的思考，该教学目标调整为：

经历一个一个和十个十个地数 100 以内物体个数的过程，知道"一"和"十"是计数单位，对 100 个物体的多少有初步的感性认识。体验按群计数的优越性。

这次目标的调整，决定了教学活动中需要让学生经历两次数数的过程，教师也不再追求一个一个计数的正确性。从实际教学情况看，这次修改是完全必要的。

从这个案例的研究得出，准确的教学目标不是来源于教参，对学生的研究与分析是制定教学目标的重要依据。

（三）教学活动设计服务于教学目标的案例研究

在实际教学中发现，不少教师的教学目标仅仅是为了应付检查，没有真正起到指导教学活动的作用。如何使每个环节的活动紧密围绕并服务于教学目标，结合《5 的乘法口诀》，进行了案例研究。

课例：《5 的乘法口诀》教学设计（人教版实验教材第三册）

★教学目标

● 能说出 5 的乘法口诀的含义，能记住口诀，并能运用口诀解决生活中的实际问题。

● 经历归纳 5 的乘法口诀的过程，学生能自己尝试根据乘法算式编乘法口诀。

● 了解口诀的文化背景，知道用汉字书写口诀，在解决实际问题中感受口诀的重要作用。

★第一次教学活动设计

① 活动导入。

师：同学们喜欢自己动手摆图形吗？老师给每个同学准备了一捆小棒。请你用 5 根小棒摆一个你最喜欢的图形，看看用这些小棒能摆出几个相同的图形。摆完之后马上坐好，看谁摆得又快又好。（学生用小棒摆图形）

（在这个活动中，学生首先表现为茫然，不知道自己要摆什么图形。在思索了很久以后，开始摆图形，这时学生关注的不是用了几根小棒，而是自己的图形是否漂亮，是否与众不同。）

② 汇报。

生 1：我摆出的图形是小房子。

师：用了几根小棒？

生1：5根。

师：有和他摆的不一样的吗？

（教师原本想通过这个活动，为学生归纳5的乘法口诀积累感性经验，能从操作活动中，得出1个5、2个5、3个5、4个5和5个5分别是多少。但从这段对话中可以看出，无论教师还是学生，都在关注图形的形状，而忽视了所用小棒的数量，对于后面要学习和归纳5的乘法口诀，没有起到积累数据经验的作用。）

③课后反思。

该教师以为，在学生动手操作的过程中，应努力为学生创设自主的空间，发挥学生的想象力和创造力，这是课改所提倡的新的教育理念。这本没有错，但为什么教学效果没有达到教师预期的目标呢？原因在于，本环节的目标是积累数量方面的感性经验，不在于形状的多样化，目标过于多和庞杂，反而适得其反。因此，教师对这个环节进行了重新设计。

★第二次教学活动设计：摆小棒活动

①同学们喜欢摆图形吗？

②教师出示图形（见图1），请学生数数摆这个图形用了几根小棒？（学生看图数小棒根数）

图1　看图数小棒数量

③提问：摆这样的2个图形要用几根小棒？请学生动手摆一摆，想一想。（学生进行摆图形活动，并思考用多少小棒）

④提问：摆这样的3个图形要用几根小棒？请学生动手摆一摆，想一想。（学生进行摆图形活动，并思考用多少小棒）

⑤反馈：想一想，摆这样的4个、5个图形各需要多少根小棒呢？（学生不用摆，思考后回答，教师顺次写出相应的加法算式和乘法算式及结果）

这样设计表面上看比前面的设计封闭了，但学生在这个活动中，关注的不是图形的形状，而是摆这些图形用多少根小棒，对图形个数与所用小棒数量有了充分的感知，为编制5的乘法口诀积累了感性经验，达到了教学目标中所提出的"经历归纳5的乘法口诀的过程"的目的。

通过以上三个方面的案例研究与分析，教师对教学目标、教材分析、学生分析、教学活动、教学评价的关系有了清晰的了解（见图2）：

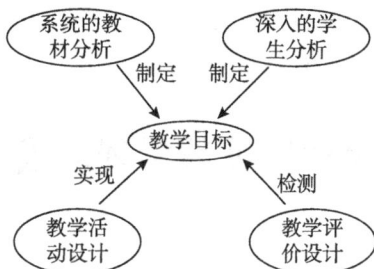

图2　了解5种关系网

这种认识对于改变教师以往的教学设计过程，实现"以教学目标为核心进行教学设计"发挥了重要作用。

四、需要进一步研究的问题

通过案例研究笔者发现，引导教师进行整个单元教学设计的研究，可以促进教师系统把握教材，找准教学内容中所蕴含的核心概念与数学思想方法，整体规划教学目标，是提高教师教学设计水平的重要手段。因此，进行单元式教学设计的方法与策略研究，是需要今后进一步研究的问题。

基于学情分析设计促进数学理解发展的教学活动

北京市石景山外语实验小学　刘　昱

摘　要：教学活动是师生积极参与、交往互动、共同发展的过程，有效的教学活动是学生学与教师教的统一。笔者基于学情分析，通过在教学实践中发现的问题，引发再次思考，如何根据教材、学生情况设计有效的教学活动，让课堂更加有效，发展学生数学理解水平；并通过对学生的调研反馈了教学实施的真实效果。

一、引言

《义务教育数学课程标准（2011 年版）》指出："教学活动是师生积极参与、交往互动、共同发展的过程，有效的教学活动是学生学与教师教的统一。"

因此，数学课堂教学活动的设计，是教师在进行该课堂活动之前对活动的内容、形式、策略等进行的各种设计和准备的过程。在这个过程中，要依据教学内容目标、学习者特征等要素分析在数学课堂教学活动实施过程中可能存在的问题与需求，设计数学教学活动方案，并对其修改与完善。

学情分析是指教师全方位地对学生的观察事物、理解知识、掌握技能、发展技能、培养良好的非智能因素的客观因素的特征进行分析。

学情是设计和实施教学活动的现实依据，学情分析是设计和实施教学活动的现实起点；学情是教学活动不可回避的要素，学情分析也是教学活动不可回避的话题。

有关数学理解水平的划分，中外很多教育学家做过研究，本研究中参考英国 S.Pirie 和加拿大的基伦提出的数学理解发展的理论模型。在两位学者提出的模型中，一个数学概念的理解可以划分为八个水平，分别是初步了解、产生表现、形成表象、关注性质、形式化、观察评述、组织结构、发明创造。这八个水平的关系，可以用八个嵌套的圆来表示，高水平的理解需要在低水平理解的基础之上。

如何设计有效的教学活动，提升学生的数学理解水平，要基于对学生情况的分析。因此，我在教学《11～20各数的认识》之前仔细做了教材研读和学生的调研，并以此为基础进行了详细的分析，而后精心设计教学活动并实施，收到了不错的效果。但当我再次教学《100以内数的认识》之前再次进行学情调研之后，发现学生对数的理解水平却有所倒退，我不禁发问：为什么学生的认知发生了倒退？原本精心设计的教学活动是否达成了既定的效果？数学课上的丰富活动是否还有它的意义？

带着这样的问题，我试图依托原有《11～20各数的认识》这节课的教学设计，收集学生课前、课中、课后的反馈案例，在此基础上又对《100以内数的认识》再次进行有效的教学活动设计，对教学活动设计的有效性重新进行思考和审视。

二、教学活动的再设计

在再次进行教学活动设计之前，我对教学内容和学生情况重新进行了认真的梳理和细致的调研，以此为基础试图设计有效的教学活动。

（一）从教学内容的解读定位教学活动的重点

在人教版小学数学教材中有关"数的认识（整数）"内容进行了6次编排，具体见表1。

表1　　　　　　　　　　对"数的认识（整数）"内容的6次编排

一年级上	《1～5的认识和加减法》	由具体到抽象再回到具体（三只小鸟"3"三根小棒）
	《6～10的认识和加减法》	（8个小朋友八个圆点"8"八个圆片）
	《11～20各数的认识》	经历小棒第一次打捆（十进制）；增加了计数器（位值）；介绍了数的组成（练习中未体现）
一年级下	《100以内数的认识》	重视齐性学具的运用（小棒、立方体）；数的组成（沟通小棒和计数器）
二年级下	《万以内数的认识》	用立方体、计数器认识万以内的数
四年级上	《大数的认识》	脱离实物，在情景中认识数

由此可以看出，《11～20各数的认识》的学习，是学生第一次接触计数单位"十"，第一次感受新单位产生的过程；在《100以内数的认识》中学生再一次把"十"作为计数单位，并在此基础上再建立新单位"百"的概念。这两个单元内容的学习，是学生对于十进制计数方法，经历从无到有，从完全陌生到逐步熟悉的过程，这两节课学

习的重点都应围绕"十进"展开。

（二）从学情分析的结果寻找学生课堂上的生长点

根据教学内容，我试图通过学情调研详细了解学生的理解水平。在授课前，我设计了这样的试卷调研（见表2）。

表2   调研试卷内容

	《11～20各数的认识》	《100以内数的认识》
1. 数数	图中一共有（16）颗星星	图中一共有（62）颗星星
2. 数的表示	用你喜欢的方式表示数"13"	用你喜欢的方式表示数"32"

调研结果如下（见表3、表4）。

表3   数数

教学内容	《11～20各数的认识》		《100以内数的认识》	
结果正确	28人	84.8%	19人	57.6%
结果错误	5人	15.2%	14人	42.4%

表4   数的表示

教学内容		《11～20各数的认识》		《100以内数的认识》	
水平0	直接写出数字或计数结果错误	2人	6.1%	8人	24.2%
水平1	计数正确无结构	23人	69.7%	8人	24.2%
水平2	计数正确有结构，但非十进制	4人	12.1%	5人	15.2%
水平3	计数正确有结构，且是十进制	4人	12.1%	12人	36.4%

从第1个调研题目可以看出，两次教学前，学生计数的正确率是有所下降的，但是都有过半数的学生能够数出正确结果，那么这样的结果是否就说明学生已经掌握数的认识的知识呢？

答案是否定的，正如从第2个调研题目发现，虽然大多数同学能够正确点数或表示出正确的数量，但是更多的同学还是没有采用十进制的计数方法，说明"十进"的方法还没有被很多学生理解和使用。

同时通过两次对数表示结果的对比，说明学生在两次教学之前对"十进"的应用能力有很大提升，因此也说明了在《11～20各数的认识》教学活动中的设计是有效的，提升了学生对数的认识的理解水平。

（三）基于教学内容和学生理解水平设计有效的教学活动

基于以上对教材内容的解读和学生情况的分析，我在本次教学中设计了"摆一摆"让 100 更好数的活动，试图通过活动的引领学生通过操作、评说，提升学生对数的认识的理解水平。

课堂活动共经历三个过程：

第一个过程：一一点数出 100 粒扣子。通过学生的点数，感受 100 粒扣子难以数清而且费时。

第二个过程：如何能数得更快、更清楚呢？把你的想法摆一摆。通过问题的引领，学生经过思考后更多的同学用"十个一组"的方式把 100 粒扣子数清楚。

第三个过程：你最喜欢哪种方法？为什么？在师生、生生的交流之中，更多的同学理解到"十进"的优越性，认同十进制的计数方法。

三、教学活动效果有效性评价

为了量化学生对数的认识的理解水平，以便测量和反馈，我结合几次调研的结果和学生的课堂表现，对学生数的认识的理解水平进行了划分。在此基础上，我将课堂活动中学生的表现以及课后测评中学生作品的质量进行了统计，结果如表 5 所示。

表5　　　　　　　　　　　学生课堂活动及课后测评表现

教学内容	《11～20 各数的认识》			《100 以内数的认识》		
学习状态	课前	课中	课后	课前	课中	课后
水平 0	6.1%	0%	12.1%	24.2%	0%	15.2%
水平 1	69.7%	24.2%	24.2%	24.2%	6.1%	6.1%
水平 2	12.1%	60.6%	9.1%	15.2%	45.5%	0%
水平 3	12.1%	15.2%	54.5%	36.4%	48.5%	78.8%

*课中学情调研数据来源于课堂活动（二）的过程中，教师对学生在问题的引领下对学具进行操作结果的观察。

从统计结果来看，对于"十进"概念的理解和运用，学生在《100 以内数的认识》教学前和教学过程中，相对于上一次教学《11～20 各数的认识》都有了整体的提升（见图 1）。虽然由于时间上的相隔，调研数据上显示学生水平有一定的退行现象，但是当老师再次通过活动的引领，学生在操作中体验，学生的理解水平就提升到了比之前更高的程度。因此，这样的活动设计有效地提升了学生的数学理解水平。

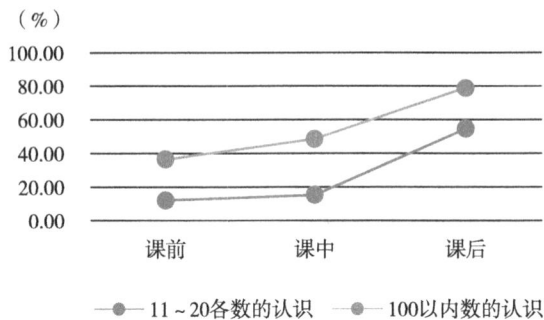

图1 "水平3"学生在两节课前后的差异

四、对于有效设计教学活动，提升学生数学理解水平的一些思考

（一）学生数学理解水平退行是学生理解水平螺旋上升的一部分

通过以上的研究可以看出，学生在第一次学习"十进"之后，虽然学习过，但是学生会遗忘，这是正常的学习过程。

第一次学习"十进"中，学生是在 11 ~ 20 各数的范围内，第二次学习是在 100 以内数的范围内，两次学习的场景不同，数大了，学习的高度上升了，学生在新情景中对"十进"的应用需要再次学习，只有更深层次的理解才能帮助学生更好地在新场景中理解、应用。

（二）设计有效教学活动提升学生数学理解水平

维果斯基提出的"最近发展区"的概念，指儿童在没有他人帮助的情况下独自能够达到的水平与在有帮助的情况下所达到的水平这两者之间的差距。在这个区间里，儿童的认知处于一个需要帮助的关键阶段。教学活动就是在最近发展区中进行的主要活动，这一成人与儿童之间的交互活动的本质，是社会性活动，不是个体的事情。所以，教学的意义是指导发展，而不是跟在发展的后面发生影响。

我们在设计教学活动时，就要通过对教材、学生的详细了解，从而抓住学生在本节课中数的认识的生长点，然后进行精细的教学活动设计，达到有效提升学生的数学理解水平。

（三）本研究的进一步展望

本文中只是对一个教学班的数据进行了统计，研究样本单一，而且在本文中涉及的两次教学案例仅仅是数的认识教学中的一小部分,如果扩大研究范围、持续跟踪结果,相信能够更好地指导有效教学活动的设计。

在本研究中,对学生对数的认识这部分数学理解水平的划分程度有限,还有待设计出能够测量出学生较高数学理解水平的课前、课后调研题目。

五、结语

其实,学生原本的理解水平就有高有低,在一节课上的收获又有大有小,但是如何能让每位学生都在课上有最大的收获、有最高的提升,正是我们教师着力要去研究、去探索的事情。

渗透模型思想　感受数学精神
——"田忌赛马"教学实践与思考

北京市石景山外语实验小学　历文有

　　"田忌赛马"是我国古代一则著名的以弱胜强的故事，充分体现了我国古代人民的智慧而广为流传。很多学生听说过这个故事，知道了田忌在孙膑的帮助下战胜了齐王。同时，很多同学都有了这样的疑问：为什么在田忌不能战胜齐王的情况下，孙膑利用同样的马匹，简单地改变了一下出场顺序就胜利了呢？是不是在任何不利的情况下，只要改变顺序就能取胜呢？这里面存在着哪些奥秘呢？这些奥秘能用数学知识来解答吗？我做了如下探究：

一、游戏引入，引发思考

（一）谈话引入

同学们玩过扑克牌吗？这节课，我们用扑克牌玩一个"比大小"的游戏。

（二）明确游戏规则，理解规则：怎样定输赢

规则：
（1）有两组扑克牌，每组三张，比赛双方各拿一组；
（2）每人每次只出一张牌，谁的点数大谁就赢一局，三局两胜制。

（三）师生比赛，发现问题

（1）出示两组扑克牌：分别是红桃3、红桃5、红桃7和黑桃4、黑桃6、黑桃8（见图1）。

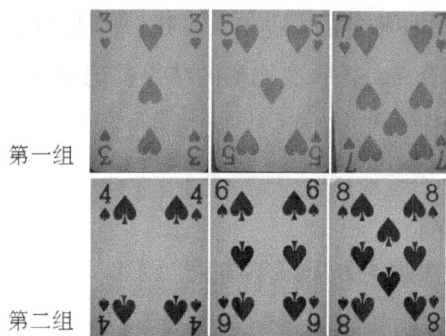

第一组

第二组

图1　两组扑克牌

（2）师生选牌进行比赛。

生 1：学生选红牌，由学生先出，教师黑牌赢。

生 2：学生选黑牌，由学生先出，教师红牌赢。

……

（3）学生感悟：黑牌对红牌，黑牌占有优势；同时红牌也有战胜黑牌的可能；红牌战胜黑牌的方法有哪些呢？

由于教材提供的"田忌赛马"这个故事的结果学生们大多已经知道了，这就失去了探索的神秘感和驱动力；同时，故事中的"上、中、下"三种马的速度对学生来讲比较抽象，也容易产生歧义。为此，教师选择利用学生经常玩的扑克牌比大小的游戏为教学资源，用游戏激发学生的学习兴趣。在选牌比赛过程中，学生通过观察、选择、实践，充分感受小牌也有赢大牌的可能，从而产生：小牌赢大牌的方法有哪些？引发学生的思考，培养学生的问题意识，激发学生的探究欲望。

二、经历列举，探究策略

（一）——列举

1. 提问：通过比赛，你发现了什么问题？

学生 1：我发现黑牌比红牌大，黑牌战胜的可能性大；

学生 2：我发现红牌虽然比黑牌小，可是红牌也有战胜黑牌的可能；

学生 3：我发现红牌要想战胜黑牌，就要让黑牌先出；

……

2. 提问：你打算用什么方法来研究这些问题？

学生 1：我想多玩几次，看一看红牌还可以怎样战胜黑牌；

学生 2：我想先确定哪种颜色的牌先出，再找一找战胜的办法；

学生 3：我想先列个表格，把每次比赛的结果都记录下来，再从中找出红牌战胜黑牌的规律；

……

3. 小组探究，寻找策略

研究问题：红牌战胜黑牌的方法都有哪些?

研究步骤：

（1）先确定黑牌或红牌的出牌顺序，记录在表格第一行；

（2）找出红牌应对黑牌（或黑牌应对红牌）的全部方法，记录在表格中；

（3）每一局的获胜方是谁，在获胜方一栏中标记出来。

具体见表 1、表 2。

表1 　　　　　　　　　　　　　　黑牌先出，红牌应对

黑牌				获胜方
红牌应对方法 1				
红牌应对方法 2				
红牌应对方法 3				
……				

表2 　　　　　　　　　　　　　　红牌先出，黑牌应对

红牌				获胜方
黑牌应对方法 1				
黑牌应对方法 2				
黑牌应对方法 3				
……				

4. 汇报与反馈

（1）作品展示。学生将作品张贴在黑板上。

（2）小组汇报。

①分类：黑先红后的表格为一类；红先黑后的表格为另一类。

②观察两类表格的共同点。

③感悟：无论黑牌或者红牌谁先出，出牌的顺序是什么样，另一种颜色的牌都有 6 种应对的方法。

（二）从中选优

1. 发现

学生 1：我发现当红牌先出黑牌后出时，红牌没有战胜黑牌的可能，因为黑牌强红牌弱，弱牌先出，强牌看着弱牌出，肯定赢。

学生 2：我发现只有黑牌先出红牌后出时，红牌才有战胜黑牌的可能，因为黑牌强红牌弱，红牌必须想办法才能战胜它。

学生 3：我还发现，在黑先红后的情况下，黑牌胜了 5 次，红牌只胜了 1 次。

学生 4：我发现，虽然每个组出黑牌的顺序不同，但赢牌的方法是一样的，都是：红桃 3 对黑桃 8；红桃 7 对黑桃 6；红桃 5 对黑桃 4。

……

2. 将获胜方法张贴到黑板上

（三）研究策略

1. 小组讨论，研究最优策略

提问：红牌是怎样战胜黑牌的？与同桌讨论。

2. 学生汇报讨论结果

学生 1：3 是红牌中最小的，它谁都比不过，不如让它与黑桃 8 比，用它牵制住最大的黑牌。

学生 2：剩下的两张红牌从整体上比两张黑牌大了，就可以根据黑牌的出牌顺序，用大的红牌去攻击较小的黑牌了，可以连赢两次。

……

板书：以弱牵强，以长攻短。

学生带着"红牌战胜黑牌的方法都有哪些"的问题进行自主探究，通过利用数学——列举的方法，发现了只有黑牌先出红牌后出才有获胜的可能，从红牌应对黑牌的全部方法中找出获胜的唯一方法；通过对获胜方法的分析，学生找到红牌战胜黑牌的策略。学生带着自己的问题去研究，就真正成了学习的主人，而数学就成为学生研究问题的工具，学生就可以根据自己的需要合理地选择工具。

三、完善策略，感悟优化思想，建立数学模型

（一）完善策略

1. 教师提问

小牌赢大牌的秘密你们知道了，还敢再与老师赛一次吗？

让学生先出，教师后出，教师赢。

2. 质疑

为什么用了上面的方法还是输了呢？

3. 学生讨论

讨论后得出：要想赢，就要后出牌。

（二）感悟优化

1. 交流总结后出牌的好处

学生1：只有知道对方出了什么牌，我才能用以弱制强、以长攻短的方法去应对；

学生2：我想只有先知己知彼，才能后发制人；

……

2. 师生再比

学生运用策略，学生赢。

3. 整体回顾，体会优化

我们在研究问题的时候，经常要停下来，回头看一看。为什么红牌其他的方法赢不了黑牌？

学生带着必胜的信念利用策略与老师进行比赛，再次失利，从而引发学生更深层次的思考，发现策略的运用是有前提条件的，学生对策略运用的认识再一次提升。学生利用完善后的策略与老师再次进行比赛，最终获胜，享受胜利的喜悦。

（三）巩固策略，建立模型

1. 教师换牌

老师将黑桃换成9、7、4，请同学们设计一个战胜老师的方案（见表3），比一比谁用的红牌最小。

表3　　　　　　　　　　　　　方案设计单

教师		黑桃 9	黑桃 7	黑桃 4
学生	①			
	②			
	③			

2. 反馈交流

学生 1：我是用红桃 2 对黑桃 9，以弱牵强；再用红桃 8 对黑桃 7 胜一局；再用红桃 5 对黑桃 4 胜一局；

学生 2：我发现红牌战胜黑牌的方案是不唯一的……

3. 总结

策略的运用是有条件的，我们在做事的时候，要努力做到：知己知彼、全盘考虑。开放性的问题，不仅对学生的思维更具有挑战性，同时有助于培养学生深入思考问题的能力。学生在选取牌的过程中，策略运用进一步得到巩固；在策略运用的过程中发现，策略不是万能的，需要在一定的条件下才能运用。

学生明确了思考问题时要从全盘考虑，力求做到在知己知彼的情况下，合理运用策略。

四、利用策略，解决问题，验证模型

过渡：扑克牌比大小这个游戏源于古代的一个故事，它的名字叫作"田忌赛马"。

（1）视频播放"田忌赛马"的故事，制作"田忌赛马"策略表格（见表 4）。

（2）讨论：如果再比一次，田忌怎样应对才能战胜齐王？

（3）学生汇报。

（4）德育参透：中国文化认同。

表4　　　　　　　　　　　"田忌赛马"策略表

齐威王	上等马	中等马	下等马
田忌	下等马	上等马	中等马

2000 多年前的中国人就已经能够采用我们今天研究出来的方法战胜对手，你们有什么想说的吗？

学生通过扑克牌比大小感悟了优化思想，初步建立了对策问题的数学模型；利用数学模型解决"田忌赛马"问题，学以致用；同时领略了 2000 多年前我国古人的聪明与智慧，适时进行爱国主义教育。

五、回顾课堂，总结提升

首先提出 2 个问题：

（1）扑克牌比大小游戏与田忌赛马有什么相同点？

（2）生活中还有哪些地方能用到这样的方法？

其次，引出对策问题，板书课题：像"扑克牌比大小""田忌赛马"这样的问题，在数学研究中我们称之为"对策问题"。

再次，进行回顾：我们是如何找到解决问题"对策"的呢？板书：尝试——列举——选优——找到对策。

最后，进行谈话：通过今天的学习，你有哪些收获？

教师带领学生再次回头看，回顾了利用"一一列举，从中选优"的数学思想找出最优策略，通过对最优策略的分析，找到获胜的策略，运用最优策略解决"田忌赛马"问题；引导学生寻找"扑克牌比大小"与"田忌赛马"的共同点，学生发现游戏与故事的本质都是利用策略"以弱胜强"，体会在解决问题时，"全盘考虑"与"知己知彼"的重要性；引导学生总结出本课是围绕"尝试、列举、选优、对策"四个维度进行研究，为学生今后的学习提供思考模型。通过回顾探究问题的全过程，总结探究解决问题的方法，帮助学生建立自己的认知体系。

学习数学知识应从学生已有的生活经验出发，让学生亲自经历将实际问题抽象成数学模型并进行解释与运用的过程。教师利用学生熟悉的游戏情景，为学生构建一个亲自探索数学知识的平台。学生通过与教师一次次的比赛，不断发现问题、提出问题、分析问题、解决问题，由开始的朦胧逐渐走向清晰；由最初仅仅感觉到小牌也能赢大牌，慢慢地到探索小牌赢大牌的策略；由思考问题的单一层面向全盘考虑转变。学生在与教师一次次的比赛中，不断地与已有认知发生冲突，在不断调整策略中"尝试—列举—选优—找到对策"。在探究过程中，不断思考、发现、总结、完善，逐步感受优化思想在实际应用中的作用，初步渗透数学模型思想，培养数学精神。

以低学段绘本故事为载体，提升数学思维能力的实施策略研究

北京市石景山外语实验小学　倪　娜

摘　要：本研究主要采用行动研究法，根据学生数学学习内容与进度去挑选一些适合学生阅读的数学绘本，然后，尝试将数学绘本运用于数学教学当中，通过不断尝试与探索总结出绘本故事运用于小学低学段数学课堂教学的策略。主要有：绘本预先读，让学生提前感悟数学元素；内容巧重组，让学生用数学的眼光看待绘本；读后会概括，让学生用嘴巴讲数学故事；图文多转换，让学生学会用数学语言建模，培养思维能力。

一、问题提出

绘本教学近年来被较多地应用于数学课堂中，尤其是低年级数学课堂。低年级学生更喜欢绘本中精美的图画、生动的人物、有趣的情节，他们会被绘本故事深深地吸引。但是笔者发现当学生过多地沉浸在绘本故事引人入胜的情节中时，总是感觉这样的课堂缺失了应有的"数学味儿"。数学绘本应当立足于数学本体，构筑一个学生能进行数学思考、探究的实践场。如果在运用绘本进行数学教学时，能将数学知识寓于绘本之中，凸显数学本质，帮助学生从对数学的感性认知走向理性思考，这才是数学绘本教学的最高境界。如何处理和运用数学绘本，凸显绘本的数学应用价值进行教学是个新问题，需要探索其实施策略。

二、解决问题的过程与方法

本研究主要采用行动研究法，尝试将绘本运用于数学教学当中。首先，根据学生的数学学习内容与进度去挑选一些适合学生阅读的数学绘本，主要考虑知识的难易程度以及对于学生数学思维发展的价值，同时考虑到学生的阅读兴趣。然后，尝试将数学绘本运用于数学教学当中，主要探索了两种运用数学绘本的方式，一是将数学绘本与教材教学相互结合，将数学绘本作为拓展资源，让学生在课前阅读绘本，通过生动有趣的绘本形成对于某些数学概念的认识，然后将其引入课堂当中，作为数学课堂导入的材料，或者在讲解某一知识重难点时引入一些数学绘本故事，通过形象化的方式促进学生理解，解决重难点。二是上专门的数学绘本教学课，根据绘本的特点设计绘本教学课的流程和方式，开发一些导学单促进学生数学绘本学习的过程，提高学生数学思维能力。在此过程中，也发现一些问题，例如，有些孩子只关注故事本身，不能提取出其中的数学信息，这时教师便采用问题驱动的方式将学生的关注点引入数学学习中来。通过不断发现问题与改进，不断完善绘本故事教学，更好地运用数学故事促进学生数学知识学习、数学思维发展和能力建构。

三、研究结果

（一）绘本故事对低学段学生数学学习的意义

1. 促进学生对于知识的理解与兴趣

小学低学段学生以形象思维为主，喜欢通过直观感知的方式进行学习。而数学学习中蕴含着很多抽象的概念与知识，需要加以形象化呈现。而数学绘本故事生动形象，运用故事的方式体现数学知识与方法，往往蕴含情境性，在故事情境中体现数学知识的运用，易于学生理解。在学习教材某一概念、知识时，如果能找到相应的绘本故事或者教师自编绘本故事让学生阅读，那么将会有利于激发学生学习知识的兴趣，同时，促进学生对于抽象知识的理解。

2. 提高学生提取与整合信息的能力

在数学绘本中，数学知识与方法是以生动、形象化、情境化方式蕴含在故事之中，孩子们往往被故事所吸引，而忽略掉对于其中数学知识与方法的认真思考。在数学绘本教学中，可以引导学生从具体生动的绘本故事中提取出相关的数学信息，并通过故事情节的展开将信息不断提取与丰富，然后进行整合加工。这时需要一些工具的介入，如制作一些学习任务单，借助这些工具，促使学生从数学绘本中提取出相关的数学信息，并经过思考后加以整合。在这个过程中，可通过不断练习，训练学生从具体到抽象的思维能力，以及提取与整合信息的能力。

3. 促进学生数学语言的表达能力

数学绘本故事是一个语言与图画的世界，充满着故事性，是一个生活语言与数学语言相结合的世界。通过数学绘本故事的学习，可以训练学生运用生活语言表达数学知识与方法，让学生对数学绘本故事进行复述或者从绘本故事中提炼数学过程进行讲述，在复述或讲述的过程中，学生将数学知识与思维进一步外显化，促进了学生数学语言的表达能力。

（二）绘本故事在低学段学生数学学习中的运用策略

1. 绘本预先读，让学生提前感悟数学元素

俗话说得好："预则立，不预则废。"预学是课堂教学成功的基础，学生的预先自学简称预学，是指学生在没有接受教师指导的前提下，对所教知识展开自我学习，形成初步的认识理解。对我们要用于新课的绘本，可以在课前让学生在家进行预读，让孩子的好奇心和新鲜感提前进行一些释放。与此同时，教师还可以设置一些绘本自学点，让孩子带着问题有针对性、有目的地进行预读。例如：在讲解一年级加减法之前，我给孩子引入的绘本是《都到我这里来》，这本书利用猫头鹰爷爷家来来往往的客人让学生明白"加"就是"都到一起来""合并"的意思，"减"就是"走掉了""离开了""去掉了"的意思。在课前我给孩子们设置了几个绘本自学点，读完后想一想（　　）和（　　）到猫头鹰爷爷这里来了，一共是（　　）只。原来有（　　）只动物，（　　）只动物离开了猫头鹰爷爷家，还剩（　　）只。这样，在课上让学生试着把自己预习的内容抽象成一个算式来表示，学生通过之前预习的故事情节，轻而易举就掌握了加减法的含义，从而突破了教学的重点难点。

再比如在教学一年级数学绘本课《乱七八糟的魔女之城》时，因为在课前预习中学生已经知道绘本中有游戏闯关的经验，还特别喜欢这样的方式。于是教师尊重学生的原认知，设计动态的路线闯关形式，从"南国—规则城—巨人山—猴岛—鳄鱼岛"，设计 5 个闯关环节，逐步提高学生的思维能力。从规则城找钥匙开始，引导学生认识规律，第一层次：认识规律——即按几个为一组，重复出现多次，我们就说它有规律。第二层次：寻找规律——通过巨人山、猴岛、鳄鱼岛三个闯关路线中，感受规律的多样性，可以按颜色排，可以按形状排，也可以按方向排，全面完整地体会规律。第三层次：应用规律——在魔女城有 5 件物品乱七八糟，请学生用所学的规律知识来帮助公主解除魔法，救出王子。学生先将五件物品分类，找到自己的家，再根据规律摆放整齐。退退退，先退到学生的认知和兴趣需求中，以生活原型为基础，步步为营，引领学生向好玩的数学探究。

2. 内容巧重组，让学生用数学的眼光看待绘本

数学绘本教学趣味性强，如果我们一味迁就儿童趣味，为绘本而绘本，就失去了其本质的意义和教学使用的价值。运用内容重组的策略，可以发展学生的逻辑思维能力。内容重组是指阅读主体在通读全文后，提取相关信息，按照新的形式重新组合并呈现的策略。在教学内容上，教师要处理好故事形式与数学知识实质的关系，可以采取重组、改编和结合创新的方法，实现两者的有机融合。

为了彰显数学绘本教学中数学内容本身的重要性，我采取的做法是：精心挑选和提炼绘本故事，使之可以容纳和突出其中的核心数学知识，并合理穿插在教学进度中，能够与数学教学内容紧密配合、有机衔接。除此以外还尝试进行积极的改编，在故事和形象大致不变的情况下，增添或者删除有关枝节性的细小情节，镶嵌进合适的数学元素。或者从数学教学的需要出发，进行积极的创编，甚至改变绘本故事原先的主题思想，使之契合相应的数学教学目标。

例如在一年级学生学习 10 以内的数的时候，我就给孩子们介绍金龟子奋力垒粪球的绘本故事，创新地变化为《同心协力的金龟子》，介绍小动物金龟子互相比赛，由单打独斗到同心协力，又快捷又轻松地垒出粪球。在有趣的故事中，学生既学习了 10 以内数的认识和大小、多少的比较，还很好地渗透一一对应的数学思想。这就使得儿童在入门性认数和计数学习中，避免一味单调地读、写、认枯燥的数字，而是在看形象图画、听生动故事中轻松完成认数和识数，学会数的比较。

3. 读后会概括，让学生用嘴巴讲数学故事

在学习完一个绘本后，要让学生进行概括复述。这一过程中，学生不断地进行数学信息的接收、加工、传递，并基于此不断提高自己的数学语言表达能力，规范自己的数学用语，从而能准确地阐述自己的数学观点，加深对数学知识的理解，最终还可以反过来促进数学阅读能力的提高。内容的重组同时也培养了学生的逻辑推理能力，重组的时候学生得考虑先后逻辑关系。

例如，在《乱七八糟的魔女之城》的绘本阅读教学中，在完整的阅读学习后，教师指导学生根据板书简要概括整个故事。有的学生按照故事原有的顺序复述，有的学生提取重要信息后，进行内容的重构。而不论哪种方式，都一而再、再而三地将故事中的关键信息和数学模式进行重复。先有公主的大箱子装着颜料，后面才有颜料给巨人涂指甲，这个逻辑关系不能改变；先找到钥匙再进门，这个逻辑关系也不能改变。

而根据文中颜色、形状有规律地排列，学生才能推导出声音和动作也能有规律地排列。在重组复述的过程中，学生超越了单纯理解文章内容的层次，培养了学生掌握文章整体含义的能力，其阅读能力与逻辑思维能力也得到了提升。

4. 图文多转换，让学生学会用数学语言建模

运用图文转换策略，渗透数学建模思想。图文转换策略是指由文绘图或以文叙图，练习中经常可以见到。而数学绘本阅读教学中，通过图文转换，可以让学生更直观地展现自己对文字的理解、对数学规律的认识，同时渗透数学建模思想。数学建模就是联系生活实际建立数学模型，通过对数学模型的计算得出问题结论，这是常见的数学学习方式，也是小学数学核心素养之一。数学模型是进行数学建模的基础，数学模型就是用数学符号、图形等表达文本中的抽象问题，其建立需要学生联系生活实际，进行深入的思考和研究。

在第一学段数学绘本阅读教学中，教师要指导学生能从文字中整理出简单图形、数字、符号等并进行记录，这既帮助学生提高了数学阅读能力，又渗透了数学的建模思想。

例如，教学数学绘本《乱七八糟的魔女之城》时，通过故事的发展，学生会认识各种各样的排列组合模型（ABC-ABC、ABB-ABB、AAB-AAB）。在教学中，教师可通过观察主题图—寻找关键词—绘制图形等环节，逐步引导学生将复杂的大段文字，转换成简单的图形排列组合。而且这种模式还会使学生学会总体地把握事物之间的关系，提高学生的预测力和洞察力。如教学绘本中描写坚强的公主找钥匙、选择哪条路、给巨人涂指甲的片段时，教师先引导学生观察并复述图中的信息，找到每棵树上水果的排列规律、道路中不同颜色石头的排列规律、巨人指甲上的颜色规律，再结合文本中的关键词"苹果、苹果、梨""粉色、蓝色、白色""红色、黄色、黑色"等，初步感知模型。接着教师指导学生通过图文转换的阅读策略，用颜色和图形、字母、符号等做好记录，让学生更直观地再现自己对文字的理解，将感受到的抽象为数学符号，也培养了学生的图文转化能力。学生在看图说模型、动手画模型的过程中，数学的建模思想已经渗透其中，从而为其今后的数学学习奠定基础，增强学生的学习动力。

总之，在数学绘本教学过程中，各种策略既可以相互作用，又可以独立运用，针对不同的数学绘本，教师要指导学生巧用策略，多预读、多重组、多转换、多复述概括，从而更好地凸显数学本质，让数学绘本在数学课堂中发挥除了激情引趣之外，更加重要的渗透数学思想、了解数学方法、培养数学逻辑的作用，从而提高学生的核心素养。

英语篇

丰富英语学习渠道，在活动中师生共成长

北京市石景山外语实验小学　李彩欣

摘　要：《义务教育英语课程标准（2011年版）》提出：英语教学的特点之一是使学生尽可能通过不同渠道、以不同形式来学习真实、鲜活、实用的英语，直接体验语言和运用语言。教师应积极开发和利用学校丰富的课程资源，开拓教和学的渠道，更新教学方式，使英语活动更加生动、开放和灵活。

在多媒体教学环境下的今天，英文电影和英语教学的关系在中国越来越引起英语教育者和学习者的关注。借助直观、形象、生动的英文电影这一载体，为我们提供了丰富的教学活动。

利用英语原声电影教学英语是一种十分有效的学习途径，它不仅可以丰富英语教学的内容，还可以丰富学生的实践活动，增添英语学习的趣味，提升学生的语言交际能力。教学中，教师结合语言教学的规律和电影这一特殊语言文化载体的特点来选择英文电影资料，精心设计课堂活动，使电影成为英语教学的重要资源和手段，达到有效、迅速地提高学生的英语听说能力的目的。同时还可以拓宽学生的视野和知识面，为学生打开一扇认识、了解世界之窗。英语组全体老师从2015年开始全员参与，着手研究英文电影片段对小学生听说能力、英语思维培养等方面的影响。

一、确定活动课程的总目标

（一）总目标

（1）通过学习课程，发展学生英语学科核心素养，不仅培养学生的语言运用能力，

还有助于促进学生心智品格的发展，塑造健康的品格。

（2）通过学习课程，学生能够开阔视野，丰富生活经历，形成跨文化意识，增强国家认同感，并能够提高审美与鉴赏力。

（3）通过课程的学习，学生将通过英文电影这个重要的学习资源，在小学六年的英语学习过程中，逐渐提升英语听说能力。

（二）知识目标

（1）学习一定量的好词、好句及俚语和习语，能够恰当地运用在自己的英语作文中。

（2）了解西方节日或某些现象背后的深层文化背景；了解英语国家特定时代的日常生活习俗及社会行为规范。

（三）能力目标

（1）通过英文活动课程，学生能熟练地为片段配音，能创造性地根据影片内容自编英文对白，尝试着进行再创造。

（2）能通过片段配音或情景再现深入理解人物性格，尝试着评价人物。

（3）提高英语听说能力。

（四）情感目标

通过英文活动课，使学生深入了解中外文化的背景差异，培养学生积极乐观的英语学习态度和开阔的接纳胸怀，形成国际理解力。

（五）学段目标

根据英文活动课程的总目标，我们又细化制定出学段目标（见表1）。

表1　　　　　　　　　英文活动课不同学段目标

年级	知识目标	能力目标	情感目标
低学段目标	1. 通过欣赏英文电影片段，使学生能够在头脑中再现教师在课上指导的重点词汇和句子，并能够掌握一定量的词汇，积累词汇，逐渐加大词汇量。 2. 通过电影课，初步了解西方国家主要的节日文化	通过欣赏英文电影和动画片段，学生能够根据片段模仿语音、语调，在英语氛围中逐渐提高听、说的能力，培养学生的英语思维方式	通过欣赏英文电影和动画片段，能够让学生乐于接受外国的文化，初步了解并接纳中外的文化异同，同时体会到学习英语的乐趣

续表

年级	知识目标	能力目标	情感目标
中学段目标	1.通过英文赏析课，学生积累一定的词汇和句子，能在现实生活中深入理解并正确运用。 2.通过模仿电影原声发音，规范并修正发音。 3.了解和体会西方节日文化	通过英文赏析课，学生能模仿片段并配音，部分学生能创造性地根据影片内容自编英文对白，尝试着进行再创造	通过英文赏析课，使学生了解中外文化差异，培养学生积极乐观的英语学习态度和开阔的胸怀，形成国际理解力，增强国家认同感
高学段目标	1.学习一定量的好词好句以及俚语和习语，能够恰当地运用在自己的英语作文中。 2.了解西方节日或某些现象背后的深层文化背景；了解英语国家特定时代的日常生活习俗及社会行为规范	1.通过英文赏析课，学生能熟练地为片段配音，能创造性地根据影片内容自编英文对白，尝试着进行再创造。 2.能通过片段配音或情景再现深入理解人物性格，尝试评价人物。 3.提高英语听说能力	通过英文赏析课，使学生深入了解中外文化的背景差异，培养学生积极乐观的英语学习态度和开阔的胸怀，形成国际理解力，增强国家认同感

二、确定英文活动课的具体内容

（一）基础类

1.影视作品欣赏

本环节主要是学生欣赏影片，了解影片大意，激发兴趣。

2.影视作品评析

再次欣赏电影，了解故事发生的社会背景、不同人物的关系脉络、性格特点、主要事迹、故事发生的轨迹，从而总结出作品讴歌的道德情感，对学生起到促进情感升华的作用。

（二）实践类

1.影视作品配音

每学期学校组织英文电影配音活动，全员参与。选择优秀作品参加区里、市里的配音比赛。

2.影视片段表演

每年学生自由组合进行英文戏剧表演，也可以创编。优秀作品参加北京市首都外语展示活动。

3.影视歌曲演唱

每年参与学校系列外语展示活动，全员参与，选择优秀作品在校内电子大屏展示。

（三）拓展类

影视作品创编，参与区级，市级组织的各类英文汇演活动。

三、确定英文活动课的实施原则

1. 趣味性原则

侧重学生兴趣，满足学生发展要求。

2. 英语综合能力原则

提高英语听力、表达能力；领略异国文化；体会影片中人物的性格特点，同时引导学生学习英文电影的基本常识，培养学生的电影欣赏和分析能力。

3. 激励性原则

以鼓励、激励为主，鼓励学生大胆上台表演。

4. 合作性原则

鼓励学生小组合作，进行展示。

四、确定英文活动课的评价模式

鼓励学生全员参与，学校教师采用个人评价、小组评价、学生互评等方式，评选出每学期的最佳语音语调奖、最佳表演奖、最美声音奖、英美文化小博士等，进行一系列的奖励，激发每一个学生参与的热情。

五、英文活动课的实施情况

1. 通过本课程的实施，让每个孩子真正爱上英文，学有所获，在多元展示活动中提升综合能力

学生对英文活动课充满了兴趣，通过问卷调查，在学校各种形式的活动以及课程中，"英文活动课"所拓展的多元活动是学生最爱的。学校 97% 以上的学生在假期中都会主动要求家长带领观看经典英文电影。应该说，经过学校英文活动课中欣赏课程的熏陶，对在校学生道德的养成、人格的塑造具有重要意义，为学生打开了一扇认识世界的窗口，使学生在不知不觉中感受到中西方文化差异，感受到世界的精彩。

为了丰富学生的学习生活，我们学校从 2016 年开始举办英文电影节系列活动（见表 2）。从英文电影配音，到英文歌曲嗨唱，全校参与的人数越来越多，孩子们通过活动提升自己，在每一次的活动中，孩子们均能表现出"我是努力的，我是自信的，我是快乐的"。采用多种评价手段和方法能够更全面地评价和衡量学生，只有这样才能真正发挥评价的功能，才能更好地培养出具有分析、思考和问题解决能力的学生，让其发挥所长。

表2 　　　　　　　　**自2016年以来学校举办的英文电影节系列活动**

时间	活动内容	参与人数	参与比例
2016.12	第一届英文电影配音节	316 人	89.8%
2017.12	第二届英文电影歌曲嗨唱节	325 人	91.2%
2018.6	第三届英文电影配音节	329 人	91.4%
2019.1	第四届英文电影节——我为戏剧狂	340 人	94.5%
2019.12	第五届英文电影配音节	340 人	96.5%

2. 英文电影欣赏课程成为推动学校教师专业成长的动力

顾明远先生说："教师的学习方式，决定了他们的教学方式。"在英文活动课程的开发实施过程中，教师们一改以往的学习方式，每个人都精心挑选适合各学段观赏的英文影片，全方位收集资料，这是对在职教师学习观念和方式的一种变革，这种变革同样影响着教师对日常教学工作的思想、路径，更多的教师在教学方法上更注重打造学生的实践空间，在教学设计上更注重开放式的环境营造。教师不再扮演知识权威，而更多的是学生学习的引领者和支持者。5 年间，学校参与本课题的教师中，有多人以此课题为内容，在各项评比、竞赛、交流中获得奖励，英语组 7 位教师，有 3 位被评为区级骨干，2 位校级骨干，7 位教师全部参与教材的编写。可以说本课题最主要的成果之一，就是开发编写了可操作性强、有推广价值的《小学生英文电影欣赏课》校本教材。

3.《小学生英文电影欣赏课》校本课程推动了学校特色建设，扩大了学校影响力，辐射了周边学校

近几年学校以此活动课程为依托，形成了学校新的特色亮点，受到学生、家长、兄弟学校的好评与关注。学校先后与江西赣州、延安小学、河北省邢台南宫市、西安市兴国县、内蒙古赤峰等多地校长、学校科研室主任研讨、交流；在近几年国培计划教师培训中，从教学资源开发的角度对教师进行培训；在北京市课程研讨现场会、石景山区教研活动中多次作经验介绍；本课程对其他学校的英文学习活动起到辐射作用，周边学校也多次到校学习，交流英文活动课程实施方法，起到了良好的引领作用。

六、丰富多彩的英文实践活动，记录学生成长轨迹，伴随孩子成长

经过 5 年的英语活动课的实践与研究，外语实验小学学生们在英语组全体教师的细心、耐心的指导下纷纷获得市、区级比赛的大奖。

如：学生们在北京市"酷听说"小学英语文艺汇演故事表演中荣获一等奖；在北京市首届和第二届"金太阳杯"小学生英语配音展演活动中均获一等奖；在"第六届首都学生外语展示系列活动"中荣获小学组原创英文戏剧比赛一等奖；等等。

教书育人在细微处，学生成长在活动中。每个孩子心中都有一个沉睡的"巨人"，石景山外语实验小学的全体学生将会继续在英语组教师们耐心、用心、齐心的指引下，唤醒心中的"巨人"，自觉主动学习，持续稳定发展，这几位智慧型英语老师将会与可爱的孩子们在丰富多彩的英语活动中共同成长。

灵活运用 Graphic Organizer，有效提高思维品质

北京市石景山外语实验小学　赵梦薇

一、研究背景

2014 年，教育部颁布了《关于全面深化课程改革 落实立德树人根本任务的意见》（以下简称《意见》），提出了研究制定学生发展核心素养体系。在此背景下，2016 年 9 月《中国学生发展核心素养》总体框架正式发布，英语核心素养归纳为"语言能力、文化品格、思维品质和学习能力"四个方面，其中，语言能力和学习能力是英语学科的关键能力，文化品格和思维品质是必备品格。在四项素养中，与之前的综合语言运用能力中所提及的五项能力不同的是"思维品质"，因此，在小学英语课堂中，教师应多多关注学生思维品质与技能的培养与提高。而在课堂的实施中，学生的语言能力与思维品质常常处于"脱节"或"跳跃"的状态，表现为，学生在用英语表达自我想法时，过分关注语言的准确性与流利性，忽略其内在的逻辑关系。

许多专业理论研究表明，图形组织者（Graphic Organizer）是可以提高学生阅读策略、思维品质的有效方法之一。因为它可以将抽象、复杂的语言信息和学生的思维过程，转化为可视的、简单的图表。而对于学生来讲，如果可以熟练使用图形组织者，也可以帮助他们理解文段与语言信息，更有条理地输出自己的想法。

因此，在本篇论文中，将会对图形组织者、核心素养的概念作出阐述。之后，将会利用一节动态的课例研究，进一步说明如何利用图形组织者，在小学英语课堂中提高学生的思维品质。

二、概念界定

（一）英语学科核心素养

《意见》把全面深化课程改革、落实立德树人，促进学生全面发展、健康成长作为新时期教育的根本任务。英语学科应该贯彻落实《意见》精神，在立德树人、促进学生全面发展、健康成长方面发挥其应有的价值。根据以上文件精神，英语学科提出新的核心素养内容，包含语言能力、学习能力、思维品质、文化品格四个方面。

（二）图形组织者

图形组织者最先是由 Piccolo 在 1987 年提出的，他倡导教师应教授学生知识内容的结构。在 2005 年，Robyn Fogarty 将图形组织者定义如下：图形组织者，也被叫作心智地图，是一种以视觉的方式组织、再造、计算和绘画与信息链接的方法。

通过在中国知网的信息收集，文敏琳在《图形组织者在高职大学英语写作中的应用研究》，唐辉云在《图形组织者——一种新的可视化学习工具》，汤文学、边艳杰在《图形组织者在语文阅读教学中的应用》中分别提出了图形组织者在不同学科的运用。六种图形组织者常常被运用到教学当中：描述性类型、事件类型、概念类型、时间 / 序列类型、过程步骤 / 原因—结果类型、概括 / 原则类型。每种图形组织者都有不同的描述信息的方式，适合于特定的信息类型。

三、利用图形组织者，发展学生思维品质的小学英语动态课堂设计研究

在小学英语课堂中，如何使用图形组织者呢？根据课堂实践发现，将不同形式的图形组织者用于板书和学生小组合作的支撑材料，更能高效地发挥其作用。但是，图形组织者以多大的比例加入课堂中，是本人想要深入研究的问题。因此，利用一节研究课多次磨课的过程，记录如图 1 的图形组织者——Plot Graph（情节发展图）介入的不同比例的课堂效果，以此作为故事类绘本课中的一个经验总结。

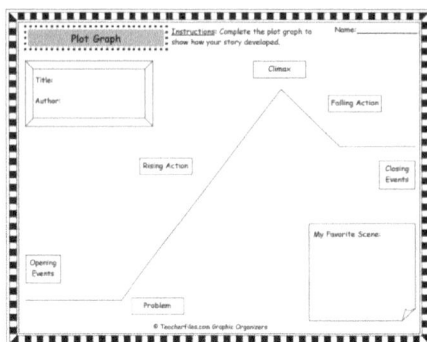

图1　情节发展图

本次研究，基于石景山某小学五年级的英语绘本课，课本为培生英语分级阅读 5 级中的 *The Shark With No Teeth*，绘本为故事类绘本，讲述的是鲨鱼 Cruncher 丢失了自己的尖牙，经历重重挫折后，终于在朋友的帮助下重新找到了一副假牙，继续快乐生活的故事。主人公心情："自负—伤心—绝望—开心"。具体情节分析见图 2。

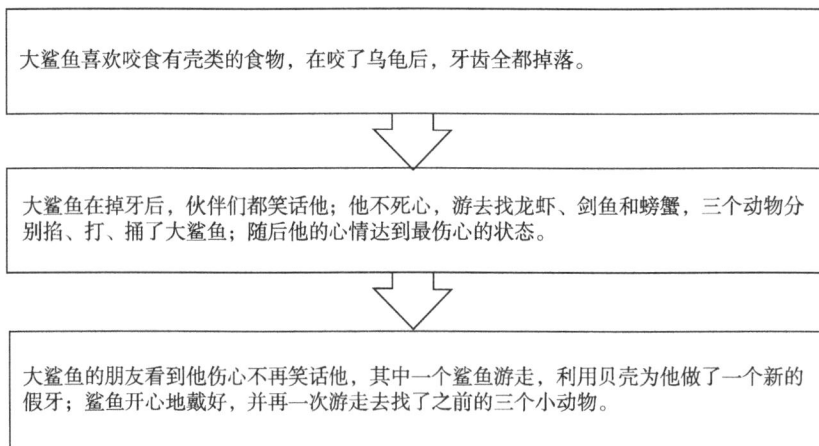

图2　绘本故事情节

在分析过本篇故事后，针对教学背景分析和学情分析，教师认为利用描述类的图形组织者更适合于本节课的绘本故事。之后，从学情出发，教师发现，学生在英文故事类绘本的阅读后，可以很快地理解大意，但是普遍存在对于故事主线和人物心情变化把握不明确的问题，尤其对于英文中长篇绘本，学生更关注生词、生句的表达，对于故事本身的起因、经过、结果这部分，学生不能够自主地、详细地、有条理地梳理。同时，由于英语是学生的第二语言，在语言的转化中，学生不容易理解主人公心情的变化和故事矛盾冲突的点，所以，Plot Graph 可以在一定程度上，帮助学生以外显的形式，整理自己阅读中的思维和故事的发展主线，从而更好地理解主人公心情的变化。并且，在利用图形组织者整理故事情节时，会锻炼学生分析、整理、评价的思维技巧；并在读故事、分析故事时，可以锻炼学生思维的敏捷性、逻辑性和批判性。

（一）研究对象

动态课堂的研究对象为学校五年级的两个平行班，和 A 学校的五年级班级；1 班共有学生 30 人，男生 17 人，女生 13 人；2 班共有学生 30 人，男生 18 人，女生 12 人；两个班由同一名英语老师授课，所用教材、课时均一致；两个班在水平测试中，平均分相近。A 学校的五年级班级，共有学生 30 人，男生 15 人，女生 15 人，所用教材一致，课时较本校每周少一节课，但是在水平测试中，平均分相近但略低。

（二）研究过程

1.Plot Graph 只利用板书作为媒介，加入课堂中的教学描述

在第一节研究课中，学生为本校五年级一班的学生。教师在设计时，理解了 Plot Graph 需要介入本课堂，作为思维外显的形式，帮助学生整理文本和主人公心情。因此，教师反复思量课堂中可以最大化展示思维过程的媒介，那么黑板或者投影就是比较好的选择。所以在第一次的试讲中，教师将 Plot Graph 作为本节课的板书部分。具体操作为：

（1）课堂开始前将简单的 Plot Graph 的线形图画在黑板上；

（2）之后再让学生读出故事的开端，教师利用关键词总结出故事的开端，教会学生如何选择合适的关键词描述本情节；

（3）学生自主阅读本故事的发展过程，需要自主画出关键词；之后小组合作，探讨关键词；

（4）教师带领学生总结三个发展片段的关键词、词语，作为情节发展卡片的内容，贴在黑板上；

（5）之后，利用故事的矛盾冲突，即大鲨鱼心情最低落的片段，引导学生自主阅读，得出故事的结局，随后教师将剩余的情节发展图贴在黑板上。

Plot Graph 将整节课的情节结合到一起，并且通过上扬的情节线，可以将故事的高潮非常明显地展现在学生眼前，学生可以体会到主人公"自负—伤心—绝望—开心"的心情变化。并且，学生初步习得了总结关键词的方法，锻炼了他们分析、归纳的思维技巧，同时在评价故事中人物时，锻炼了他们的思维能力。

但是，在本次的实验中，也凸显出了一个问题：情节发展图 Plot Graph 虽然可以很好地展现故事情节的推进，但是在操作的过程中，教师占主导地位，学生处于理解、讨论的阶段，参与度较小。这样的教学行为，直接导致的是，学生仍然处于第三人称的角度看故事，并没有主动参与到故事情节的整理、分析、评价的环节中。

所以，教师记录下学生对于本节课的感受，针对存在的问题，重新设计本节课，加大情节发展图介入的比例，即"板书 + 小组合作学习单"。

2.Plot Graph 利用板书、小组合作学习单作为媒介，加入课堂中的教学描述

在第二节研究课中，学生为本校五年级二班的学生。教师在设计时，扩大了 Plot Graph 的运用比例，从单纯的板书运用，扩大为"板书 + 小组合作学习单"，具体操作为：

（1）课堂开始前，将简单的 Plot Graph 的线形图画在黑板上；

（2）之后再让学生读出故事的开端，教师利用关键词总结出故事的开端，教会学生如何选择合适的关键词描述本情节；

（3）学生自主阅读本故事的发展过程，需要自主画出关键词；之后小组合作，探讨关键词，并以小组为单位，书写这三个情节的情节发展卡片；

（4）按照情节顺序，分享制作的情节发展卡片，其他小组分享不同意见，并共同关注该情节中主人公的表情变化；

（5）之后，利用故事的矛盾冲突，即大鲨鱼心情最低落的片段，引导学生自主阅读，得出故事的结局，随后教师将剩余的情节发展图贴在黑板上。

与第一次的研究课不同，本节课随着情节发展图的比例加大，学生的主体性得到了提升，同时小组合作有了情节发展图的支持，也变得更有序。

在这一过程中，不仅更有效地锻炼了学生分析、归纳、整理的思维技巧，并在小组讨论中，在与同伴分享交流时，进一步锻炼了学生思维的敏捷性和批判性。

但是，在第二次的实验中，也凸显出了另一个问题：学生在小组讨论时，往往会有不同的意见，也会找到不同的词或词组表现该情节的发展。

所以，教师根据本节课的问题，重新调整了小组合作方式，使用情节发展图的方法，即从小组合作完成，改为个人完成。

3.Plot Graph 利用板书、学生个人学习单作为媒介，加入课堂中的教学描述

在第二节研究课中，学生为 A 校五年级二班的学生。教师在设计时，更改了 Plot Graph（情节发展图）的使用方法，从小组合作学习共同书写，改为了个人阅读、个人制作情节卡片。

教学方法与第二次动态课堂一致，只更改了第三步中情节卡片的制作方式。在具体实施中，因为教师在第二个环节中，利用例子教授了学生如何选择关键词和书写情节卡片，所以在第三个环节中，学生以个人为单位，有了更主动、充分的思考空间；在个人书写完成后，小组讨论时，每个孩子都更有的说，促进了思维广度、敏捷性、批判性的发展。随后全班一起完善了本节课的板书（图3），并在课堂总结部分，将情节发展图的外形变为本节课的鲨鱼形状。

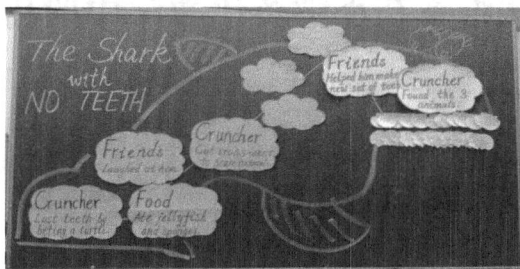

图3　板书示例

课后，教师就这节课进行了采访，学生们普遍表示，最感兴趣的环节就是小组内讨论每个人的想法。由此可见，更有效的锻炼思维的方式是个人完成各自的思维锻炼——在组群内讨论。同时，在这一过程中，有效的图形组织者可以帮助、保障思维活动的有效进行。

四、小结

在本设计中，由于客观现实，教师无法控制3次研究课的实验班级，无法避免差异性；同时，教师在课堂授课时，在其他环节也有着时间、方法上的调整，因此，有可能导致学生课堂讨论深度、广度的不同。

但是，在3节课中，都凸显出了在图形组织者的帮助下，学生的思考更加有条理，思考更加有深度。从操作上看，学生在个人总结关键词，书写情节卡片时，能够更有效地锻炼他们总结、归纳、评价的思维能力；在以小组形式讨论情节卡片的不同意见时，更能刺激思维的敏捷性、批判性和广度、深度；教师板书中，情节发展图的线条，更能帮助学生理解故事发展的冲突，与主人公心情的变化。

因此可以看出，图形组织者作为课堂媒介，作为小组或个人的学习单，介入小学英语课堂，是一种非常有效的发展学生思维品质、提高学生英语学习兴趣的方法。但是要注意根据教学内容选取合适类型的图形组织者；并根据课堂时间与活动，选择图形组织者介入的比例。此研究还有待继续深入地研讨与论述，教师也会就此话题，继续在今后的教育教学工作中研究与改进。

浅谈英文绘本在小学英语教学中的巧妙运用

北京市石景山外语实验小学　石艳青

摘　要：英文绘本以其精美的图画和内蕴丰富的故事情节，不但吸引了小学生的注意，而且为他们的英语学习带来了强大的动力与兴致。那么，如何系统地选择英文绘本，再将其与教材有机地结合起来运用到小学英语课堂中去，成为英语课的有效辅助教材，从而发展学生实际运用英语的能力。绘本是儿童丰富知识、学习文化的资源。运用英语绘本进行英语教学，能培养学生学习英语的兴趣，提高学生英语的听、说、读、写能力，是教材有力的补充。

如何让学生都有机会接触地道的英语文本，感受更多纯正的英语文化，从而喜欢上英语学习，爱上英语阅读呢？"绘本是最适合幼儿及少儿阅读的图书。"我们可以把原版的英文绘本或复制、或改编，将其引入我们的课堂，与学生的课内阅读相整合，为他们开辟一条体验纯正语言的道路，以此来开启他们的智慧与情感。

一、英文绘本教学的概念

英文绘本，顾名思义，即指以英文为表述语言的图画故事书。把英文绘本作为儿童英语教学的主要载体，主要是通过绘画和文字两种媒介来激发儿童的阅读欲望，规避传统儿童阅读教材"画面感不强""情感主题不彰"的弊端，将"视觉与艺术"实现深度融合来开展儿童英语阅读活动，有助于其智力的发展和兴趣的导入。

英文绘本教学是指教师有目的、有计划、有组织地把英文绘本作为教材，为提升儿童英语阅读能力和综合运用语言能力的教与学的全过程。

二、绘本教学的优点与好处

绘本没有像课本那样必须重点介绍或是复习某些语法功能或句型，而是在书中呈现一个完整（或是一直重复）的意念或是故事情节，让孩子能很快聚精会神地融入故事情境，自然地进入由英文绘本提供的环境中去接触、探索英语。

（1）提供优质的语言学习经验。优质的英文绘本不只具有能启发孩子想象力的图画，其故事本身更是一个整体的语言应用实例。英文绘本提供给孩子学习英语的真实生活情境和丰富语汇，能协助孩子发展语言能力。

（2）提供了丰富的知识触角与想象空间。英文绘本中所呈现的完整故事情节，能丰富孩子的学习经验，进而引导孩子加深对于所处周遭环境和世界的了解。英文绘本所提供的多元文学风格与素材和充满想象的世界，能滋养孩子的想象力。

（3）帮助奠定各方面能力发展的基础。英文绘本预测的内容和重复的文句可增加儿童阅读的自信心；透过绘本，学生可以有效地认识英美文化，有益其英语学习。在教学中绘本的选择应跟学生的生活经历密切相关，符合学生的心理、年龄特点、智力因素和认知能力等。教师应该选择那些原汁原味的、经典趣味的、有重复韵律同时符合孩子认知结构的绘本，让孩子爱上英语课。

三、如何选择绘本作为教材有力的补充

我以我的这节绘本课 *This is my father* 为例，*This is my father* 是攀登英语阅读系列中分级阅读第 5 级中的一册绘本故事，是作为我校本 *Kid's Box*5 教材第二单元（*Unit 2 People At Work*）的补充阅读，本单元共 6 课时，本课为本单元的第 5 课时。之所以安排此内容作为补充内容，是因为在本单元学习过程中教师做了相关问题的调查问卷发现：学生在日常生活中，由于父母的工作忙碌而经常感到被父母忽略，从而认为父母并不在乎自己的现象。或者日常生活中看到父母的一些他们不太理解的行为从而误解了父母。教师为了给予学生一定的心理疏导和更好地理解父母的良苦用心，选择了此故事作为本单元的补充材料。

此绘本故事中小主人公的爸爸是一位消防员，本应该被视为英雄的爸爸，却被小主人公视为一个胆小鬼，原来小主人公从一个儿童的角度观察爸爸的日常生活，看到爸爸不敢面对我打针的时候；和妈妈争吵的时候，即便妈妈错了也会去和妈妈道歉；还害怕欺负他的校霸的种种表现得知爸爸是个胆小鬼。直到有一天，小主人公目睹了

爸爸勇敢救火的全过程，才意识到他以前的想法错了，他的爸爸是个真正的男子汉，具有极强的责任感。

四、教学设计独具匠心

本节课是一节基于核心素养培养目标下的有关父爱的阅读课，旨在阅读中，培养学生的阅读策略、发展学生的思维能力，从而提高学生的英语语言运用能力。

（一）引导学生图文结合，观察绘本、理解绘本

在绘本阅读中，教师充分运用绘本的特点，引导学生观察绘本图片，获取关键信息，并且根据图片，猜测本课的重点词汇 injection、argue、prove。同时在阅读时，引导学生画出关键词，尝试利用上下文及图片猜测词义等，发展学生的阅读策略。而学生在观察图片时，发展他们分析的思维能力，同时也为学生以后的学习奠定基础。下面两幅图我引导学生观察图片，深刻体会绘画者想要表达的小主人公误解爸爸是个懦夫，以及后来事实证明了爸爸是位大英雄的强烈对比，前者父亲的形象是渺小的，后者则凸显了高大的英雄形象。我抓住此故事的强烈反差，引导学生感受小主人公内心蹦极般的心理感受，从而激发孩子内心对于英雄父亲的敬佩，及因误解父亲而感到后悔的内心感受。

（二）设计"循环"问题，引导学生深层次理解绘本故事

本课最难理解的部分是小男孩误解他爸爸是懦夫的三个理由，对于小学生来讲，他们的心智发展得还不算成熟，所以教师需要搭建一个合适的梯度，让学生逐层理解其中的意义。所以在读中环节，学生需要自主阅读，并且画出关键词与教师共同讨论，随后在学生理解小男孩父亲的作为后，教师引导学生循环关注这一难点，深度、自主思考其中的寓意，理解父爱的伟大。教师在教学活动的设置上利用"Is he a coward？—Is he a hero." "Find out the reason.—Discuss the real reasons." "What do you think of him？"等形式，让学生多次思考问题，突破本节课的难点知识。因此板书的设计也是紧紧围绕着故事情节的跌宕起伏，利用图形组织者中的 Plot Graph（情节发展图）以及色彩的感染力帮助学生梳理本节课的故事情节与发展，更好地理解故事及其背后所隐含的深刻含义。蓝色代表懦弱、胆小以及主人公灰色的心情，红色代表英雄的高尚以及小主人公崇拜父亲的内心火热的情感。而父亲救火图设计在此位置因它是整个故事的转折点，因此行为才使小主人公意识到他的父亲不是个胆小鬼而是一位大英雄。

板书设计如图 1。

图1　板书设计

（三）与学生实际联系，发展学生的文化品格

教师针对学生学习中，不理解父母工作繁忙的问题设计本堂课，并在课前针对学生在生活中遇到的问题，结合本节课的知识，进行前测。在课堂中，教师根据学生的回答，设计整堂课问题的深浅，并在读后环节的讨论中，引导学生关注自身的烦恼，进行再次思考，尝试理解父母的良苦用心。

图 2 三幅图为学生调查问卷中的部分内容。

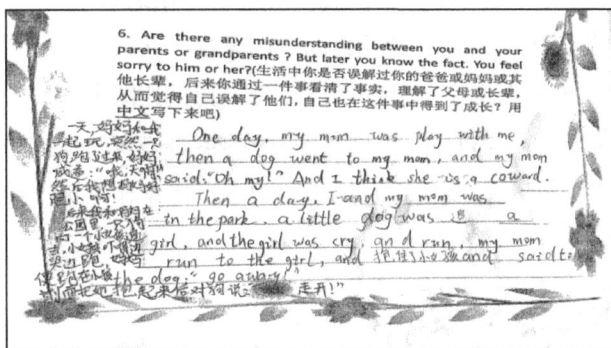

（a）

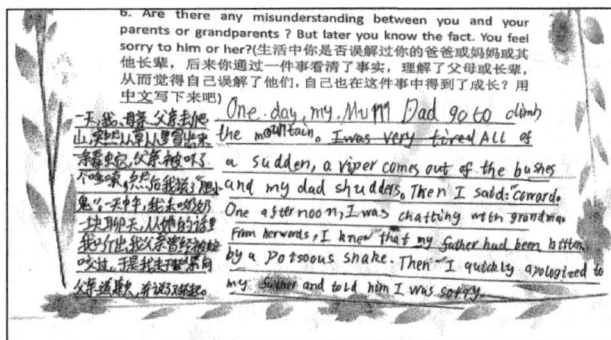

（b）

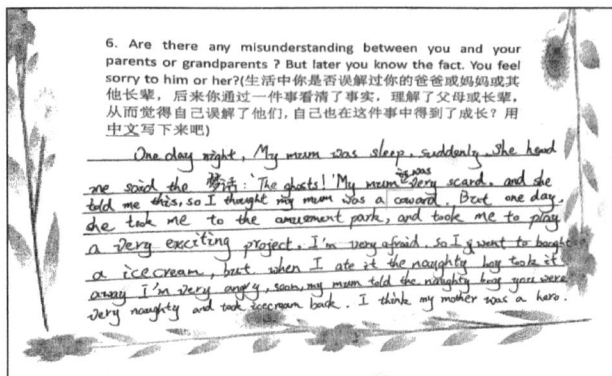

（c）

图2　学生调查问卷中的部分内容

（四）强化学习效果，提倡有声绘本

　　小学生的英语能力与绘本教学有很大的关系。为了强化小学生的学习效果，提高小学生的合作意识，让小学生乐于表达，英语教师要善于进行绘本提问，注重提问的层次，帮助小学生理解绘本故事发展的过程。教师可采用设疑式提问或者猜想式提问，以此激发小学生的英语阅读兴趣，发展其创造性思维。同时，新时期提倡应用有声绘本，以动态的形式，再加上文字部分的朗读声音，真正让图书开口说话。有声绘本为小学生提供了良好的英语学习环境，把晦涩难懂的英语语言转变成小学生乐于接受的形式，培养英语语感。据此，我把这本绘本利用多媒体制作了电子绘本，集图、文、音于一体。在课堂播放时，充分调动学生的感官，效果不言而喻。

（五）尽情演绎绘本，鼓励学生创作

　　教师还可以组织学生对绘本故事进行角色演绎。学生在表演过程中要努力模仿原声发音语调与技巧，并根据自己的理解加上表情动作，这样不仅能使学生的听说能力得到进一步提升，还能激发学生的表现欲望与学习热情。此外，在绘本教学中，教师可以在结尾处故意停顿，让学生们试着去续写结尾，将自己心中的结局表达出来。例如，在绘本故事 *This Is My Father* 教学中，我鼓励学生就小主人公误解父亲的三个事件进行创作表演，这三个事件分别是：爸爸不敢面对我打针的时候；和妈妈争吵的时候即便妈妈错了也会去和妈妈道歉；还害怕欺负他的校霸。从而引导学生热火朝天地讨论，积极表达自己的想法，他们丰富的想象力让人惊叹。

　　他们的演出更是精彩，比如，在表演爸爸害怕校霸这一片段时，学生把故事书中本没有的情节创作在自己的表演中。比如小主人公和校霸之所以打架，是因为小主人公在出门时不小心撞到了校霸，而校霸反手就打，充分演绎了什么叫作校霸，从而也体现出学生对于 school bully 这个生词的理解非常到位。而且学生还演绎出校霸之所以有如此粗鲁的行为是因为在家庭中的耳濡目染。这一创作情节为：当校霸打完架回到家之后，他的父亲得知他在外打架时出手就打儿子，可见孩子们在理解故事的基础之上对此情节做了充分的思考。在此过程中，学生拓展了思维，提升了语言运用能力。

儿童运用图画语言解读绘本的过程，也是提高形象思维能力，进而促进抽象思维发展的过程。学生是学习的主体，学习是学生在与外界积极主动的互动中发生的。因此，教师在开展绘本教学时，需要尊重和发挥学生的主体作用，选择那些适合学生学习需要、符合学生认知发展规律，能够激发学生学习兴趣，并和当前英语学习进度大体一致的绘本。在开展绘本教学时，教师不能只关注绘本的教学，而忽视绘本的选择。教师不宜在确定了教学主题之后再选择相关英语绘本，从而使绘本沦为教师教学的辅助材料，只是服务于教师的教，而应让绘本阅读成为学生学习的需要。

英语绘本为学生展示了五彩缤纷的世界，给他们带来了美的享受。激发学生兴趣，培养阅读习惯，我要不断创新英语绘本教学方法，设计出更多丰富有益的教学活动，与学生一起享受阅读，共同成长。

Mind Map 在英语词汇学习中的应用

北京市石景山外语实验小学　王婷婷

摘　要：思维导图是基于放射性思维的有效的图形思维工具，它能够直观展现人类大脑的放射性思维过程。词汇是英语教学的起点与基础，将思维导图应用于词汇教学中，能发挥其趣味性、灵活性、直观性与关联性的作用。通过设计符合小学生认知习惯的英语单词导图，论文实践探索了思维导图在促进小学生英语单词识记方面的有效性。

一、引言

在《义务教育英语课程标准（2011 年版）》书中写道："基础教育阶段学生应该学习和掌握的英语语言基础知识包括语音、词汇、语法、功能和话题等五方面的内容。"其中，词汇是语言知识基础目标之一。

笔者认为，探索简易实用的英语单词学习策略和课堂教学方法有其重要的时代背景和必要性，把思维导图和英语单词识记相结合，用思维导图促进小学生英语单词识记是一条解决问题的途径。

二、思维导图的相关研究及理论基础

（一）思维导图的相关研究

思维导图是由英国学者托尼·巴赞在 20 世纪 70 年代初期研创，是一种组织性思维工具，是将放射性思考具体化、直观化的方法。思维导图总是从一个中心点开始，每个与其相关的词或者图像都成为一个子中心或者联想，整个合起来以一种无穷无尽的分支链的形式从中心向四周放射，回归于一个共同的中心。

（二）思维导图的理论基础

根据认知主义的图式理论和建构主义理论，学生学习的过程是在已有的认知图式的基础上，积极主动进行自我探索和意义建构的过程。认知图式是指学生头脑中已有的知识、经验、信仰等的集合，它是学习这一心理活动的框架或组织结构。在皮亚杰看来，图式是认知结构的起点和核心，或者说是人类认识事物的技术。因此图式的形成和变化是认知发展的实质。

大脑神经是一个由中心向外发散的网状神经元，大脑的思维也呈现出一种发散性的网状图像。遗忘往往是因为缺乏提取的线索。如果能在存贮表征信息时，进行深层次的加工，把它们纳入过去经验的复杂网络之中，就会给提取这些知识提供各种各样的线索。Craik 和 Lockhart（1972）提出的加工层次理论认为，只有当信息经过深层次的有意义的复述，才能提高记忆效果。在教学中，教师可以要求学生寻找单词之间的联系，并用多维度的图式表示出来，也可以开展一些要求学生对单词进行深层加工的活动。它的作用就在于学生写下各节点单词并画出表示其相互关系的连线的过程中，一直在不停地思考、理解和辨析相关信息。

三、思维导图在英语词汇学习中的设计及应用

（一）英语单词思维导图的设计

首先，要找出知识点之间的联系，然后用色彩、箭头、线条以及其他方式来展现它们之间的关系。其次，在中心位置明显地标注出关键词或中心思想。接着，在空白处找到其他信息与关键词的对应关系，正确地进行评估，并在恰当的地方将其画出，以清楚地表达这些相关信息和主题的关系。最后，思维导图画好之后，进一步对其进行适当的整理和修改。

（二）思维导图在英语词汇学习中的应用

1. 按词汇的拼读、构词、意义、搭配等建立词汇记忆网络

（1）同义词、多义词、反义词、词的搭配。英语词汇特别丰富，同义词、近义词数量众多，因而如何有效地进行区分，从而正确地选词、用词是英语学习者面对的一

大难题。传统的方法是把所有近义词的意义查出来放在一起比较，从而加以区分。但是由于近义词在意义、用法等方面差异的细微性，仅仅通过字面意义的比较仍会导致误用、滥用。因此，笔者认为从词与词之间在意义上相互联系、相互制约的角度出发，用思维导图的方式，把同义词放入词汇系统中进行区分，引导学生画出这些单词的思维导图，不仅可以提高学生的记忆能力，对其组织能力及创造能力也有很大的帮助。

（2）同根词、词缀。词缀法是生成英语单词的最有效的方法之一。它是派生法的一种，借助于语法形位，即词缀构成新词。因此由词缀法构成的词又称派生词。比如"un"的意思是"不、非"，利用它生成的新单词有"unfit""unable""uncomfortable""uninteresting""unhappy"等。所以要扩大英语的词汇量，就必须掌握英语常用词缀及词根的使用。那么，如何结合思维导图来帮助学生开展英语词缀和词根的学习呢？

我们来看下面关于词缀"less"的教学案例。

首先，让学生掌握词缀"less"的意思。然后，给出例词，如 homeless、resistless 等，让学生观察与词缀"less"搭配的单词词性特点。其次，让学生根据这一特点在纸上写下自己头脑中可以由"less"构成的分支单词，比如 aimless（无目的的）、bookless（无书的）、treeless（无树木的）等；为了进一步拓展学生的思维广度，我们还可以以小组合作的形式，让他们根据字母表的顺序，对由"less"结尾的单词进行更加有序的词汇整合和梳理。最后，我们要认真地指导学生对各自所画的思维导图进行检查和完善。

（3）拼读相似。如：bear, dear, fear, hear, near, pear, tear, wear, year.

2. 通过对关键词的联想创设情景，建立词汇记忆网络

通过对中心词的头脑风暴联想法对词汇进行整体记忆。如给出学生中心词 fruit，让学生自己绘制导图，把自己学过的有关 fruit 的单词都写出来。

四、思维导图促进单词识记的实验

（一）实验对象

为了对"单词导图"理论应用于小学英语教学活动的可行性做出论证，笔者在北师大版小学英语三年级下册教材的讲授中，分别选择了两个班的同学，进行了一项"思维导图"运用于词汇记忆的实证研究。笔者根据上学期期末考试成绩和英语教师的评价，选择英语期末考试平均分最接近的、学生基本情况最相似的两个平行班作为实验对象，分别是三年级（1）班和三年级（2）班，并随机确定三（1）班为实验班，三（2）班为控制班。实验班学生数 27 人，控制班为 27 人。三年级面临的升初中的压力较高年级学生小一些，有更多的时间和精力养成新的学习习惯，而且思维处于转型期，逻辑思维日趋完善。他们也积累了一定的词汇量，先行知识的具备是实验进行的基本条件。两班由同一个老师任教。

（二）实验数据及分析

笔者选择了两个班作为实验对象，两个班学生的年龄都在 9 ~ 10 岁，并且都具有一定的词汇量。为了保证两个班的同学所掌握的词汇量对等，笔者对两个班的同学进行了一项词汇测试，结果表明两个班的学生在词汇的掌握上水平相当。同时笔者在各班学生中随机抽取 10 位同学进行访谈，了解到 60% 的学生并没有词汇总结归纳的习惯，同时老师对这方面的训练也很少，70% 的同学认为单词识记困难，其中 20% 的学生因为记不住单词对英语学习有厌烦情绪。

笔者对实验班的同学进行了"思维导图"的解释介绍，在接下来的学习过程中培养学生运用"思维导图"理论绘制单词导图的能力。并且在每次课后，笔者都要求学生听写所学习过的新单词。而"控制班"的学生只是按照传统的教学方法，要求学生回家后记忆单词，并且在每次课后同样要求听写新单词。在平时的单词听写过程中，开始的 5 次听写中，控制班与实验班在达标人数上几乎没有差异（75% 的同学均能够达标），然而，在一学期进行到第 10 次课后，"实验班"学生的听写达标率明显高于"控制班"的学生。其中，第 3、6、8、10 次的单词听写，除了听写本单元必须掌握的大纲单词，学科教师还听写了该模块其他单元的单词和部分学过的单词。这 4 次单词的听写，教师并没有事先跟学生交代单词听写的范围，目的是检测学生对已学过单词掌握的牢固程度，这也是一种延迟测验的方式。

解释与结论：从常规的 6 次单词听写成绩平均正确率来看，实验班的正确率（90.2%）略高于控制班（86.2%），但是没有显著差异，并且我们发现，其中有两次，实验班的平均正确率略低于控制班，原因可能是学生都掌握了教师单词听写的时间，并在听写之前进行了充分的准备，所以看不出两班成绩的明显差距。控制班的学生在某次的听写正确率高于实验班学生，这也是一种正常的现象，因为两班的水平大致相同。在 4 次延迟性的单词测验中可以看出，实验班的单词拼写正确率要高于控制班，并且差异性显著。这说明思维导图的方法比起单纯的机械重复记单词记忆效果好，遗忘率较低。正如博赞先生所说：思维导图帮助你学习、组织和储存你想要的所有信息，它以自然的方式对信息进行分类，使你能够很容易迅速得到你想要的一切（完美的记忆）。

绘制英语单词导图对学生来说不会成为太大的技术门槛，没有学生认为绘制过程非常困难，仅有 23% 的学生表示不太容易，就是说大部分学生还是很容易上手的。在询问学生喜欢自己绘制还是直接使用别人绘制好的导图时，一半以上的学生（占55%）选择了直接使用绘制好的英语单词导图的方式。通过访谈，笔者了解到学生更喜欢使用教师绘制的单词导图，一方面由于教师具有权威性，学生比较信任；另一方面，学生反映通过阅读他人的作品，对自己很有启发作用，可以读懂他人的记忆思路，模仿着去记忆单词。但是我们也可以看到，还有很大比例的学生会选择自己绘制单词导图的方式，原因一是动手绘制，记得比较牢固；二是可以按照自己的思路来记忆，在单词旁边画上喜欢的图形，便于单词的回忆；三是可以针对自己不熟悉的单词进行重点标注；四是看到好的记忆方法可以方便补充进去。

五、结论

通过思维导图在英语课堂单词教学中的实验和应用，可以发现，思维导图在促进学生识记单词方面有积极作用。

第一，实验验证了思维导图促进小学生单词识记的有效性，主要表现在，提高单词拼写的正确率和释义；提高单词提取和再现的数量两方面。本研究在课堂应用的基础上，采用实验班和控制班学生的听写、期末与默写成绩的对比，统计分析出两班学生在单词识记效果上的差异；并通过问卷调查、访谈的研究方法，跟踪、比较实验前后实验班学生在情感态度、思维习惯、学习方式等方面的变化。思维导图不仅是一种可视化的知识表达形式，也是一种认知策略，它引导学生对零散孤立的单词进行整理归纳和反思，运用思维发散性和联想、关联，根据单词的结构相似性和词义相近性组成单词组块、单词网群，最后形成一张便于自己识记、保存、提取和再现的认知结构图。

第二，思维导图能改善学生的学习习惯，并提高小学生英语单词学习的兴趣。通过对实验班学生在实验前后问卷答题情况的对比，和实验之后对部分学生的访谈，笔者发现，绘制英语单词导图的教学、学习方式，触发了大多数学生对单词拼写结构、词义的思考，比如在记忆单词前先观察和思考拼写结构，寻找已学单词和新单词之间的联系和区别，运用拼写结构相似性或词义相关性来辅助记忆单词，不再全部采用实验前的多次机械重复诵读，囫囵吞枣地记单词。

第三，为思维导图运用于英语课堂积累了比较丰富而翔实的教学案例资源，摸索出了一套英语单词导图设计的规范和方法。在一学期的教学实践中，实验班的学科教师和学生一起头脑风暴，共同绘制了本学期的英语单词导图，同时对以前学习过的单词进行回顾和汇总，实现了对已学、现学单词的一个合理归纳和整理。其间，大家共同完成了单元单词导图、模块单词导图、学期单词导图等多个阶段的英语单词导图。

人的生理、心理构造不同，每个人都有自己的学习和理解方式，在教学中不宜统一使用一种方式、一个模式画一张英语单词导图。笔者欣喜地发现，每个单元、模块的单词导图，在不同的学生笔下都各有特色，都能很好地反映学生的单词信息加工和关联、跳跃的思维。

第四，教师的主导作用不可忽视。在整个实验研究中，教师积极地改进教学手段，根据学生年龄段和学科特点，精心设计教学目标和内容，采取多种策略激发学生思维、促进学生的学习。我们发现，小学生更注重具体事物，教师应在使用单词导图的同时出示更多的实物，或者组织相应的活动。初高中学生的抽象逻辑思维进一步发展，可以减少实物展示，但要相应增加思维锻炼的活动。不同年龄的学习，需要有不同的教学设计。

总之，思维导图的教学策略，如何更好地发挥其优势，以提高学生的单词识记效率还有待广大教育工作者进行更有针对性地研究。

低年级英语故事教学在课堂中的实践

北京市石景山外语实验小学　　石雅坤

摘　要：在新课改的背景下，小学生进行英语故事教学的重要性愈加明显，越来越多的英语课堂都加入了英语故事的教学。故事型教学是符合小学生心智水平的教学模式，可以帮助小学生奠定西方文化修养，对小学生的思想具有潜移默化的影响作用。对于低年龄段的学生来说，富有故事性的教学内容会激发他们的学习兴趣，为构建高效的课堂打下坚实的基础。

故事，对于学生而言是他们成长过程中不可或缺的部分，生动、有趣的故事最能唤起学生的兴趣和注意力。课堂中，通过故事教学，这样的方式更加能够激发学生自主学习的能力，能够为学生思维能力和语言运用能力搭建更大的空间。在小学英语课堂上，学生通过预测故事、听故事、讲故事、表演故事、续编故事等多种方式，能调动其感官，培养学生的综合语言运用能力。义务教育英语课程标准（2011年版）指出："通过英语学习使学生形成初步的综合语言运用能力，促进心智发展，提高综合人文素养。"因此，在英语教学中激发、培养和维持学生学习英语的兴趣显得尤为重要。

在义务教育阶段，特别是低年级段，学生处于形象思维的认知阶段。相对于整章篇幅的文字，他们更倾向于趣味性较强的图片、故事及绘本等，英语故事的学习在学生的学习中深受欢迎。英语故事的形象性、情节性、趣味性符合学生思维发展的特点，为他们提供了无比宽广的想象空间；同时，故事为学生的外语学习提供了生动、丰富的积累语言经验的知识库。学生通过故事的学习，在内容上，强烈地吸引了他们的注意力和好奇心；在能力上，大幅度地提高了学生对英语的兴趣。学生在课堂中，通过学习、内化、思考、分享等过程，不断地培养并提高其语言能力、思维品质、文化品格和学习能力，从而全面提高学生的综合人文素养。

以往的英语课堂，大多是"填鸭式"的英语课堂，以教师"教"为主，忽略了学生学习的主体地位，从而导致了小学生在英语课堂中的积极主动性较低，并且缺乏对英语的学习兴趣。故事，作为英语教学的一种新的教学课堂，学生能够借助故事，以景动情，以情促知，寓教于乐。在丰富多彩的英语故事中，学生的学习兴趣得以培养，学习质量得以提高。

小学生好动、好奇心强，对新鲜事物有浓厚的兴趣。故事拥有生动的人物形象、丰富的想象、跌宕起伏的情节，特别适合低年级的年龄特点。张菁蕊认为，故事教学是一种独特的教学方法，是通过故事创设英语学习场景，并通过模拟场景进行互动练习。同时，辅以歌曲、情景剧、图片、游戏等丰富的形式表现教学内容，运用完整的情节故事和情景设置，为学生提供原汁原味的、真实的语言情景，最终使学生学会用纯正地道的英语反应和沟通，体会英语语言和文化的魅力。

英国教学家 Andrew Wright 指出：Stories are particularly important in the lives of our children; stories help children to understand their world and to share it with others. 即，故事教学是指在英语课程教学中，以讲故事、演故事等灵活可见的方式为手段，达到完成既定的教学目标和任务目的的一种英语教学方法。

我校使用的教材《剑桥国际儿童英语》（*PLAYWAY TO ENGLISH*）是剑桥大学出版社推出，专为非英语母语国家初学英语的儿童设计的一套综合性教材。我校学生在一年级入学时便开始学习本套教材，并从该教材的第一册开始学习。在第一册中，就有故事的学习。

在学生一年级的英语课中，有这样一节故事课 *The Racoons*，讲述了一个关于齐心协力、开动脑筋共同解决问题的故事。故事语言简练、情节新颖有趣：浣熊一家在野餐的路途中，发现一只河狸被一根大树枝压住了尾巴，无法活动。浣熊一家在帮助河狸的过程中，经过多次尝试并且最终巧妙地利用杠杆原理解救了小河狸，最终和它成为朋友，一起野餐。

此次授课对象是我校一年级的学生，他们活泼、好动且富有爱心，对英语学习充满兴趣，勇于尝试用英语与老师及同伴交流。在通过本课的学习后，利于学生参与到课堂的学习中，愿意和他人分享自己的想法。

兴趣是学习一切的动力，教师在教学中采取趣味性教学的方法，让学生积极踊跃地投身到学习中去，在轻松愉悦中学习，能够达到事半功倍的效果。

爱玩是学生的天性，而游戏正是能够让学生释放天性的方式。游戏不仅能够让学生兴奋起来，而且能增加学生主动参与的积极性，真正做到在学中玩，在玩中学。因此，在教学过程中，我们不仅需要把课堂气氛活跃起来，还要让每个学生参与其中，让学生在游戏中主动参与到英文的学习中来。

在课堂的初始，学生通过猜谜游戏，带着愉快的心情快速进入学习中，了解本课的学习主题。

T：Let's play a guessing game. Look and say.

T：Now，can you try to make the words into a sentence？

T：Today，we'll learn a story about the raccoons.

看似简单的游戏实际暗藏老师的精心设计，比如玩完游戏后，老师提出的第一个问题"Now，can you try to make the words into a sentence？"在这里，教师鼓励学生将刚刚玩过的单词串成一句话。看似简单的一个问题，实际让学生在思维能力上得到合理的培养和提高。

在接下来的 Presentation 环节中，学生开始分步骤地学习故事的 3 个片段。首先，学生在教师的引导下，观察图片细节，合理、大胆地猜测故事中的人物关系，从而了解故事人物。

T：Look at the picture.Who are they？ How do you know？

相对于以往"填鸭"式教学，观察—猜测的学习模式，更适合低年级学生的认知和学习特点，培养学生提出信息的能力。随着故事的推进，学生会发现自己在学习时会遇到生词，比如：picnic、beaver 等词。在学习生词时，教师并没有一味地急于教授发音，而是引导学生观察并思考该词在故事中可能出现的含义及发音。如：

T：Let's watch and answer："What are the raccoons going to do？"

T：What's the picnic？ Can you make a guess from the picture？

Ss：I can see an apple in the basket，and the basket is in the forest.

T：Picnic means we take the food and eat outside.

T：The sound of letters "ic"，sound like \ik\. If we put p–ic，n–ic，can you try to say the word？

自然拼读法是根据学生比较熟悉的汉语拼音的规律演化而成的，能够帮助学生学习英语单词的记忆和学生读单词时的发音，培养学生的语言技能。自然拼读法能够帮助学生快速、准确地记忆单词，提高学生自主学习的能力，帮助学生培养英语的听、说、读，能够帮助学生学习英语单词的记忆和学生读单词时的发音。自然拼读法能够提高学生自主学习的能力，帮助学生培养英语的听、说、读、写的能力，提高学生学习的效率，有助于将学生词汇的读与写、阅读与记忆相结合，从而提高小学英语的教学质量。

所以，在本课的学习中，学生会多次运用自然拼读法，利用图片的辅助快速、准确地掌握将要学习的词汇。在课后，教师通过调查法及谈话法，了解到学生非常喜欢在故事中理解单词的意思，乐于尝试通过对整个故事情节的推测去理解生词。学生在不知不觉中习得语言的同时，也自然而然地和英语成了"好朋友"。

当然，在故事教学中绝不会出现只教词汇，不注重故事整体处理的现象。对于个别需要突破的词汇，教师会利用不同的教法和学法帮助学生理解并掌握。但本课的教学重难点仍然是故事的整体教与学，所以，在简短但扎实地学习了词汇后，继续进行故事教学。

在接下来的两个主要学习步骤中，教师利用问题引领、自然拼读法、图片及动作帮助学生快速、准确地理解故事内容。对于本课中出现的重点句型，也是最难的一个句型 It doesn't work. 教师则是将此句型放入故事中，通过"观察—感知—思考—理解—反馈"这一系列的活动，扎实、彻底地掌握。比如：

Q1：What's on the beaver's body？

Q2：Does it work？

Q3：The raccoons help the beaver. So does it work？

"It doesn't work."的句型，对于一年级的学生无论是音、型还是意的方面思考，都是很抽象且具有一定难度的。所以学生将分步骤、分层次在故事情景中学习本句型，从而做到真正地掌握语言知识，且在学习句型的最后一步，为检测学生是否真正掌握该句型，教师将两幅图放到了同一张幻灯片中，让学生观察并说出自己的理解（It works./It doesn't work）。学生在和同伴分享完自己的见解后，根据自己对故事的整体理解，再一次有感情地说出本课的重难点。

T：If you were beaver，how do you express？

Ss：Say the sentence emotionally.

T：What do you think mum's idea？

Ss：Great! Wonderful!

在本课，将故事的主要部分拆分成 3 段呈现，保留了结局神秘性的同时，吸引学生继续学习，同时也分解了学习的难度。在处理故事的细节信息时，以不同形式呈现与操练每幅图片的学习内容，充分调动学生多感官参与活动。结合本课的学情，考虑到我校一年级学生虽然有一定的英语知识储备，但年龄和学习能力仍处于小学的初始阶段，所以在学习的过程中，多次带领学生通过观察图片并引导对故事的内容进行合理的猜测，然后通过听音频、看视频的方式，充分理解故事的表层词汇及故事背后的人物性格。在教学过程中，教师共设计了 3 次 free talk 的环节，旨在坚持从低年级开始培养学生的发散性思维。

在 Presentation 的最后两个环节中，教师设计了复述故事和表演故事主要片段的两个活动。在本课，故事虽然被分成 3 个片段进行教学，但教师始终坚持整体学习故事和情景输入故事法的教学，所以在学完本课内容后，师生共同复述故事，为了帮助学生分清角色，体会助人为乐的喜悦心情。帮助学生在提高语言能力的同时，深度培养思维品质，这与英语学科的核心素养要求不谋而合。

在接下来的 Practice 和 Production 的两个环节中，学生在教师的带领下，再次回归课本，整体输入故事内容，为后续的表演故事再次做好准备。

Step1. Explain the rules of the story show

T：You will play the story，but one group only plays one part.

T：Your friends will choose the part，then practice with your friends.

对于低年级学生表演故事，首先要说清要求，再给予时间进行练习。考虑到学生年龄较小，且本课的故事内容较长，在产出环节中采用小组合作的形式，按 3 个主体部分表演故事，从而做到降低表演的难度，以满足不同层级学生的需求。

综上所述，小学英语教学中故事教学的引入，可以帮助学生创建一个轻松愉悦的学习氛围，带领他们进行有意义、有目的的思考。故事是伴随着儿童成长的，它对于发展儿童的语言能力，培养儿童的想象力有着很大的作用。作为一种新的教学手段，它所带来的影响却是巨大的，能够为培养学生的良好阅读习惯和提高学生的阅读能力提供一定的基础，从而有效激发学生的学习兴趣，促进学生进行自主学习。

借助丰富的视听素材，促进小学生英语学科素养发展的策略研究

北京市石景山外语实验小学　　王晓菲

摘　要：《义务教育英语课程标准（2011 版）》中指出，英语课程具有工具性和人文性双重性质。人文性是指学生通过英语课程能够开阔视野，形成跨文化意识，发展创新能力，以提高综合人文素养。此外，小学英语学科的核心素养包括语言能力、思维品质、文化品格和学习能力四个方面。其中，文化品格重点在于理解各国文化内涵，能理解并尊重文化差异。任何语言都有丰富的文化内涵，接触和了解英语国家的文化有利于对英语语言知识的理解和使用，有利于培养世界意识，最终具备国际视野。

《义务教育英语课程标准（2011 年版）》中指出，英语课程具有工具性和人文性双重性质。人文性是指学生通过英语课程能够开阔视野，形成跨文化意识，发展创新能力，以提高综合人文素养。此外，小学英语学科的核心素养包括语言能力、思维品质、文化品格和学习能力 4 个方面。其中，文化品格重点在于理解各国文化内涵，能理解并尊重文化差异。任何语言都有丰富的文化内涵，接触和了解英语国家的文化有利于对英语语言知识的理解和使用，有利于培养世界意识，最终具备国际视野。

文化品格是学生在全球化背景下表现出的文化意识、人文修养和行为取向，是英语学科核心素养的重要组成部分之一。通过梳理多年的英语教学经验，笔者发现有着生动形象人物、曲折离奇情节、多元文化习俗的电影片段对于学生有着很大的吸引力。为此我校特开发了《英文电影欣赏课》这一校本课程，旨在通过分学段欣赏原版英文电影，从提高文化学习兴趣，丰富文化学习内涵，了解中西方文化差异和拓宽文化视野等方面提出培养学生跨文化意识和能力的方法与途径，以提升学生的文化品格。

一、课前精心筛选英文电影

并非所有的英文电影都适合小学生，这就需要通过英语教师在前期投入大量的时间与精力，关注电影的选材、文化内涵、语言难度等方面，确定适合小学生身心发展水平的电影。合适的影片在语言和内容上可以使学生自然地投入其中，产生情感共鸣，从而找到讨论的话题，激发学生讨论与学习的热情。所以，在选材时必须充分考虑电影的题材、语言、趣味性以及其承载的社会文化等关键要素，确保所选择的电影适合小学的课堂教学。

经过 4 年的不断开发和探索，围绕"人文与社会""文化与习俗""科技与创新""艺术与审美" 4 个主题，根据小学低、中、高学段学生年龄、认知程度及英语学习水平分为 3 个梯度，筛选了 50 部英文原版电影（片段）作为主要学习内容。在筛选影片的过程中，我们努力与国家课程中人文学科同轨，引领学生在自我尊重、自我肯定的前提下正确认可他国的历史与文化。

同时，针对英文电影语言上的自发性、无准备性、句式多变、直观性、语感强等特点，进行了深入的研究，对电影欣赏课的教学模式逐渐有了更规范、细致的框架设计（见表 1）。

表1   **电影欣赏课的教学框架设计**

课时安排	主要内容	教学方式	达成目标
1	认识主要人物	视听输入	对电影中人物有初步的感知
2	全面欣赏电影	视听输入、小组合作共同学习	理解大意突破重点片段；掌握欣赏电影的方式方法
3	多元操练、展示、评价	小组合作输出：再现、续演、创编、配音、拍摄微电影等	深入感受电影内涵

二、课中灵活多样的学习形式

在每部电影的呈现方式上，笔者认为没有固定的要求，而是要根据电影的内容以及学生的接受能力灵活调整。对于情节有转折、矛盾冲突鲜明的电影，可以根据情节内容把整部电影切分成若干片段，逐一呈现给学生。这样的好处是学生学习压力小，每次只观看某一片段，完成教师提出的各项任务。需要注意的是，在切分片段时最好给学生留一些悬念，激发他们继续观看的兴趣，吊足胃口。对于高年级的学生来说，单一娱乐性影片已经不能满足他们的兴趣了，他们希望观看一些有文化背景或人文性强的电影。这类影片有一定的内涵，如果逐段播放会打断学生对整部作品的理解与感悟，这时教师可以先完整呈现整部电影，让学生有完整连贯的情感体验，也易于他们理解影片内涵。

英文电影中的语言源于现实生活，比教科书中的更加生动灵活，体现时代精神。不仅能表现出语言的重音、连读、语调等语言特点，还呈现出真实生活中一些常用的习语、固定搭配等。当学生沉浸在影片的情节中时，影片就给学生创造了一个极好的语言环境。但是中西方文化背景存在差异，要学生充分理解影片，学习地道的英文，必须帮助他们扫除语言理解上的障碍。在观看完每一部影片后，教师可以教授、总结一些在电影中出现的比较实用和流行的口语，对平时的教学起到了一个非常好的补充作用；也可根据片段内容设计一些听力或阅读小练习，以便学生巩固所学知识。另外，教师可以选择配有汉语字幕的影片来播放，然后逐渐从汉语字幕过渡到英语字幕，循序渐进，帮助学生从依靠视觉学习过渡到依靠听觉的学习和理解。

在英文电影课上，除了常规的讲解与练习外，还可以有更加丰富多彩的练习活动，如电影片段配音。学生在观片时十分投入，经常把自己完全融入角色之中，甚至还会按捺不住地跟着模仿，这为配音活动的开展奠定了基础。教师在指导配音时需要提示学生，除了关注词句的发音外，还应进一步模仿语音语调，揣摩角色的内心及情感，从而使学生的作品更加生动。此外，对于一些电影或片段还可以让学生在配音的基础上尝试分组表演，甚至创编不同的结局。鼓励学生发散思维，培养创新能力以及创造性使用语言的能力。

三、课后丰富多彩的拓展活动

电影带给每个人的感受都是不同的，课后学生可以根据自己的能力与想法自主设计不同的拓展活动，用以记录学习的痕迹。

可以让学生在笔记本上记录自己喜欢的想要积累的好词好句，绘制电影海报，或就电影中的矛盾点展开辩论。同时，优秀的电影内容也为高年级学生的写作练习提供了一系列话题与灵感。写作之前先在课堂上讨论电影内容，浅谈自己的观后感，这些可以打开学生的思路。学生的写作练习可以就影片的一点或两点进行叙述评论，不用面面俱到。在开始阶段，写作的形式自由，只要表达流畅和清晰即可，教师可以就学生写作的内容提出自己的修改意见，也可以划分出一定的等级。教师要给学生提供一个写作平台，要求不能过于苛刻。如果教师对写作练习要求得太严格，就会影响学生参与看电影和课堂活动的积极性，又会使学生陷入被动的境地，失去了这个活动的意义。对于确实不知道写什么和如何写的学生，我们可以给他们推荐相关的书籍进行阅读，最好是一些提供基本的写作词汇、写作话题和方法的书籍。教师在学生写作之前就影片的主要内容提出一些简单的问题，让学生在写作练习中解决。

四、英文电影课程中对学生的评价

评价是英文电影欣赏课程的重要组成部分，科学的评价体系是实现课程目标的重要保障。课程的评价应尽可能做到评价主体的多元化，评价形式和内容的多样化，评价角度的多维化。反映以人为本的教育理念，突出学生的主体地位，发挥学生在评价过程中的积极作用。

评价采用形成性评价与终结性评价相结合的方式，既关注过程又关注结果，使对学生学习过程和学习结果的评价达到和谐统一。

（1）能听懂电影中简单故事情节的发展，理解其中主要人物和事件，获取主要信息。

（2）能理解并积累电影中的重要词汇。

（3）能在教师的帮助下参与电影歌曲跟唱，角色扮演或电影情节改编、续编等活动。

（4）增强爱国意识，感悟电影所传达的积极向上的人文情感。

五、英文电影课程与英语课的区别

与传统英语课程相比较，英文电影欣赏课主要尝试在以下两点进行创新：

首先，在传统英语课程授课方式基础上，电影欣赏课的输入过程更注重自然习得，不拘泥于传统英语课堂上重点关注单词与语法，而是引导学生在大量视听输入后自然习得更加地道的、具有文化习俗的语言，创造的情景也是真实自然的语言交际情景。语言技能和语言知识是综合语言运用能力的基础，文化意识则是得体运用语言的保障。实践证明，没有文化作为背景的英语教学，是无法真正实现语言交际功能的。

其次，在西方，戏剧教育被视为一种"全人教育"，有着悠久的历史传统，在近100年来，发展尤其迅速。戏剧教育不等同于舞台表演。作为一种综合的教育，它不仅能够提高孩子的语言能力，还能够培养自我认知的能力、换位思考能力、想象力、创造力、领导力及一生发展最为重要的自信心。戏剧表演可以让孩子成为一个更全面、更完整的人。

电影教学具有其他教学资源无法比拟的优越性，符合学习第二外语的规律，为学生营造了一种真实的外语氛围，弥补了传统教学方式的不足，激发了学生学习英语、运用英语的兴趣，使学生在掌握语言知识的同时，增强了文化意识，提高了运用语言知识进行交际的能力，为使学生在日益频繁的国际交往中能够准确、得体地运用英语进行交际奠定了坚实的基础。在英语学科核心素养的指导下，开展英文电影的观赏学习和表演表达，力求实现情境带动语言，提高语言能力；发展多元智能，丰富学习体验；感受文化魅力，发展文化品格。拓展了学生学习英语的新途径，为学生的个性发展提供了空间，从而切实有效地提升学生综合运用英语的能力。

利用多种有效方法，激发学生主观能动性，提高学习效率

北京市石景山外语实验小学　刘婧萱

摘　要：学生作为一个具有主观能动性的人，在学习当中处于主体地位，起决定作用。教师是引路人，主要是从旁引导、辅助，不起决定作用。故而在实际教学中，教师应该注重学生的主体作用，利用多种手段，充分激发学生主观能动性，使其在教学过程中由被动学习转向主动学习，使学习变成一种有趣的、使人快乐的事情。这样才能做到事半功倍，提高学习效率。

作为一名年轻的小学英语教师，在几年的教学生涯中，我始终处于学习、积累的循环阶段。当真正站在讲台上后，我才发现教学并不像原本想的那么简单。每个孩子都是独特的个体，接受程度也各不相同。所以在面对不同学生时，我们应该采取不同的形式、手段和态度。想明白这些后，我的思路开始从钻研教案、啃透书本，向把握好学生主体进行转变，将激发学生主观能动性从而提高学习效率，作为我改进教学方式的方向。

一、丰富授课形式，激发学生兴趣，发展学生内驱力，提高教学质量

缺乏特定语言环境是许多孩子学习英语的一大窘境，使得英语教学的难度相较其他学科更甚，这是难以解决又不可忽视的问题。孩子难以接受听不懂、不能获得认同感的事物，那么首要的就是培养英语兴趣，以激发学习积极性。在新学期、新课程展开的时候，充分利用英语新鲜、新奇的特点，营造英语氛围，使学生们尽快进入学习状态。在授课时利用语调抑扬顿挫，配合多元化的方式，如简笔画、唱英语歌、逻辑

游戏、拼图等形式发展学生的视觉智能、语言智能、逻辑智能、自知智能等。

同时发展学生内驱力也是提升教学质量的重要方式之一。兴趣是最好的老师，当学生有强烈的学习意愿时，往往能事半功倍。分析小学低中年级的学生，我们可以发现：这一年龄段的孩子具有强烈的好奇心，好活动、好表现、善模仿，喜欢引起别人的注意，重视老师的表扬，不怕犯错，很少有羞怯感。他们爱玩、爱唱、爱做游戏、爱活动，他们坐不住、坐不久，这些都是他们长身体、长体力的需求。深究这些现象，这些孩子实际上拥有着超越成年人的学习优势，例如较强的模仿力、记忆力、可塑性等。因此，小学英语课中增加游戏活动，符合学生的年龄特点和认知规律。

例如在上一次参加教学大赛时，我将课程进行了充分设计，以农场为基本场景设置，制作了大量的动物卡片教具，并将学生分成多组，在课堂上做起了动物派对游戏。我引导同学们通过问候、表演、小组合作等互动，加深了对于动物、数量及疑问句式的理解和应用，深得孩子们欢心。通过这次经历，让我认识到了善循天性，采用游戏活动教学的方式能达到事半功倍的效果。

二、发展学生主观能动性，引导学生掌握自学方法

有位名师曾说过：教育教学，课堂是主场，教师是主导，学生是主体，教师在有限时间内能够传授给学生的东西十分有限，而通向成功的道路依旧要靠学生自行完成。授人以鱼，不如授人以渔，教会学生掌握自学就显得更加重要了。课堂上，我更注重学习方法的传授。一般课程设置都是以任务驱动型为主，引导学生自主完成学习任务从而达到培养学习能力的目的。当然，在学生自主学习前，一定要有教授的过程，学生要先明白我们的任务是什么，如何做，才能有后续独立完成或合作完成的部分。同时还需要合理安排学生课后的学习内容，尤其是要留有能发挥学生主观能动性的作业，充分发展学生的个性。在面对不同程度的孩子，我们需要把握好自主学习的难度和强度，从基础知识的掌握、强化到能力方面的主动交流，认知的延展，要充分照顾到各个层级的学生，使学生的能力有不同程度的提升。通过一段时间的培养，学生形成了良好的习惯，主观能动性有所提高，为日后中高年级的学习提供了非常好的助力。

三、建立小组学习机制，激发学生积极性，提高学习实效性

课上教学成果的良好转化，还需精心地设计课后拓展来加以巩固。俗话讲：师傅领进门，修行在个人。我通过建立课后英语小组学习机制，将学生们再次聚拢到一

起，让个体在集体中取长补短，同时也营造出了班里良好的英语学习氛围。小组学习机制一方面能引导学生互相帮助，互相督促，共同提高，把团队合作精神化作学习英语的动力，以弥补学生因自觉性差，缺少督促的不足。另一方面，也为学生提供更多的英语展示机会，让学生能得到同伴的更多鼓励，在激发学生学习兴趣的同时还能使所学的英语知识得到复现。

例如我会将本班同学分为 4 ~ 5 人一个小组，进行英语学习。主要任务分为两种，常规作业和展示作业。常规作业主要是一些基础性作业，如单词打卡。背单词是枯燥乏味的，也是学生们最难坚持的，但是这是英语学习中必不可少的一部分，必须每天坚持，才能有所收获。故而采用小组打卡机制，学生每天与同伴交流背单词的进度以及学习方法，相互激励、相互促进，从而把枯燥无聊的背单词活动变成了与同伴交流的活动。在交流中还能取长补短，发现别人的闪光点，将自己的作业进行改进。教师通过组长每天的汇报，就能掌握每位同学的学习状态。展示作业主要是读课文、表演故事、对话交流。因为课上时间有限，不能做到给每位同学充分展示的机会。小组机制的建立可以让学生有充分展示自我的平台。通过小组群的交流与分享，学生也能够获得更多的启发，提升作业质量。最重要的是，在同伴的鼓励和激励中，获得满足感，从而有自信说英语，进行英语交流。

四、尊重学生差异，充分挖掘学生的长处，尽量弥补短处，让教师成为学生的良师益友

每位学生都是独立的个体，都有自己独特的个性。学生没有不行的，只有不同的；没有愚笨的，只有潜力尚未发挥的。孩子们的能力、情商、生活环境都是不同的，我们不能用统一的准则来衡量、评价学生，不能片面地看待学生。因为我们的教学方法不一定适合每一个学生，所以每次学生出现问题我都会先从自己找原因，思考学生为什么会出现这种情况，我在教学方法上应从哪些地方进行改进。比如学生们有时出现汉语拼音和英语字母混读的情况，说明教学中单词的拼读教学没有到位，应加强拼读的教学与练习。同时要赏识学生，当学生犯错时，最好能利用柔和的、婉转的语气来否定他、批评他。通过委婉的方式，使学生自然而然地改正错误，这比直接否定效果要好得多。

鼓励也包括接受失败与不足。我们发现，有时学生跃跃欲试于不太容易完成的任务时，千万不要简单地加以禁止，否则会导致其不肯动脑，失掉向新奇事物挑战的勇气。相反，即使我们知道暂时还不可能成功，也要让他们去思考，然后一起分析原因，

鼓励学生自己跨越这些障碍。一旦学生取得成功，就会感到特别自豪，增加了"我能行"的体验。这样，学生会逐渐形成向困难挑战的自信和勇气。当老师成为学生心理上依赖的人时，学生的学习兴趣也就会变得浓厚，自然也会对这位教师所教授的学科产生强烈的求知欲。教师应具有较好的幽默感。当学生出现违纪现象时，通过双关、模拟等手法，加入幽默的语言，在善意的微笑中暴露人们的错讹之处，既不伤害人的自尊心，又能收到良好的教育效果。

当然，我们也要看到幽默只是一种手段，并不是目的，如果脱离具体教材内容和实际需要，一味搞笑逗乐，那就误入歧途了。因此，适时地运用幽默感，在我们教师的语言修养中是不可缺少的手段。列宁说，幽默是一种优美的、健康的品质。我们还是把幽默请进课堂来吧，在幽默的欢声笑语中，给人以智慧、情感、力量。

作为一名教育者，我们要善于发现和挖掘受教育者的不同智能，提供适合每个受教育者不同智能的教育需求，进而使受教育者的各种智能得到充分、全面发展和完善。利用多种有效方法，激发学生的主观能动性，从而提高教学效率。

科任篇

"思于繁，行于简"——学情分析助之有效教学

北京市石景山外语实验小学　郭世红

摘　要：儿童品德的形成源于他们对生活的体验、认识和感悟，只有源于儿童生活的教育活动才能引发他们内心的道德情感。学情分析，它是教与学目标设定的基础；是教与学内容筛选的依据；是教与学策略选择和活动设计的依据。做准、做实学情分析，真正做到"思于繁、行于简"，了解学生的成长特点和学习特点，有的放矢地研究学习策略，构建有效课堂。

儿童品德的形成源于他们对生活的体验、认识和感悟，只有源于儿童生活的教育活动才能引发他们内心的道德情感。《品德与生活》的新课程标准指出：品德与生活课是由情感态度、行为习惯、知识与技能、过程与方法4个方面分目标组成的，它们是一个有机结合的统一体。

学情分析，它是教与学目标设定的基础，如果没有，教学目标往往是空中楼阁；它是教与学内容筛选的依据，如果没有，内容分析往往是一盘散沙或无的放矢；它是教与学策略选择和活动设计的依据，如果没有，教学策略往往是教师一厢情愿的自我表演。

通过学情分析，了解学生已有的认知水平和能力基础，分析学生对于学习所需要的情感态度和学习方式有哪些准备，可能遇到的困难和问题，可能采取的学习策略等，为教学设计提供真实可靠的依据。教师把自己置于学生的位置上，多问几个为什么、是什么、怎么办，抓准教学的真实起点。了解学生的起点状态，如同一位优秀的歌手在歌唱前确定好音调，具有重要意义。

著名特级教师于漪也指出："学生的情况、特点，教师要努力认识，悉心研究，

知之准，识之深，才能教在点子上，教出好效果。"

正如一位教育专家所言："我们要引导学生到我们想让他去的地方，就必须先知道，他现在到底在哪里。"

学情分析，学情要从学生的"已知""未知""能知""怎么知"4个方面进行分析。

学情分析，要有一个成熟的过程——"思于繁、行于简"，才能逐步在繁杂纷乱中找到属于自己的规律，逐步螺旋上升、积淀经验。

下面通过一课例，谈谈自己是如何进行学情分析，提高课堂教学实效性的。

《一家人说说心里话》一课，是首师大版的三年级上册第二单元《温馨的家》的第三个二级标题。《一家人说说心里话》作为本单元的第三个主题，旨在引导学生要理解父母，在感受到父母长辈的爱与家庭温暖的同时，体会到与家人说说心里话的意义，愿意并主动与家人说说心里话，并学习与家人交流和沟通的方法。

一、"思于繁"

"思于繁"即：要抓住"准"研读教材、课程标准——找准教育主题的定位；抓住"实"研究学生——找准学生的原有认知与需要。

我们通过学生和学长的课前调查问卷，摸清了学情并做了分析。

（一）学生课前调查问卷

1.家长有哪些要求是你不愿意做的，为什么？可以举个例子。

具体结果见图1。

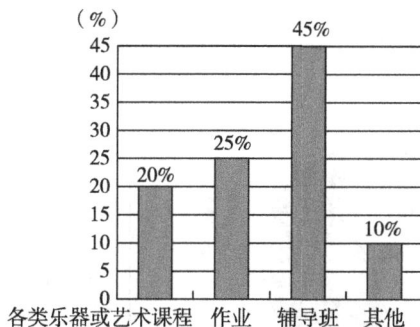

图1 学生不愿做的事情

2. 平时你是怎样和家长交流与沟通的？感觉怎样？

具体结果见图 2。

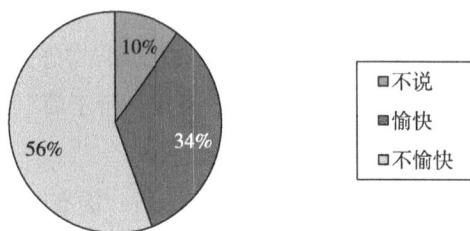

不说
愉快
不愉快

图2　与家长沟通方式及结果

3. 请把现在你最想与家长沟通的话写下来。打算怎样沟通呢？

具体结果为：少报班 50%；辅导有耐心 30%；多陪伴 10%；其他 10%（亲近自然、养小动物等）。

分析：从学生课前调查问卷中可以看出，孩子与家人还是存在着一些沟通方面的问题，集中体现在报课外辅导班上与家人有不同意见；极少数同学平时与家长不沟通，而大部分孩子，在与家人沟通时，沟通得不是很愉悦。究其原因，是孩子们没意识到与家人沟通的重要性，不理解沟通的意义，没掌握有效沟通交流的方法，进而不懂得如何与家长交流。这样长期下去势必会影响学生的心理健康，也会影响家庭中亲情关系的和谐。

（二）家长课前调查问卷

1. 平时孩子会主动与您交流吗？

调查结果：不主动、很少沟通占 10%。

2. 在家每天您与孩子交流的时间有多长？

具体结果见图 3。

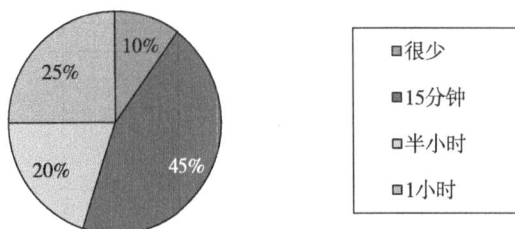

很少
15分钟
半小时
1小时

图3　家长与孩子每天交流时长

3. 当您的观点或要求与孩子不一致时，您的做法又是怎样的呢？请您列举一例。

具体结果见图4。

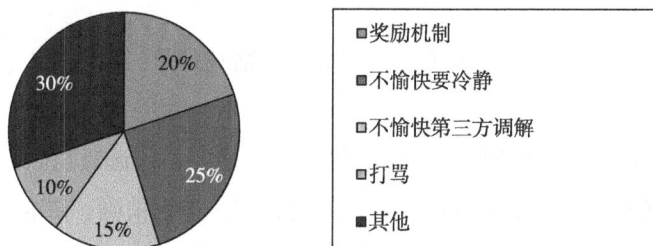

图4 家长与孩子观点不一致时的做法

4. 现在孩子有哪些需求您没有想到或做不到？今后打算怎样做呢？

辅导班合理安排60%；辅导忌急躁20%；培养好习惯10%；其他10%（出国游等）。

分析：通过家长课前调查问卷可以看出，虽然家长的做法都是出自对学生的爱，但能看出，有些家长虽有交流沟通的意识，但大部分家长意识不足，没有掌握或缺乏有效沟通交流的方法，影响了家长与孩子的沟通，进而造成了与孩子沟通交流的不愉快，影响家庭的亲情与和睦。

通过以上学情分析，确立以下教学目标：情感、态度、价值观：愿意与家人说说心里话；能力与方法：能够主动与家人沟通；知识：知道理解家人，有心里话主动与家人沟通。确立教学重点与难点：学会与家人交流和沟通。确立教学方式：根据以上分析，本节课采用体验的教学方式（体验活动、交流互动、游戏）。以学生已有的知识为起点，通过对话交流、活动体验、交流互动、游戏等，以问题呈现为平台，使学生直面实际问题，学习并尝试提出解决问题的方案，作为本课的教学手段，学生能直接参与到教学活动中，寓教育于活动之中，这也是课标所倡导的（见图5）。

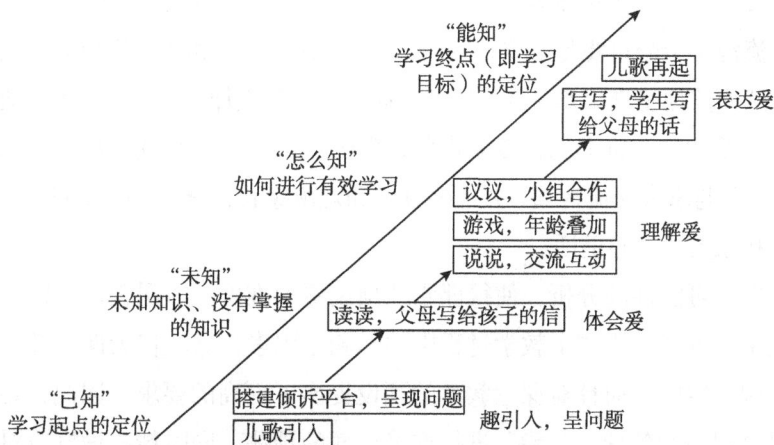

图5 学情分析图示

二、"行于简"

"行于简"："简约"，找准重点难点突破、筛减环节；"精简"，过程更精准、主题更突出。

正是基于进行了课前多角度、广深度的"思于繁"，研读教材、课标，找准教育主题的定位；研究学生，找准学生的原有认知与需要。进行精确、精准的学情调研与分析，在确立了教学目标以及重难点等基础之上，从而真正做到行于"简"，确立了以下教学环节。

环节一：通过搭建倾诉平台，呈现问题。通过儿歌《唠啵唠啵唠》，引出话题；通过搭建倾诉平台，聚焦问题，倾听倾诉，再现真实生活，说出了同学们的心声；并通过课前调查问卷的统计，呈现本班学生的问题，消除学生的紧张感，为下面的学习做好有效的铺垫。

环节二：通过阅读家长来信，体会"唠叨"的背后是对自己的"爱"。通过教师在课上读一封家长的来信，让学生体会到父母的关爱以及父母艰辛的付出等，化解学生与家长在辅导班上的分歧，寓教育于"爱"的感染与升华之中；读读父母写给自己的信。家长在信的字里行间，写出并道出了家长的想法、做法与期望等。学生通过信的字里行间，在情绪上受到感染，情感上产生共鸣，拨动了学生的心弦，从而深切感受到父母的爱与家庭的温暖。

环节三：通过学生交流互动，理解主动与父母沟通的意义并学习交流的方法。教师预设：1. 学生回答"不跟家长说"；2. 学生回答"跟家长说"，其中再继续细化学生回答"与家长说，沟通愉快"或"与家长说，沟通不愉快"，从而在分析的基础上引出"说明什么呀？"（一定要和家人说说心里话）在前边大量的铺垫之下，学生理解与家人交流沟通十分重要与必要，从而真切感受到一定要和家人说说心里话的意义，同时课题自然而然地呈现出来。预设游戏：通过"年龄叠加"，加深理解沟通的意义。通过游戏年龄叠加，辨析个例，专家指导，学生亲历。孩子们进一步明确心里有了想法之后，一定要与家人交流沟通，并且要尊敬和理解家长，虚心接受他们的批评教育，愿意并主动和家人说说心里话。

对学生发展可能性的分析，使得课堂的预设更加准确。新课程倡导以科学探究为主的多样化学习方式，增加了教学过程中的不确定因素，这不仅为课堂教学的精彩生动提供了广阔的空间，而且对课堂教学的预设提出了更高的要求。因此，要尽可能对学生在学习过程中的各种"可能"进行准确全面的预测，同时精心做好应对相关"可能"的预案分析，以便在遇到突发情况时能做出合理的处置和有效的引导。本节课前，教师对学生进行了发展可能性的分析，对教学过程进行了具有针对性的预设和适当的点拨，使得整个课堂充满生气和张力。

环节四：通过给家长写一封信（小便笺），说出心声，表达对父母的爱。学生们拿起笔来，将自己最想说的一句话写下来，放入准备好的信封中。放学后，也送给父母一份珍贵的礼物吧。

此说说心里话环节，落于学生们的字里行间，落于学生们的行动之中，亲历实践，说出心声。此环节让课堂再回归于生活之中，进而提升了学生的生活。

纵观本课的教学，首先，教师课前做了充分的准备，进行了学生和家长的课前调查问卷，拿到了本学校、本年级、本班级的实际生活的第一手资料。从学生最真实的生活入手，解决学生生活中最需要解决的问题，将学生开放的、现实的生活引进课程资源，在课堂上回归生活，引发学生的体验。使学生在情绪上受到感染，情感上产生共鸣，拨动学生的心弦，从中感受到父母的爱与家庭的温暖。寓教育于"爱"的感染与升华之中，寓教育于活动之中，这也是课程标准中所倡导的。

其次，以有效的课前调查指导课堂教学，提高了课堂教学的有效性。课前，进行调查问卷，并进行材料整理、数据收集、统计分析等。课中，结合调查问卷，有针对性地抓住、抓准此教学班的家长和学生在交流与沟通方面的主要问题或主要矛盾点，以点带面，以问题呈现为平台，使学生直接面对实际问题，学习并尝试解决问题。课中创设"读读家长的来信""写写给家长的信"等环节，化解矛盾和分歧，进而突破重点和难点，引导学生要理解父母，尝试着与父母交流，学会沟通，从中感受到父母的爱与家庭的温暖。让家庭生活充满温馨和快乐，提升学生的生活幸福感。从而实现以愉快积极的生活为学生生活主调的课程目标。

综上所述，学情分析，是教学设计系统中"影响学习系统最终设计"的重要因素之一。它是对以学生为中心的教学理念的具体落实，是"为学习者设计教学"。所以，做准、做实课前学情分析，真正做到"思于繁、行于简"！提取有效的东西为我"教学"所用，提高课堂实效性，真正做到"磨刀不误砍柴工"，真正走进学生的心灵，真正达到"润物细无声"！

让开放式教学充满体育课堂

北京市石景山外语实验小学　刘永存

传统课堂教学以教材为本位，以教室为中心，教科书获得了至高无上的尊严，以课本为载体的知识处于教学的核心地位，教学的根本和唯一目的是毫无遗漏地把教材内容传授给学生。这是一种封闭性教学。封闭必然导致僵化，只有开放，才能搞活。现代课堂教学须由以教材为本转向以开放生成为本，跳出课本小书，跳出课堂小圈，加强课堂内容与学生生活及现代社会科技发展的联系，建构开放而有活力的课堂教学。

建构开放性课堂教学：（1）实践教材的开放。教材知识是绝对真理和相对真理的统一体。传统课堂教学过分强调教材绝对的一面，将讲授教材内容视为教学的根本和唯一任务。（2）实践教学过程的开放。封闭的过程是预设性的，开放的过程是生成性的。课堂教学不应当是个封闭系统，也不应拘泥于预先设定的固定不变的程式。（3）实践课堂时空的开放。课堂教学可以打破时空的限制，摆脱条条框框的束缚，给学生充分发展的时间和空间。

一、开放式体育课的准备部分模式

准备部分的作用是为了学生在从事某一体育项目时避免心理、生理上的准备不足而对学生造成身心方面的损伤。不同的体育项目对身心方面的要求也不同。传统的体育教学模式重点放在了关节、韧带、肌肉黏滞性等方面，因而表现出来的内容不外乎慢跑、徒手操、游戏等，而这种形式大多数是在教师的指挥下、按照一定的要求进行的。这在一定程度上束缚了学生的思维与行动，对学生参与体育活动产生了一定的负面影响。开放式的准备活动，把主动权让给学生，还学生一个自由发挥、充满想象、富于追求新意的空间。学生可以把从教师那里学来的知识加以改编运用，可以把电视、网络等上面的优秀内容搬到课堂，也可以自己根据已有的经验思维加工、合成创造出新的内容。这样既给了学生一个表现自我的机会，又锻炼了学生的组织能力，同时还向学生提出了更高的要求，促使学生为之继续努力，养成学生良好的体育习惯。另外，开放式的准备部分还为学生在心理方面留有一定的空间，教师可以设置问题情景，让学生积极思维试图回答问题，并引导学生在实际练习中检验，让学生正确理解理论与实践两者的相互关系，体会成功的快乐，培养学生三思而后行的良好习惯。此外，自我暗示调节情绪等方面的知识也可以在开放式的准备活动中，让学生在实际操作过程中加以领会、掌握、运用。

二、开放式体育课的基本部分模式

（一）开放式体育课的基本部分可以充分发挥教师的主导性和学生的主体性，使师生互动成为可能

传统的教学模式是在教师的指导下进行的，教什么、学什么都得围绕教师的教学目标进行，这就势必造成学生吃不饱与吃不了。在崇尚健康第一、以终身体育为目标的今天，这肯定不能适应学生为了健康与参与各种不同的体育项目的要求。开放式体育课基本部分模式是指，在体育课的基本部分由学生自由选择项目、自由编组、自主学习与锻炼，教师要回答的问题则是学生在练习过程中不能解决或解决得不够圆满的问题。在教学的过程中，教师根据学生选取的项目以及他们的认知水平、运动能力制定出各堂课的教学目标。学生围绕这个目标可以采用多形式的学练方法，尝试解决课堂的主要问题。在这一过程中，学生能自然地形成良好的思维习惯，提高分析问题、解决问题的能力，学会正确处理人与人之间的相互关系，提高对社会、环境的适应能力。教师在这一过程中，既要回答事先预定设计的问题，同时还要与学生共同探讨在课堂教学过程中未曾预料到的问题。这样教师既对自己已有知识经验加以加工、巩固、提高，又对不断出现的新问题进行学习、探索，丰富了自身的教学经验，拓宽了知识面，提高了自身的教学业务能力，为适应不断更新的知识与不同要求的未来体育教学打下良好的基础。

（二）开放式体育课的基本部分可以充分调动学生学习的积极性

采用开放式的体育课模式就是承认学生存在的差异、区别对待每一个学生，让

每一个学生都在最适合自己的学习环境中求得最好的发展，使人人都有"成就感"，有利于学生进行自我评价。学生根据教师的要求及时把学练过程中的问题加以总结，反馈教学信息，教师及时修正教学目标，形成良性循环：教师制定教学目标→学生学练→学生自我评价学练效果→信息反馈→教师修订新的目标。尊重学生、信任学生，让学生体会成功，能增强学生的自信心，调动学生学习的积极性。对学生予以肯定，对学生而言既是压力，又是动力。有了教师对学生的肯定，他们就会在学练过程中努力克服遇到的困难，去认真完成每一个练习。在宽松的环境中，学生自觉地进行学练，变教师要学生学为学生自己要学。自己的爱好，自己的喜欢项目，学生总会有一种向上心理。在遇到困难、挫折以后，他们会自己想办法来解决问题，这就促使他们进行思考，采用各种办法去解决问题，提高他们学习的积极性。例如，3～5分钟耐久跑，可以说是一个比较枯燥的内容：没有一定的运动量，这节课的任务就完成不了；但如果实实在在地跑上3～5分钟，学生必定累得气喘吁吁产生厌恶情绪。但与此同时，它也有自身的优势：非常利于培养学生克服困难、战胜自己的品质。变化练习方法是必须的，但简单的变化远不能满足3～5分钟的需要。我安排了这样的练习方法：首先，在练习时采用进行曲伴奏，振奋学生的精神，让学生感觉到宽阔的体育场上体育健儿激烈竞争、奋勇向前的气氛；其次，练习形式变化为"开火车，游华夏"的游戏：在场地上布置一些省份的代表标志，当教师下达"到北京去"的口令时，在"火车头"的带领下，学生"跋山涉水"奔向"北京"，这样一来，练习就具有了趣味性，同时增强了学生的民族自豪感。

（三）开放式体育课的基本部分有利于学生创新思维，使学生的言行更具有实践性与社会性

世界本身在时刻的变化中，体育运动本身就是在不断的发明、创新中发展起来的一门科学。创新是一个民族进步的灵魂，是国家发展的不竭动力。在体育教学中，创新和个性发展也是密不可分的，个性发展往往决定创新能力的提高，每个学生都有其独立的个性，每个人都有对问题的不同看法，他们所感受和需要的可能就是我们教学中忽略的，所以我们身边的每个孩子都是一个巨大的宝藏。体育教师在体育教学中，应充分挖掘学生的潜力，加以适当的评价和鼓励，激活学生的创造性思维。要积极革新自己的教学方法，建立新型的师生关系，尊重学生的主体地位，满足他们的好奇心、学习需求和爱好，充分发挥他们的求索精神。学生从不同角度去观察事物、分析问题，往往更具人性化，教师应多尊重和采用学生的想法，让学生在自主中求得创新，而创新能力的提高又作用于促进个性发展。在具体的体育教学过程中，

如让学生设计游戏或改进游戏方法等，让学生把学习到的知识在整个课堂里进行加工、提升、运用。我曾经在上小皮球课时，让学生自己体验小皮球的玩法，他们自由创造了十几种练习，有抛接、投掷、滚球、传球等各式各样，筛选出几种学生参与性较强的"炸暗堡""搬运瓜果"等进行游戏教学，学生在学中玩，玩中学，达到非常好的锻炼效果。

三、开放式体育课的结束部分模式

"开放式"体育课的结束部分不拘泥于传统的形式，只要是有益于身心放松的活动都可以采用：游戏、欢快的集体舞、互相按摩、自我按摩、调整呼吸、意念放松。听上一段优雅的音乐，想象把自己置身于优美的自然环境，享受大自然赋予人们的恩赐。课后的理疗、药物、营养补充、桑拿浴等形式都可以让学生采用。让学生寻找出最适合于自己的一种或几种放松活动形式在不同的情况下采用，有利于他们在走出校门后运用，为终身体育服务。

四、对开放式体育课评价体系的设想

传统体育课的评价体系注重于终极目标即重结果而轻过程管理。开放式体育课的评价体系在操作过程中既要继承传统评价体系的优点，又要补充传统评价体系的不足。它可以由以下几个部分组成：出勤与表现（20%），对体育的参与（10%），身体素质的提高、运动能力的增强（30%），学生的自我评价（20%），体育与健康的基础知识（20%）几个方面。把学生对体育的认识、参与以及学生的自我评价放入评价体系中，能更确切地反映出体育与健康的含义。强调身体素质的提高、运动能力的增强，能更全面地反映出不同个体的学生在进行体育锻炼后表现出的不同情况，使评价体系更具有针对性。

五、开放式体育课模式要正确处理好主导与主体两者的关系

开放式体育课模式强调、突出以学生为主体，但不能否定教师的主导作用。教师的主导作用主要体现在以下几个方面：

（1）教师要根据学生的认知水平，多方法、多途径引导学生多涉猎、广积累、勤练习，全面提高学生的认知能力，创设适宜的教学环境，激发学生学习的积极性，逐

渐养成学生良好的学习习惯。

（2）在进行体育学法指导中，要制定明确的学法目标，区别对待，让每位学生都能体会到成功的快乐，使学生逐步掌握学习的方法，变被动学为主动学。

（3）对特殊群体要进行特殊辅导，扬长补短。对特殊项目像田径中的投、掷，游泳，体操中的难度动作等存在安全隐患的项目，要考虑安全因素，采取必要的防范措施，保证教学的正常进行。

总之，教师要善于从学生实际需要考虑，审时度势，不拘泥于一种教学方式，采用多种新颖的教学方法，大胆地放开手脚，把课堂还给学生，使学生真正成为课堂的主人。

道德与法治课堂教学中落实核心素养的思考

北京市石景山外语实验小学　李晓晨

摘　要："学生核心素养"，是指学生成长过程中应该学习并掌握的，能够适应个人终身发展和社会发展需要的必备能力和品格。相比于其他学科，道德与法治课程更能培养学生的优秀品质与各种素质，并且为他们日后的成长与核心素质的进一步培养奠定坚实的基础。

随着教育改革的开展和推进，评价一个学生学习成长的标准发生了改变，不再是以成绩定成败，而是根据学生核心素养的发展。"学生核心素养"成为评价一个学生的重要标准。随着"核心素养"的重要性越来越高，它已经贯穿于学生学习与生活的方方面面，课堂也不再以灌输知识为终点，而是更多地倾向于培养学生核心素养方面。

学生的核心素养应该从幼儿时期开始抓起，而小学时期是成形的重要阶段。相比于其他学科，道德与法治课程更能培养学生的优秀品质与各种素质，并且为他们日后的成长与核心素质的进一步培养奠定坚实的基础。因此，在道德与法治课堂教学中，应该结合核心素质的培养，不断提高课堂的有效性，培养学生的核心素养。

一、道德与法治学科核心素养的维度分析

"学生核心素养"，是指学生成长过程中应该学习并掌握的，能够适应个人终身发展和社会发展需要的必备能力和品格，包括学生知识、技能、情感、态度、价值观等多方面，是每一名学生适应个人终身发展和社会发展都需要的、不可或缺的共同素养。

学生发展核心素养主要包括文化基础、自主发展、社会参与 3 个方面。其中，文化基础主要包含人文底蕴与科学精神两大素养；自主发展包含学会学习、健康生活两大素养；社会参与主要有责任担当、实践创新两大素养。根据教育改革的要求，学生在学校学习知识之余，更重要的是积极发展个人核心素养，所以每个学科都应该结合各自学科的特点，融合多种教学手段，重点培养学生的核心素养。而小学阶段的道德与法治课程和学生核心素养的培养之间也存在着极其重要的联系，其表现为培养学生的修身立德、法治意识与社会参与等三个方面。

（一）修身立德

小学生道德与法治课程中，首先要培养学生养成良好的道德品质与素养，教育他们修身立德。其中修身是指修养身心，修身的具体行为表现在日常生活中就是择善而从，博学于文，并约之以礼，是一个长期与自己的恶习和薄弱意志作斗争的过程。时时检束自己的身心言行，用诚心、仁爱、谦卑的情操来祛除掉思想中的杂质，抵制那些令我们轻浮、骄傲、自大、邪僻的外因、内因。立德则是指树立德业，修养品德。对于小学生来说，修身立德就是养成正确认识自我、自尊自爱、自信自强、坚强意志等道德品质，与周围人建立和谐的人际关系。通过道德与法治的学习，小学生可以培养良好的道德品质与健康的身心生活方式，这符合学生核心素养中"自主发展"部分健康生活方面的基本点。

（二）法治意识

法治意识是小学生道德与法治课程中传播的重要观念，法治意识是一种观念的法律文化，是人们对法律发自内心的认可、崇尚、遵守和服从，对法的制定实施是非常重要的。

法治意识表现为探索法律现象的各种法律学说，对现行法律的评价和解释，人们的法律动机（法律要求），对自己权利、义务的认识（法律感），对法、法律制度了解、掌握、运用的程度（法律知识），以及对行为是否合法的评价等。对于初中生来讲，法治意识主要是指未成年人应该在日常生活和学习中，遵守国家法律、法规、社会公共规范，遵从社会公德，从小养成良好习惯、加强自我修养、自我调节、自我完善、自觉抵制违法犯罪行为，树立自尊、自立、自强的意识，增强辨别是非和自我保护的能力。加强未成年人用法律维护自身合法权益的意识，引导学生了解和学会运用未成年人保护法、预防未成年人犯罪法等，都是思想品德课程中的重要内容。

（三）社会参与

公共参与是公民主动有序参与社会公共事务和国家治理，承担公共责任，维护公共利益，践行公共精神的意愿与能力。通过本课程的学习，学生以自己在国家政治生活和社会生活中的主体地位为思想来源，把国家主人的责任感、使命感和权利义务观融为一体。修身立德、法治意识、公共参与这三个核心素养之间是相辅相成、互为一体的。在我的理解中，三维目标是核心素养培养的要素构成。在三维目标中，每一课、每一框都有各自的知识与技能、过程与方法、情感态度与价值观，也就是我们现在所说的"认知与内化，实践与生成"，是零散化的、具体的目标内容，但是对每一课或者框的三维目标都作共性提升，进行归纳。

二、课堂核心素养的有效落实

随着课程改革的进行，判断一个学生学习成长的标准已经从"成绩论"转变为关注其核心素养的发展，学生发展核心素养成为新课标的风向标。在发展学生核心素养的过程中，一定要将所有的课程设计以学生的全面发展作为出发点和依据，同时引领和促进教师的专业发展，并帮助学生明确未来的发展方向，培养未来必备素质与品德。所以，根据已定的学生核心素养，最重要的就是如何实施，让发展学生核心素养真真切切地为学生的发展奠定基础。在这个过程中，改变课程的实施方式具有重要的作用。

（一）强化立德树人与法治的观念

小学《道德与法治》课程以教育学生立德树人与宣扬法治意识为主要内容，这一根本出发点不能改变。在小学道德与法治课堂中，教师应该继续加强立德树人的观念与法治意识的培养。首先，强化学生修身立德的意念，教导他们择善而从，善于学习广博的知识，并学会自我约束，与不好的习惯和意志的薄弱环节做持久的斗争，时时检束自己的身心言行，用诚心、仁爱、谦卑的情操来祛除掉思想中的杂质，最终养成良好的道德品质。其次，宣扬法治精神，指导学生逐渐领会法治思想。道德与法治是并行不悖的两个车轮，学生既要培养良好的道德品质，也要领会法治的意思，理解以法治国的含义，教导学生知法、懂法、守法、护法，培养其法治观念，为建设法治国家作贡献。

（二）根据实际，创设真实教学情境

要提高道德与法治的课堂教学效果，就必须让学生融入真实的场景中去感受，去体验。所以，根据新课标的教学要求，要想真正发展学生核心素养，就要将以前高高在上的课堂与实际相结合，根据实际，创设出真实的教学情境，让学生融入其中，感受道德与法治各自的力量。例如，将法律知识编成小型的情景故事，让学生分小组表演不同的法律小故事，让学生们在法律故事中学习和理解法律的含义，并逐渐感受到以法治国的重要性。此外，对于道德素质的培养，可以给学生讲解和展示中国从古至今的优秀品质的人物故事，将其真实故事搬上讲台，加强学生对人物品格的理解，逐渐培养学生的品德，帮助他们修身立德。

（三）全体参与，强化创新思维

学生发展核心素养是针对全体学生而言的，其目的是要发展培养在校的每一位学生，帮助他们成为"全面发展的人"，所以，在课程开展过程中，所有的一切都应该普及全体学生。课程中的一切都应该让全体同学同时参与，包括关于法律小故事的表演，都应该面面俱到顾及每一位学生，加深每一位学生对以法治国的理解。此外，课堂最重要最缺乏的就是创新意识的展现，教师在准备每一堂课的时候绝不能千篇一律，一定要结合每一节课的亮点与实际，创造出最吸引学生的教学手段，以不断提高道德与法治课堂培养学生核心素养的效果。

三、基于核心素养的教学评价

发展学生的核心素养，根本出发点就是更好地贯彻党的教育方针，践行社会主义核心价值观，落实立德树人，让每个学生实现全面而富有个性的发展。我们认为，只有将各学科、各项活动的目标都整合到发展学生核心素养的目标上，教育才有灵魂。同时，我们认为，课堂中的每一个教学活动都应该是一个"情感过程＋认识过程＋意志工程＋行动过程"，都是学生"动情＋动脑＋动手"相结合的过程。这个过程既是学生学习的过程、道德培养的过程，也是发展核心素养的过程，每一个这样的过程，都构成了学生核心素养发展的一个"微成长量"。

课后评价与问题解决的有效衔接，更好地发展学生的核心素养，评价多元化，更能帮助学生交流，丰富学生的自我觉知。而"绘本"这一形式更好地印证教学效果。《困难算什么》一课，课后引导学生续写绘本故事，既是本课的课堂教学效果评价的方式，也是引导学生直面困难，积极想办法、努力坚持的手段。行为主义心理学认为，一种行为重复 21 天就会变成习惯性动作，90 天的重复才会成为稳定的习惯。学生课后续写绘本故事的过程就是问题解决的过程，以此持续跟进教学，将更好地内化教学成果，培养学生良好的习惯和品质，实现核心素养的育人功能和价值。

随着教育改革的推进，学生学习发展的核心已经发生了重要的变化，发展学生核心素养成为比成绩更重要的评判标准，所以教师也应该转变教学方法与观念，不再以成绩论成败，而真正关注学生核心素养的培养，最重要的就是改变教学模式，提高教学质量，以学生核心素养的发展作为课堂目标，贴近学生的现实生活，真正解决孩子们所面临的问题，提供满足孩子现实生活、未来发展的课程，逐渐帮助他们成长为"完整的人"。

体验色彩魅力　浸润核心素养

——《装饰色彩的魅力》教学案例评析

北京市石景山外语实验小学　刘世彬

一、内容分析

（一）本课教学与美术核心素养的契合点

（1）图像识读，读懂装饰色彩：图像识读是指对美术作品的造型、色彩等形式特征，以技法和风格特征等的认识、比较与辨别。它是当今社会人们在学习、生活、工作和科学研究时一种必不可少的素养。本课教学内容主要是通过引导学生对装饰绘画作品色彩的分析、实践、理解，逐步培养学生对色彩语言的感悟能力，从而理解装饰绘画作品传达出的情感信息，让同学们更好地欣赏作品、读懂作品。

（2）美术表现，运用装饰色彩：美术表现是指运用传统与现代的媒材、技术和美术语言，通过构思与反思，创作具有思想和文化内涵的美术作品，或用来表达自己的各种想法与情感。本课虽然是欣赏·评述领域的课程，但是为了帮助学生更好地理解装饰色彩的表现力，教师指导学生利用平板电脑、App为媒介，以填色为技术手段快速完成简单的主题性作品，以表达和交流自己对色彩的认识。

（3）审美判断，理解装饰色彩：审美判断是指根据形式美的原理，感知、分析、比较、诠释美术作品中所隐含各种美的因素，分析和辨别生活中的视觉文化现象，进而给出自己的看法与判断。《装饰色彩的魅力》这一课是欣赏·评述课，美术课程标准中对第三学段欣赏·评述领域是这样描述的：欣赏、认识自然美和美术作品的材料、形式与内容等特征，通过描述、分析与讨论等方式，了解美术表现的多样性，能用一些简单的美术术语，表达自己对美术作品的感受和理解。本课教学中教师引导学生从学习感受装饰色彩入手，运用观察、比较的方法，分析理解美术作品，从而引导学生运用简单的美术语言描述作品，表达自己对作品的理解与思考。

(4) 文化理解，感悟装饰色彩：文化理解是指从文化角度来分析、诠释和理解不同国家、民族的文化艺术特点，学会尊重并理解不同国家和民族的文化内涵与含义。在本课教学中，教师不仅带领学生欣赏书中的作品，更引入了世界各国不同艺术风格的美术作品及生活中的装饰色彩设计。在教学中教师引导学生学会理解、尊重和珍视自己国家和其他国家的文化与传统，提升学生的文化理解素养。

在本课教学中，通过"图像识读""美术表现"这两项美术学科特有的核心素养培养，带动学生"审美判断""文化理解"能力素养的发展。

（二）教材与本课教学内容分析

1. 人美版教材中与"装饰色彩"有密切联系的部分课程纵向对比

教材内容	分析
 《农民画中的节日》二年级上册	二年级的一节欣赏·评述课，课中集中展现了以中国节日为主题的农民画。画面从人物造型、动态、画面色彩上让学生对"装饰绘画"有了初步认识
 《色彩斑斓的窗户》三年级下册	三年级教材中安排了造型·表现课《色彩斑斓的窗户》。教材中首次出现了色相环，学生从此认识了原色与间色，这是同学们接触色彩知识的起点
 《生活中的装饰布》三年级下册	三年级设计·应用领域的一节教学内容。本课主要引领学生学习冷色这一概念，在感受理解的基础上，指导学生使用冷色进行创作。应该说这是孩子们有意识地用色彩表达内心感受的重要学习内容

续表

教材内容	分析
 《快快乐乐扭秧歌》（四年级上册）	这是四年级上册中的一节造型·表现课，本课让学生通过绘画习作，体验用暖色表现欢乐的气氛。从而感受色彩与环境表达、情感表达的内在联系
 《画门神》（五年级上册）对比色	这是五年级上册一节造型·表现课，教学内容以传统的门神为载体，让学生进一步学习色彩的相关知识，即：对比色带给我们的感受以及生活中的实际运用
 《色彩的联想》（六年级下册）色彩与情感	这是六年级下册一节造型·表现课，教学内容主要是通过色彩表达不同的情感，这是对色彩语言的创作练习，是对色彩知识提升的教学内容

纵向分析小学阶段全套教材，学生已经习得"原色、间色、冷色、暖色、明度"等知识，在五年的美术学习中，孩子们通过各种艺术创作、欣赏，也了解到色彩的强烈对比与柔和对比能给人带来不同的视觉感受。《装饰色彩的魅力》这节欣赏课应该是对这一系列色彩知识的综合学习与提升

2. 人美版六年级上册教材色彩单元横向对比

 《装饰色彩的魅力》（六年级上册）	 《色彩纯度的练习》（六年级上册）

本课与第五课《色彩纯度的练习》同为"色彩知识"的单元，在本课欣赏学习过程中，学生会发现，无论是在美术作品中，还是在生活运用中，数量有限的高纯度色彩远远不能满足我们的审美需求，改变色彩纯度会让色彩世界更加丰富，所以这节课为后续色彩知识学习奠定了基础

（三）本课达成核心素养的途径

1.达成"图像识读"素养的课堂教学途径

（1）认识装饰色彩——农民画家潘长旺画的猴子与现实生活中的猴子对比分析。

（2）欣赏·评述练习——选择教材中自己喜欢的装饰绘画作品，读图分析。

2.达成"美术表现"素养的课堂教学途径

（1）听音乐、找色彩——聆听不同旋律、节奏的音乐，用色相环中的色彩表达感受。

（2）创作不同主题的猴子——小组合作，参照"色彩秘籍"利用 iPad 上 App 进行创作。

3.达成"审美判断"素养的课堂教学途径

（1）小组作品分析——对各小组完成的"不同主题的猴子"进行点评。

（2）撰写欣赏·评述卡——选择教材中自己喜欢的装饰绘画作品进行欣赏、评述。

4.达成"文化理解"素养的课堂教学途径

（1）拓展提升——欣赏中外各个艺术流派中装饰色彩的运用。

（2）总结——欣赏中国传统色彩，了解中华优秀传统文化中的民族色彩。

二、基于学业标准的教学目标及教学重难点

教学目标

（1）知识与技能：知道色彩具有装饰性，学习装饰色彩作品的特点。学会用美术语言欣赏、评述装饰色彩美术作品。

（2）过程与方法：通过视听游戏、填色实践活动，感受色彩与内心情感的联系；通过比较分析的方法，认识装饰色彩的特点；通过小组合作学习，尝试欣赏、评述装饰色彩作品。

（3）情感、态度与价值观：感悟色彩的魅力，培养学生对色彩的审美判断力，鼓励学生关注生活中的色彩，体会色彩的文化内涵。

教学重点

了解装饰色彩的特点，体会装饰色彩的艺术表现力。能简单地用美术语言对装饰色彩作品进行欣赏、评述。

教学难点

体会感悟色彩的表现力，理解画家如何运用装饰色彩表达情感。

三、教学过程、反思及点评

教学阶段	教学过程		解 析	
	教师活动	学生活动	路径方法	素养
一、导入环节	（一）温故知新，导入黑板上出示色相环 师："同学们从一年级到五年级都学习了不少的色彩知识，说一说你还记得哪些？""有了这些色彩知识的积累，今天咱们要让色彩传情达意，咱们能做到吗？"	学生回答："三原色、三间色、明度、冷暖色……"	温故知新，让同学们通过回忆所学色彩知识，引发对新知识探索的兴趣与后续知识的思考。	
	播放音乐1 师："我们来欣赏一段音乐。"（热情的音乐）"这样的音乐给你内心带来怎样的感受？""你认为哪些颜色可以表达现在的感受？""说一说你选择这些颜色的理由？"	学生回答："热情、欢乐、热烈。"一位同学从色环上摘下需要的颜色，摆成一组，并说明选择理由。	用听觉刺激激发学生产生不同感受，通过尝试用色彩表达感受，初步了解色彩与表达感受的内在联系。	美术表现
	播放音乐2 师："我们再欣赏一段音乐。"（舒缓的音乐）"这段音乐又带给你怎样的感受？""你会选择哪些颜色去表达？" 教师小结："原来，我们每个人都可以用色彩来表达自己的感受，色彩真的可以传情达意。"	学生回答："舒缓、神秘……"一位同学从色环上摘下需要的颜色，摆成一组，并说明选择理由。		

续表

教学阶段	教学过程		解　析	
	教师活动	学生活动	路径方法	素养
二、新授 学习装饰 色彩知识	（二）探究新知"装饰色彩"（5分钟） "在生活中，就有这样一位善于用色彩进行创作的老人，她虽然没有在专业院校学习过美术，但是她的作品闻名中外。她就是我国农民画画家潘长旺老人，安著地区农民画的代表人物。" "她的作品到底是怎样的呢？比如画一只猴子。" （黑板张贴猴子图片） 设问： "你们觉得她会画出一只什么样的猴子？" "那到底是不是这样的呢？" PPT农民画《猴》（线稿） 教师小结："从造型上，画家运用了夸张变形的手法，并且添加了很多装饰。" "那么潘奶奶又会选用哪些色彩来装扮这只猴子呢？请同学们阅读画家的生平资料。" 设问： "你们认为潘奶奶会主要运用哪些颜色呢？"	学生思考，回答问题。 学生："夸张、变形、可爱……" 学生观看录影媒体。 自由小声阅读资料：潘长旺老人在生活中是一个积极、乐观、向上的人，她企盼生活能更加红红火火，日子过得快快乐乐。她一生都在用自己的作品表达着对生活的感情。	通过长旺老人的作品，循序渐进地引导学生认识什么是"装饰色彩"。 启发学生通过了解一个人的个性、生活状态，设想其作品的色彩。其目的是让学生感悟：美术作品传达着画家的内心情感。 通过绘画作品与现实生活的比较，感知认识什么是"装饰色彩"。	图像识读

续表

教学阶段	教学过程		解 析	素养
	教师活动	学生活动	路径方法	
二、新授学习装饰色彩知识	PPT 出示完整的彩色农民画《猴》。"这幅作品用了对比强烈、鲜艳明快的色彩，它与现实生活中的猴子颜色大相径庭！"小结："这种区别于自然写实色彩，着重表达主观感受的理想化色彩，我们称之为装饰色彩。"出示课题："今天我们就来一同领略《装饰色彩的魅力》。"	学生自由谈感受："对比强烈、与生活中的不一样、表达老人对生活的期盼……"阅读理解装饰色彩定义：区别于自然写实色彩，着重表达主观感受的理想化色彩，我们称之为装饰色彩。		
三、体验装饰色彩魅力	（三）感悟体会色彩魅力（12分钟）"同学们已经感受到了装饰色彩的魅力。下面我们能不能运用潘奶奶画的猴子造型，通过色彩的变化，创作出不一样的猴子呢？""我们能不能利用色彩的变化把这些主题表现出来？""老师为大家提供了一本《装饰色彩秘籍》！大家可以通过查阅秘籍宝典，参考借鉴其中的色彩搭配，帮助你更好地感受色彩的魅力。""我们要在哪里创作呢？大家请看，我们今天就要在 iPad 软件上进行创作，在软件中拥有各式各样丰富的颜色。选取你认为符合主题的颜色，点击上色。"（使用 Colorfy）	每组组长到台前来，抽取一张主题卡。打开卡片，说说所抽到的主题是什么。（站成一排依次说）主题（随机抽选）：好动的、可爱的、沉稳的、俏皮的、愉快的、疯狂的、爽朗的、朴实的……学生学习软件操作方法。	进一步学习装饰色彩知识，以填色游戏、查阅"色彩秘籍"的方式，帮助学生进一步认识装饰色彩的知识运用，体验装饰色彩现既定主题活动，体验装饰色彩的魅力。	美术表现

续表

教学阶段	教学过程		解　析	
	教师活动	学生活动	路径方法	素养
三、体验色彩装饰魅力	（教师演示操作方法。） "现在各组就开始创作符合你们主题的作品，创作时间5分钟！" 同学们创作，教师辅导。 "请各组同学代表，讲一讲你们组表现的是什么样的猴子？运用了哪些颜色搭配？" 小结："刚才，我们初步尝试了用装饰色彩表达了我们的感受，虽然只是个小游戏，但是从中我们深深地体会到，色彩是会说话的，有着无穷的魅力。"	艺术实践： 小组讨论装饰色彩运用，组长操作平板电脑，使用Colorfy完成填色，并上传作品。 预设学生回答：我们组是（　）的猴，表达了（　）的情感，主要运用了（　）颜色。 （2～3个小组阐述） 同学们将作品上传至班级QQ讨论群。 学生互评小组作品，体会色彩是一种绘画语言，感受色彩带来的魅力。		审美判断
四、欣赏评述	（四）学习实践欣赏·评述 总结欣赏·评述方法。 PPT：面对这些充满魅力的装饰色彩作品，我们又该如何进行欣赏·评述呢？在欣赏这个类型的作品时，我们又应该关注哪些方面？ 小组讨论，说说你的观点。（3分钟） 请同学们反馈（5分钟）：教师总结随机板书。 1. 内容主题 2. 色彩表达 3. 感受与评价 4. 应用	学生小组合作讨论欣赏·评述装饰色彩作品要关注的重点。 学生反馈： 1. 画了什么内容主题 2. 关注色彩表达 3. 传达的情感 4. 在生活中的应用	培养学生自主学习了解决问题的能力，引导学生自己思考欣赏·评述装饰色彩作品的要点。从而引导学生对欣赏此类作品做进一步思考。 （利用学习单，帮助学生解决学习难点）	乐学善学

续表

教学阶段	教学过程		解 析	
	教师活动	学生活动	路径方法	素养
四、欣赏评述	艺术实践（6分钟）：请同学们，尝试欣赏、评述装饰色彩作品。 PPT： 1. 请在教材第三课，选择一幅你喜爱的作品。进行欣赏、评述。 2. 选择你喜欢的评述方法，进行欣赏、评述。 3. 评述完成后，请将评述卡悬挂到相应的作品下方。 教师进行巡视辅导。 评价交流（2分钟）。 设问："你为何选择这张作品，说说你是怎样欣赏、评述这幅作品的？" 总结：正如同学们在评述中所说，装饰色彩作品给我们带来了不一样的感受。	艺术实践： 欣赏教材中的装饰色彩作品，并选择自己喜欢的作品进行欣赏、评述。 学生反馈：（略）	因材施教，让学生能够根据自己的实际情况，选择不同难度的"欣赏评述卡"完成欣赏、评述实践活动。	审美判断
五、拓展提升	（五）提升对装饰色彩的认识（2分钟） "装饰色彩可不光活跃在绘画作品上，它还装扮着我们的生活。装饰色彩不光是艺术家们的创作语言，也是我们精彩生活的一分子。" PPT 出示各艺术流派装饰色彩作品。 PPT 出示生活中的装饰色彩：在纽约曼哈顿唐人街上，装饰色彩装点了整个街道，成为了一张亮丽的城市名片。 在汽车的车身上，装饰色彩是个性的宣言。 有的时候，装饰色彩不光好看，还好喝（包装上的装饰色彩）。	学生欣赏： 1. 欣赏各个艺术流派中装饰色彩的运用。 2. 了解装饰色彩生活中的运用，观看PPT图片。	拓宽视野，了解装饰色彩在艺术与生活中的应用。	文化理解

续表

教学阶段	教学过程		解　析	
	教师活动	学生活动	路径方法	素养
五、拓展提升	学生欣赏短片,了解中国优美含蓄的系列色彩,进一步了解装饰色彩就在我们的衣食住行之中。在我们中国,装饰色彩就有着大量的实际运用,比如建筑、服饰、绘画,中国的传统色彩不只是大红、大绿,中国有着丰富的传统色彩系统。 PPT:这些色彩来源于我们的生活,但又经过艺术家的再创造,是一种理想化的色彩,表达了我们对生活的态度,表现了我们民族的审美观。这就是我们的中华之美。 让装饰色彩的魅力光芒四射,把我们的生活装饰得更加美好吧!	略	总结升华,联系中国传统色彩文化知识,引导学生感受祖国文化的魅力。	文化理解

(此课例作者:北京市石景山区古城第二小学分校　刘恩洋)

教学反思

本教学设计始终围绕着学生参与体验开展教与学的活动，整个设计注重循序渐进的教学原则，通过反思有以下优势和不足：

（1）注重学生的积极参与，努力激发学生的主体精神，积极探索教学方式的多样化。本课运用听音乐找色彩，iPad 填色游戏对比猜想等学习方法激发学生学习兴趣，发挥学生主体精神，让同学们对色彩搭配有一个更加感性的认识，体会到装饰色彩是一种主观的感受，是一种理想化的色彩。课堂教学中，最大可能地利用色卡、图片、平板电脑等媒介让学生随时关注色彩，充分发挥直观性教学的优势；利用感受旋律、对比观察、游戏实践等教学方法启发学生自主了解色彩的表现力，认识装饰色彩的魅力。

（2）尊重学生差异，布置分层实践活动，满足不同学生需求。欣赏·评述是本课的重点，面对个性差异、知识积累不尽相同的学生，本课在此环节采用了自选评述卡的方式，分别为能力较强和有一定困难的学生提供了可行的学习空间，遵循了因材施教的原则。

（3）珍惜优秀民族艺术、尊重世界多元文化，在广泛的文化情境中认识美术。本课在欣赏学习的尾声加入了世界各流派中的装饰色彩以及中国传统色彩中的装饰色彩欣赏，不仅拓宽了学生的视野，更培养了学生接纳多元文化，提升民族自豪感的信心。

（4）学生在欣赏评述时，对作品深入的感悟思考还显不足。欣赏·评述课的主旨是让学生通过有效地观察分析画面，学会描述作品，最终感悟美术作品带给我们的感受思考。本课教学反馈中的一部分学生在思考层面还存在着不深入、模式化的缺憾，这就说明我在本课教学中引导学生通过装饰色彩作品感受画面情节并有意识地表达出来这一方面存在薄弱环节。

（5）教学内容稍多，每个环节设置的时间比较紧张，缺少让学生深入思考研究的时间。本课教学让学生通过对色彩知识的回忆，对装饰色彩的感知，对装饰色彩作品的分析欣赏，对装饰色彩的实际应用，对美术作品的欣赏方法的总结，对作品的评述，以至最后对中国传统色彩的了解等多个教学环节的设置达到了层层递进的效果。但在40分钟内，每个环节的教学，学生的体验实践显得比较仓促，学生没有充分的时间内化习得新知，所以整个教学还显局促，在今后的教学中，我要针对教学目标削枝强干，把握课堂教学最主要的内容，给学生创设学习思考感悟的时间与空间。

教学点评

《装饰色彩的魅力》一课，系人民美术出版社小学美术教材，六年级上册欣赏·评述领域教学内容。作为一节以装饰色彩为主题的欣赏课，要让学生了解何为装饰色彩；这样的绘画作品怎样欣赏、如何评述，我们将如何将美术核心素养落实到欣赏教学中……面对这些思考，刘恩洋老师设计的这节课，能够给我们很大启发。

（1）关注图像识读素养生成，让美术知识学习深入头脑。这节课中，"装饰色彩"是学生要习得的新知。纵观小学美术教材，孩子们从二年级接触到装饰味道浓重的农民画，三年级开始正式接触色彩知识，直至五年级已经对色彩有了一些感性和理性的认识，如果在课堂上直接把装饰色彩的定义讲给学生，学生应该可以理解，但是装饰色彩给人带来的感悟、魅力就不能感染孩子们的心灵。我们的美术教学不能仅仅停留于冷冰冰的文字，而是要温暖地触动每个孩子的心灵。刘恩洋老师在这一环节的设计十分巧妙：色彩可以传情达意吗？这个问题把学生带入了对色彩的深入思考。接下来的两段节奏、旋律不同的音乐激荡起孩子强烈的内心情感。用颜色把这种情感表现出来，孩子们做到了！体验到了！理解到了！原来，色彩真的可以传情达意。这一巧妙的课堂导入，既激发了学生学习的兴趣，又开门见山地进入了本课研究专题，确实让人耳目一新。这样的知识呈现方式充分调动了学生视听感官，让最难讲明白的内心感受问题迎刃而解。

在欣赏农民画家潘长旺的《猴》这一环节，老师不仅通过对比的方法让孩子感知农民画的特点，还请同学们通过画家生平文字资料猜想绘画作品色彩。这样举一反三的设计多方位地帮助学生反复理解、感悟色彩的表现力，感受色彩是可以传达内在情感的。让知识真正深入学生头脑之中。

（2）注重美术表现素养生根，让美术技能学习丰富有趣。为了让学生更深入地了解装饰色彩的魅力，刘老师设计了课堂小组活动：参照"色彩秘籍"利用iPad上App进行不同主题猴子的创作。利用现代新媒体技术快捷简便地完成课上的体验创作，现场分享创作感受，夯实了孩子们对装饰色彩的深入理解，这是本课一大亮点。而更让人称赞的是，刘老师根据学生实际认知能力，以"色彩秘籍"的形式帮助学生突破创作中的难点，在学生实践中给学生搭起了脚手架，助力学生解决问题，让孩子在创作中有目的地主动学习，在学生的实际运用中，帮助学生进一步加深对装饰色彩的理解。这样的设计不仅学生兴趣高、课堂效率高，而且紧紧围绕教学主题，成为后续学生欣赏评述活动的知识保障。

（3）加强审美判断素养生成，让美术欣赏学习因人而异。欣赏·评述是本课的重点，面对个性差异、知识积累不尽相同的学生，本课在此环节采用了自选评述卡的方式，教师遵循因材施教原则，分别为能力较强和有一定困难的学生提供了不同的学习空间。看似两种简单的欣赏评述卡（一种带提纲，另一种是空白的），却体现出老师对孩子们的关注，特别是对能力不足学生的关注。让每个孩子都学有所获，让每个孩子都在自己的跑道上有进步，从这样的分层教学中，我们看到老师心中有计划，目中有学生。

（4）助力文化理解素养生长，让美术文化学习浸润心灵。在本课拓展部分教师安排了不同艺术流派中、生活中装饰色彩的运用，以及中国传统色彩欣赏，这一设计提高了本课的立意。我们的美术教育最终要提高孩子们的审美素养，培养健全人格，因此，要把我们的教学活动置于大美术观的环境之中，引导学生珍惜优秀民族艺术，尊重世界多元文化，在广泛的文化情境中认识美术。在本课教学尾声，教师将装饰色彩这一主题大胆拓展到中国传统色彩体系，伴着中国传统乐曲，浏览着温润、唯美的画面，和着老师激情的讲解，孩子们再一次被色彩吸引，再一次被中国色彩感染。四十分钟的教学虽然结束，但孩子们探索、了解色彩的欲望由此被点燃，也许，这就是刘老师带给学生最宝贵的色彩魅力吧。

利用博物馆课程体验探究性学习

北京市石景山外语实验小学　冯文颖

探究性学习指学生通过类似于科学家科学探究活动的方式获取科学知识，并在这个过程中，学会科学的方法和技能、科学的思维方式，形成科学观点和科学精神。探究性学习是一种学生学习方式的根本改变，学生由过去主要听从教师讲授，从学科的概念、规律开始学习的方式变为学生通过各种事实来发现概念和规律的方式。探究性学习这种学习方式的中心是针对问题的探究活动，当学生面临各种让他们困惑的问题的时候，他就要做出各种猜测，制定研究方案，寻找解决问题的方法与答案。

在学习中应让学生放开手脚去自主探究，去萌发创新意识，在探究学习中理应"为学生搭建一片探究学习的天地"。对小学生来说，他们的探究活动是在我们老师搭好的框架的指导下进行，我们的指导将对学生的探究产生重大影响。所以作为科学教师，要营造各种适合学生探究的环境，为学生打造一个适宜发展的"温室"。针对高年级学生的学习基础与能力，我决定让五年级学生在博物馆学习中体验探究性学习的全过程，了解探究性学习的方法，体验探究性学习带来的快乐与成就。

在走进天文馆之前，老师把学生已经学过的知识进行梳理，让学生对自己已掌握的知识再熟悉一遍。随后老师让学生去思考关于星系与宇宙他们知道多少？去天文馆他们最想了解哪些内容？根据学生研究的兴趣，教师把学生分成了几个小组，分组完成此次博物馆学习。

一、确定研究问题，进行有目的的研究

探究性学习是学生依照科学探究的过程，主动提出（发现）问题，以问题为探究的出发点和归宿。但学生提出的问题都值得探究吗？不一定。让学生敢于提问，这是

培养学生问题意识的第一步，不管学生提的问题有没有研究的价值，能提出问题比没有问题要好，在学生敢提问的基础上，再引导学生思考、筛选，提出有价值的、值得研究和能够研究的问题。

首先要确定研究的问题。学生对于某个天文现象有许多好奇，想了解的问题也很多，于是老师让学生把想要研究的问题都写在一张纸上，然后再通过举例子的方式告诉学生什么样的问题是没有研究意义的，什么样的问题是无法完成的。根据老师的提示，学生对问题进行了筛选，把不适合研究的问题去掉，最终确定这次博物馆课程要研究的问题。

例如有一个小组对研究"黑洞"很有兴趣。他们一口气提出了10个问题。在老师讲解如何筛选问题后，他们删掉了3个问题，依然保留了7个问题。于是，教师让学生在这7个问题中确定哪个问题是必须知道和了解的，这种问题可留下来，剩下的问题选一个你最想知道的进行研究，要学会取舍。在老师的指导下，学生终于确定了自己要研究的问题：什么是"黑洞"，"黑洞"的形成及特点。当问题确定下来后，学生们对这次博物馆学习充满了期待，他们将带着自己确定的研究目标走进博物馆。

二、制定研究方案，让探究活动有条不紊

选题一旦确立，学生合作的探究小组就要在探究活动开始前，做好各项准备工作。如选择研究形式、收集有关信息资料，以及做好其他的保障准备。更重要的是制定切实可行的探究方案。为了保证探究方案有严密的科学性，教师必须加以指导。

老师首先给出书写研究方案中的各个要素，指导学生该如何撰写探究方案。重点强调"研究步骤"要一步一步写清楚、写具体，老师强调一个好的方案是任何人拿到都能按照你的设计去实施。老师让学生试着先写出一份探究方案。很快每个组都完成了自己的设计方案。于是，老师把每个组的"研究步骤"这一环节都一一念出，如果全班同学都能听懂，就说明这个组这一环节完成得很好。随着老师一组一组念出，学生们发现让他们觉得"堪称完美"的设计原来是这样"不堪一击"。老师根据学生撰写的探究方案，一步一步指导学生该如何表述每一步骤，这样才能把实施步骤写清楚、写具体。在老师的指导下，学生经过几次修改，终于完成了探究方案和场馆学习单。学生看着由自己亲自设计完成的研究方案和小组学习单，每个人都感到无比自豪，对这次博物馆学习也充满了信心。

良好的开端等于成功的一半，学生的情绪影响着他们的思维，在学生探究前精心创设能引起学生浓厚学习兴趣的情境，将会催动学生产生出强烈的探究欲望，使他们

的思维处于异常活跃的状态。而教师设计的情境则是"引领"学生进入探究活动的垫脚石，只有让学生能够感动并为之投入的情景设计，才能使学生对当前所研究的内容产生浓厚的兴趣，激发他们对科学探究活动的欲望。

三、场馆学习，全体总动员

探究学习的过程不但要求让学生学会知识和技能，更重要的是让学生在情感态度价值观上得到培养，使学生明白科学并不是刻板冷漠的学科，也一样充满着温暖。探究学习立足于"为了每一个学生的充分发展"的价值取向，立足于给学生创造一个自由发展的空间。未来社会是一个协作型社会，对个人的合作意识和协作能力的要求与日俱增。即越来越注重个人能否与他人协作共事，能否有效地表达自己的看法和见解，能否认真倾听他人意见，能否概括和吸取他人的意见，等等，因此，教师要鼓励学生在独立探索的基础上，组织引导学生讨论，认真倾听他人的意见，通过研讨深化探究，使个人的发现变成大家共享的财富。

这次的博物馆学习让学生很激动，因为这次的学习内容和方案是他们自己制定和撰写的。集体学习结束后，终于等到了分组活动。各个小组的同学全都积极行动起来。他们以最快的速度找到了自己的学习区域，按事先分好的工作快速地投入学习当中。有的摘录相关资料，有的进行资料筛选，有的填写表格……大家都认真地对待这次博物馆学习活动，就连平时比较散漫的同学也格外地认真，在场馆中处处可见认真学习的身影。在大家的努力下，学生们圆满地完成了这次学习任务，成功的喜悦洋溢在每个人的脸上。

四、博物馆学习让学生在亲历过程中体验探究

小学生的一个显著特点是好动、好奇心强，对周围新奇的事物和现象兴趣浓烈，是天生的探究家。只要我们在教学中从他们的生活实际出发，选择他们熟悉的容易亲近的、喜欢的、能动手做的、有兴趣参与的现象和事物，精心设计，耐心细致地组织引领他们像科学家一样真刀真枪地亲历探究过程，经历挫折与失败、曲折与迂回、成功与兴奋，从众多的感受和体验中获得知识与技能，养成良好的情感态度和价值观。这样不懈地坚持下去，他们良好的科学素养就一定能养成。而探究性学习与博物馆相结合正好可以让学生在体验中收获知识与能力。

探究性学习是以学生的主体实践活动为主线展开教学过程的。学生借助于一定的

手段，运用多种感官，通过自己的主体活动，在做中学，使得学生的实践活动贯穿于学习活动的始终。探究性学习特别强调学生的感知、操作和语言等外部的实践活动，强调学生的直接经验和间接经验的交融、统一，使认知活动建立在实践活动的基础之上，用学习主体的实践活动促进学习者的发展。探究性学习追求学习过程和学习结果的和谐统一，探究性学习更加关注学习的过程。探究性学习非常注重学习过程中潜在的教育因素，它强调尽可能地让学生经历一个完整的知识的发现、形成、应用和发展的过程。让学生尽可能地像科学家那样，发现问题、解决问题，经历一个完整的科学研究过程，体验发现知识、再创知识的创新过程。这次的博物馆学习是学生自己确定研究问题，在老师的帮助下自己撰写探究方案、活动设计单等，再按照方案自行实施完成方案。学生亲历了探究活动的各个环节，不仅获得了知识、提高了能力，更学会了如何与小组同学合作共同完成任务。

探究性学习的目标是很灵活的，没有像知识目标那样明确具体的要求和水平。探究性学习在内容上是开放的，在探究结果的要求上是开放的。探究性学习打破了传统教学在统一规定下的教学模式，为学生提供了大胆创新、实现自我超越的学习环境。学生在探究学习的过程中，能够大胆地怀疑，提出问题，探讨解决问题的方案，对不同的结果进行分析，培养创新意识和创造能力。博物馆课程为学生的课堂学习展开了时间与空间的延伸，为学生亲身经历以探究为主的学习活动，创设一片探究学习、自主学习的天地，让学生感觉到自己是一个发现者、研究者、探索者，学生才能真正成为科学探究的主体，真正成为学习的主人。

论音乐教师人文素养的自我提升
——从湖北恩施地区土家族族性声音的考察说起

北京市石景山外语实验小学　董雅璇

摘　要：在恩施地区施南、三叉、建始、鹤峰依旧流传着脍炙人口的土家族山歌小调，许多民俗音乐活动展现出恩施土家族独特的艺术魅力与土家族人民对当地民歌挖掘、传承的坚定意志。本文笔者将研究视角聚焦于恩施女儿城土家族民俗博物馆的音乐文化现象。通过记录、分析当地人建构的族性声音，追溯其文化记忆，获得不同层面的认同。以此提高笔者自身的审美能力，培养自身对外界不同族性声音的认知和对不同文化地区的感受力，从而为指导学生树立其正确的审美观念和价值观打下基础。

一、绪论

音乐教师是音乐教学的组织者、引领者、参与者与协作者。音乐教师只有不断地提升自身审美能力和人文素养，才能适应时代发展的要求，同时满足学生发展的内在需求。

当前的音乐教育还存有不能很好地适应时代发展需求的问题，音乐教师的素质结构方面也需要得到不断完善，才能更好地落实新课程标准的理念。面对这种形势，音乐教师必须着眼现实情况与学生发展的内在需求，自觉转变教学理念，提升自身能力素质，促使音乐教学与素质教育相适应。为此，我作为刚刚踏入小学音乐教育的成员，到访湖北恩施土家族地区进行考察学习，加强专业学习的同时，丰富并拓展人文素养。

通过文献考察及口头寻访，故梳理：湖北恩施地区土家族是中国古代巴人的后裔，他们奉祭白虎、住吊脚楼、喝油茶汤、饮麻糖酒、吃灰豆腐、唱土家山歌、唱哭嫁歌、跳摆手舞、跳丧鼓等，具有纯厚古朴的民风民俗和丰富多彩的民族文化资源。有载歌载舞、优美抒情、女高男低、风趣诙谐的土家花灯；红灯万盏、一片缠绵、语汇含蓄、优美明快的土家摆手舞；气势恢宏，刚猛豪放，动作如行云流水的民间集体舞蹈"肉莲花"；曲版丰富、急促明快、波澜起伏的"耍锣鼓"；结构规整、音韵优美、旋律流畅、号称人类原始戏剧"活化石"的傩戏；情真意挚、内涵丰富、催人泪下的"哭嫁歌"；声情并茂、粗犷有力、唱山歌与敲打乐紧密结合的"薅草锣鼓"，都极具观赏价值和研究价值。此外，还有"洪水朝天""巴子酉"等神话传说，有针织挑花刺绣、木石雕刻、藤竹编织等工艺，有过赶年、牛王节、六月六等节庆，至今保持着鲜明的土家民族风格和特色。

正是上述如此丰富多彩的艺术类型、民俗节日才构成了土家族的族性特征，同时这些传统音乐文化促成土家族族性声音的形成，使土家族在 56 个民族中成为独立族性的存在，56 个民族 56 枝花，土家族便是其中一枝。笔者将研究视角聚焦于土家族的音乐文化现象，探讨当地人建构的族性声音，追溯其文化记忆，并阐述族性声音对笔者有关音乐教师审美能力、审美价值观提升的思考。

二、历史人文——依靠历史民族音乐学视角

恩施市位于湖北西南部，整体呈现山地地貌，这里养育着土家族、苗族等 27 个民族。土家族的先民是巴人，巴方见于歌唱者，早在《华阳国志》就有记载巴人军队："歌舞以凌殷人。"可见当时军队盛气凌人般的生动形态。

张汉卿《恩施民间歌曲概述》中记述《诗经》头篇《二南》，《说文》注为"白虎黑纹"，巴人宗"白虎"，也为专家定论，而不信奉"白虎"的民族是不可能唱《驺虞》以祭祀白虎神的。《诗经·召南·驺虞》中一唱三叹的"余嗟乎，驺虞"，极可能唱的是土家族原始民歌。

也有资料记载，2500 多年前的春秋时期，名曲《下里巴人》就盛传于巴山楚水。"伐鼓以祭祀，叫啸以兴哀"的《踏啼之歌》后，巴人歌韵分别以唐宋竹枝词、现代"五句子"为载体，逐步凝聚成土家人的哭嫁歌、丧鼓歌、薅草歌、上梁歌、情歌、穿号子等。恩施土家族民歌在历史长河中，经历了生根发芽、不断成长、不断壮大的过程。土家族人民的人生观、价值观、爱情观等不断被民歌吸收和采用。

恩施地区有大约 200 首名民歌，种类包含山歌、田歌、号子、灯歌、小调、风俗歌。题材种类繁多，有哭嫁歌、丧葬歌、男女爱情歌曲。

三、地域人文——土家族的炊烟袅袅或是余音袅袅

恩施女儿城"土家民俗博物馆"是一座以打造土家族民俗特色为目的、采用民间音乐为媒介建构而成的非营利性民营博物馆（见图 1）。该馆集中展示恩施土家族、苗族自治州 8 个县市音乐类非物质文化遗产项目，包括土家族民歌、戏曲、曲艺、舞蹈、器乐五种类型。这些土家族传统音乐与各种民俗展演相结合，共同服务于女儿城的民族特色需求，以增进土家族的文化认同。

图1　恩施民俗博物馆景色

（拍摄：董雅璇）

土家人的住房多为木屋瓦房。小康之家以三柱四棋为正屋，殷实人家有五柱八棋，还有七柱十二棋和"四合天井"的大院。两边配有厢房或转角楼，正屋中间叫堂屋，正上方板壁上安有神龛，是祭祀祖先、宴请宾客之所。堂屋两边的左右房叫人间，人间又以中柱为界，分成两间。后面一间卧房住人，前面一间叫火塘。火塘中有一火坑，用四尺长、五寸厚的石板围成方形。火坑内架三脚架，作煮饭、炒菜、烧热水之用。火塘是一家吃饭、取暖、休息之所，客人来了也坐在坑边。火坑上吊一个木架，供烘烤食物之用。为陶冶情操，在休息之余，围绕火塘唱响民歌（见图 2），早已是土家族人们独特的民俗习惯。

图2　火塘民歌演出现场

（拍摄：董雅璇）

四、音乐人文——回归音乐本体

恩施地区的土家族民歌，每一首都具有民族特性，具有较为鲜明的风俗特征。大多来源于当地土家族儿女的生活劳作。民歌种类包含山歌、田歌、号子、灯歌、小调、风俗歌；题材种类繁多，有哭嫁歌、丧葬歌、男女爱情歌曲等。在这次采风过程中，恩施女儿城的表演人员共演唱了四首民歌，包括一首五句子山歌，一首劳动号子和两首小调，恩施民歌音乐本体分析中本人将以这几首民歌作为研究对象进行分析与论述。

（一）田野山歌

大巴山、巫山、武陵山的山脉汇集在恩施，决定了恩施人民开门见山的基本生活特点，铸就了恩施人"山"一样的性格特征。在意识形态领域中，就会产生要么征服山而豪情满怀，要么被山征服而颂扬膜拜的情感。在恩施人看来，山是有感情的，山也是美好的。山歌在山坡田野劳动、娱乐过程中产生，是鄂西土家族地区粗犷豪放、热情大方的性格写照。

恩施山歌的体裁形式以"四句子"常见，对唱、独唱是最主要的演唱形式，歌词句式以七字句为主。与此同时，五句子山歌也是恩施山歌中独具特征的一种，句式类型的丰富性彰显了五句子山歌歌谣的形式美。与四句子山歌不同的是，五句子山歌在生活情感交流中发挥着重要作用。笔者将从句式、歌词、演唱形式等诸多方面感受五句子山歌的特殊功能和美学特征。

笔者通过研究发现五句子山歌的结构形式非常独特，五句形成一篇，这种五句子风格和七言律诗十分接近，进而使得其口语性强，节奏性强。五句子山歌在演唱时，一般为清唱，没有伴奏和伴舞，是真正的原生态民歌，演唱语言通用方言，接近口语，形式自由，韵律押韵上要求也不甚严格，在演唱文本上随机加以称词。单独清唱的五句子山歌可以更好地直抒胸臆，使用简单的旋律表述心情。因此，绝大部分五句子山歌充满男欢女爱的意味，并且旋律悠扬高亢，节奏自由，从不约束演唱方法，颤音、滑音技巧随演唱者即兴发挥，以上演唱特征将热情大方的土家儿女性格刻画得淋漓尽致。

（二）劳动号子

恩施土家族的劳动号子是农民生产生活最切实的反映，生产方式的落后，伴随着繁重的体力劳动，服务于不同劳动生产的号子便由此诞生。笔者在民俗博物馆现场聆听并赏析了一首《挽号子》。《挽号子》在女儿城表演者的演唱中完美再现了土家人民在劳作时唱歌谣、喊号子的景象，这首号子在劳动中起协调节奏、鼓舞情绪、缓解疲劳的作用，反之，劳动号子也反映了土家人民热爱劳动、不怕劳苦的英勇形象。

图3　演唱《挽号子》的五位土家妇女

（拍摄：董雅璇）

图3是演唱《挽号子》的五位土家妇女，演唱时使用三声部演唱形式，无乐器伴奏。

（三）歌谣小调

小调是独特且重要的一种民间歌谣，形式曲调较为复杂，所表现出来的情绪也不尽相同，笔者通过对恩施火塘民歌采集与记录分析，发现小调多为四句格式，由基础旋律的若干重复性段落组成，至少是8段，10段体更常见。另外小调的歌词和曲调之间息息相关，词曲具有极大的固定性，所有歌词分成若干段落只为表达一个中心内容——关于四季、五更、月份、节日等。男女对唱、齐唱的形式更为表达男欢女爱之情蒙上了神秘面纱。小调旋律具有轻柔、细腻的特点，演唱通常采用男女对唱、重唱形式，不限制人数，在场听众可随机加入演唱，场面盛大生动。伴奏乐器包括二胡、盆鼓、横笛（见图4）。

由两位民俗演唱者演唱的《探妹》，四句体的旋律特征，六个段落的歌词特征，歌词以月份、民俗节日为段落线索生动幽默地再现了男孩登门拜访女孩家求亲娶亲的过程，展现男女之间互相调情的景象，传达共筑纯洁爱情的美好精神愿望。

图4　小调的演出现场

（拍摄：董雅璇）

（四）音乐特征

热情高亢的山歌、整齐朴实的号子以及甜言蜜语的小调，虽然这三种恩施民歌类型在演唱形式、伴奏类型、乐声风格、功能服务上不尽相同，且各有风采。但是一方水土孕育相同血脉的音乐形式一定具有相同的音乐特征，笔者在后期分析研究、阅览资料后发现山歌、号子、小调在不同形式的背后拥有相同的音乐特征，主要表现在旋律、声腔、歌词、演唱这四个方面（见图5）。

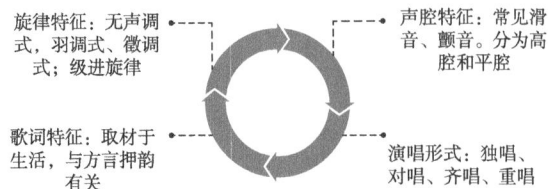

旋律特征：无声调式，羽调式、徵调式；级进旋律

声腔特征：常见滑音、颤音。分为高腔和平腔

歌词特征：取材于生活，与方言押韵有关

演唱形式：独唱、对唱、齐唱、重唱

图5　恩施民歌的共性音乐特征

恩施土家族民歌的调式较为单一，一般以传统五声调式为主，节拍也相对简单，包括四二拍、四三拍、四四拍，偶尔出现复合拍子。节奏自由且简单，旋律简单却不繁杂，突出特征是多以同段旋律配以不同的歌词进行演唱。整体旋律简单易上口，以级

进旋律为主，偶尔配有四、五度跳进旋律。

恩施土家族民歌的歌词部分语言接近口语，并且内容朴实无华，十分贴近日常劳作生活，并且反映生活内容和风貌。歌词中大量运用衬词，如"啊""子""那个""嘛""哇"等；常常使用节气或时间作为顺序或线索成段出现，与此同时每一段歌词都对比呼应，结构一般较为工整、押韵。"衬词"的出现和运用是土家族民歌的点睛之处，对土家族民歌脍炙人口的流传起到至关重要的作用，对作品起到烘托气氛，以至更好地表达情绪、渲染情感。

衬词之于民歌歌词就好比滑音、颤音之于民歌声腔，在土家族民歌声腔中，使用了众多滑音、颤音。其按照声腔特征分为高腔和平腔这两种，高腔一般高亢激烈，用以表现俏皮欢快的情感；而平腔平缓悠扬，用以表达忧伤婉转之情。

土家族民歌表演形式多种多样，除了上述三种类型，还有唱跳、擦黑锅灰的民俗表演行为。演唱形式包括独唱、对唱、齐唱、说中带唱、唱中带说、一领众和，形式多样。

民歌是每个民族世世代代民俗文化的优秀载体，不同民族之所以拥有不同风采就是因为其独具一格的艺术瑰丽，音乐事业的发展以及对民族文化保护程度的加深非常重要。放眼望去，一座座土家族吊脚楼、一间间充满暖意的火塘，一个个穿戴着土家服饰的文化传承人，甚至是一抔土、一片瓦砾都正随着时代的进步一点一点地保留下来。

历经千百年的湖北恩施地区的土家族民歌是时代的印记，也是土家族民风民俗的文化记录、美好财富，更是传承土家族族性的声音，使之亘古不变的基石。当今，活跃在恩施施南、三叉、建始、鹤峰的山歌小调纷纷呈现出恩施土家族独特的艺术魅力与土家族人民对当地民歌挖掘、传承的坚定意志。值得喜悦的是随着时代的进步，越来越多的土家族民歌瑰宝得以被保护。

五、结语

《音乐课程标准》中指出："以音乐审美为核心的基本理念，应贯穿于音乐教学的全过程，在潜移默化中培养学生美好的情操、健全的人格。"培养学生美好情操以及健全人格必须以建立教师自身审美素质为前提。中小学音乐教育是否能从偏重技能教学或放任自流的状态成功转变为音乐审美情感教育，既取决于教师教育思想和观念的转变，更重要的是音乐教师自身审美素质的提高。

通过对恩施土家族历史人文、地域人文、音乐人文的鉴赏和分析，不仅使本人更深刻地理解传统音乐文化，更能不断激发内在审美渴望，培养鉴赏能力，提高自身的艺术修养。审美知觉来源于文化素养以及生活阅历，采风便是获得文化素养及生活阅历的途径之一。音乐修养的提升，才能使音乐教师对于审美知觉的捕捉更加敏锐和深刻。比如《我的祖国》所宣扬的炽热爱国情怀；《踏雪寻梅》中雪梅不畏严寒、傲然绽放的坚毅精神。

培养良好的道德机制建立于积极正确的情感构建，音乐教育是美育的一类，音乐教师通过对不同类型音乐的分析以及正确的判断，才能通过音乐教学向学生传递正确的审美观念和价值观。

培养和激发自我效能感在体育课教学中的实验研究

北京市石景山外语实验小学　张　勋

摘　要：运用一些自我效能理论，在小学体育课教学中对学生进行自我效能感培养的实验研究。结果表明：自我效能感的高低明显影响学生技能的掌握和体能的提高，实验组成绩优于对照组，且有显著性差异；分析了自我效能感的认知、动机、情感3个功能对学生体能和掌握技能所产生的影响；指出体育教学中应注意的一些问题；学生自我效能感的培养能提高体育教学和学生的体质水平，采用问卷法、对比法。在体育课教学中培养和激发学生的自我效能感，可以有效地提高体育课教学的效果和学生体质达标的成绩。

一、前言

（一）选题依据

自我效能感是指人们对自己能否成功完成某一成就行为能力的主观判断和推测。舒尔克等人研究发现，自我效能感和人们的成就有直接正相关，高自我效能感的人在活动中表现出适当自信，会取得更多成功；低自我效能感的人则表现出自卑，影响其能力正常发挥，降低人们取得成功的概率。

学生学习体育技能的自我效能感就是学生对自己能否成功地进行体育技能学习的主观判断。通过运用体育技能的新教法对学生自我效能感进行培养，主要从创造良好的体育技能学习训练范围、指导学生学会观察思考、对学生进行正确归因指导、为学生提供成功体验并形成及时反馈和积极性评价、利用榜样学生的表率作用、多设定成功情景六条培养途径进行体育技能实验教学，分析了自我效能感如何影响学生体能与技能的掌握，并指出培养学生自我效能感所注意的问题，为体育教学与训练培养学生自我效能感提供论文和实践参考。

学生体育技能的自我效能感直接影响学生将来参加体育锻炼的行为和态度。在体育教学中，通过建立适宜的教学教材、目标体系，让学生经常获得成功的体验，改变不合理的认知方式等途径，可以培养和提高学生体育运动的自我效能感，从而达到使学生终身锻炼的目的。

（二）文献综述

自从 20 世纪 70 年代班杜拉提出"自我效能感"这一概念以来，涌现出了大量研究。虽然不同领域的自我效能感研究普遍证实了这种动机作用的存在，但人们也发现，不同领域的自我效能感具有和班杜拉所提"自我效能感"相同的结构特点。所谓运动自我效能感是指个体对自己运动技能的一种认识和对自己的运动行为能否完成具体的运动任务的主观判断（即对自己的运动行为所知觉到的价值）。人在本质上是自己的创造者，对自我评价和自我意向的特征本身构成了重要的主观意义，会对个体的自我调节和发展形成倾向性的影响。那些在运动上感到有能力的学生应比那些怀疑自己运动能力的学生更可能选择运动、更可能付出努力、坚持掌握运动技能、提高运动成绩。例如，相信自己是一个有能力的体育运动者会帮助自己在实际运动时起到良好的促进作用，并不是这种观念提高了学生的运动能力，而是它能够帮助产生更浓厚的运动兴趣、更为持久的努力和坚持力。若学生对自己的运动能力有信心，就不太容易对运动感到恐惧。因此，教师要帮助学生在运动过程中发现自身的潜能，并对其潜能加以培育、提升。通过实践课，他们中大部分认为运动是令人愉快的，并不是为了应付体育老师，从运动的准备活动到听教师的讲解、认真模仿教师的动作，自我思考、提出问题最后掌握动作技术，他们都表现出比其他学生更多的心思，他们相信只要通过自己的努力，就能学好动作技术。相反，运动自我效能感明显偏低的学生认为运动完全是为了应付老师，自己根本没有兴趣，也不懂如何有效地使用学习技术的策略。有些学生还说自己一听说要学习动作技术就头疼，手心冒汗。

二、研究对象与方法

研究对象：以石景山外语实验小学五年级男生女生各 16 人作为研究对象，分为两个班，分别为实验组和对照组，实验组和对照组均为 16 人。

研究方法：实验法和比较分析法。

（1）实验法：数理统计对比法。以石景山外语实验小学五年级男生女生各 16 人作为研究对象，实验时间为 15 周，每周 3 课次。实验组采用讲解、示范、练习、培养和激发自我效能感、重复练习方法；对照组采用传统的教学方法，即讲解、示范、练习、纠正错误、再练习的教学方法。先是对实验组学生进行培养和激发自我效能感的体育课教学，对照组学生按正常规范的体育课教学（两班教学内容相同）。实验教学 15 周，第 16 周进行考核，考核项目为 800 米、50 米、立定跳远。之后再对两组学生成绩进行记录。测试后均由老师按照小学国家体质健康评分标准进行评分。

（2）比较分析法。运用数据对照法、量化比较法、因果分析法等，检验学生自我效能感的培养在体育教学中的重要性。

三、结果与分析

（一）学生在运动中表现出的现象

1. 动机降低

积极反应的要求降低，对教师讲解的技术不感兴趣。

2. 认知出现障碍

形成外部事件无法控制的心理定式，在运动时表现出困难，本来感兴趣的课题也不愿意再去探索，体育教学中学生的自我效能感影响他们的体育行为，影响对体育活动的选择以及继续从事体育活动的意愿。

3. 自我效能感不同的学生表现不同

自我效能感高的学生，常常选择适合自己能力水平并富挑战性的学习内容和任务，运动遇到困难时愿意付出更大的努力；通过反复的练习并向同学和教师请教，直到熟练掌握动作技术或达到期望的技能水平，在体育学习中能够观察到自己所取得的进步，因而会增强他们的自我效能感。自我效能感的增强，又能促使他们为自己设定更富挑战性的目标，如此循环，其体育学习效果和成绩将会不断提高。而自我效能感低的学生则对自己的学习信心不足，为确保成功，常常选择一些过于简单的任务，在学习中遇到困难时，就认为自己能力不行，不加努力就放弃了。

（二）实验前两组学生身体素质综合成绩对比

为了使实验在科学的前提下进行，我们对刚进校的新生在实验前进行了测试，对考核成绩进行对比，结果显示，两组学生在实验前的成绩无显著性差异（$P>0.05$），这表明两组学生在实验前的成绩相同。

（三）体能情况比较

表1　　　　　　　　　　两组教学实验后体能考核的统计　　　　　　　　单位：人

内容	实验组（n=16）						内容	对照组（n=16）					
	85分以上	占比%	65~85分	占比%	60~65分	占比%		85分以上	占比%	65~85分	占比%	60~65分	占比%
50m	4	25	11	68.75	1	6.25	50m	4	25	8	50	4	25
立定跳远	3	18.75	13	81.25	0	0	立定跳远	3	18.75	10	62.50	3	18.75
800m	1	6.25	15	93.75	0	0	800m	2	12.50	13	81.25	1	6.25

通过表1分析两组教学实验后的体能考核成绩数据可见，实验组：50米的达标率为93.75%，立定跳远的达标率为100%，800米的达标率为100%。对照组：50米的达标率为75%，立定跳远的达标率为81.25%，800米的达标率为93.75%，实验组的达标率均高于对照组。结果说明，经过自我效能感培养的学生能够对自身产生积极、正确的自我认知评价，从而形成学生自我运动能力的高度控制感和自我价值意识效能的积极连锁效应。

（四）自我效能感对体能的影响分析

1. 通过思维过程影响学生体能练习时的自我认知评价

体育教学中通过设置一定教学情景实现对学生身心改造，这种身心改造过程有双面效应，积极与否的效应主要在于体育教学情景的合理性及学生对其认知评价。自我效能感是对自我能力的感知和判断，能影响或激起学生体能练习时的目标设定及行为结果归因等特殊形态的思维过程。自我效能感高的学生，倾向于把训练目标设置得具有挑战性同时经过自己努力可以达到，把自己的成功归因于自己的能力和努力，把失败归因于努力不足，认为运动成绩取决于自己可控制的因素；自我效能感低的学生易错误评价判断自己的能力，不能正确认识自我，常常设定不切合实际的目标，把失败原因归于外部的、不可控的因素，导致学生形成错误的自我认知评价。

2. 自我效能感高低直接决定学生体能练习时的内部动机水平

自我效能感通过思维过程发挥的主体作用，通常都伴有动机的因素或过程参与其中。自我效能感高的学生，一旦取得成功，成功本身就构成了一种内部奖励，是从内部对行为驱动的，直接影响着学生的内部动机。激发学生内部动机，让学生体验到体育锻炼学习是一种自我需要，对他们坚持一定体能训练会起到很大的激励作用；自我效能感低的学生，面对困难采取回避态度，没有成功体验，时间久了，学习的动机水平也会降低，必会影响其进行体能训练的积极性和主动性。

（五）体育教学中培养学生自我效能感应注意的问题

1. 使学生确立体育锻炼学习的掌握目标

掌握目标可以促进人们对所从事活动的持久兴趣，促使人们不断克服行动中的困难，表现出坚韧的行动，使人们取得更大成就。因此，学生在体育锻炼学习中应树立掌握目标，从提高自身的素质能力出发，不断克服学习中存在的不足，这样能够减少挫折感的产生，提高学习的内在兴趣，进而提高自己的学习自我效能感。

2. 注意教学的层次性和灵活性

体育锻炼学习中的过程体验往往比学习的结果更具有现实意义。在教学设计上应以身体素质的基本任务为指导，由易至难，通过减少运动量和负荷强度，降低动作难度，变换比赛规则或约定俗成的练习方法让一些差生也能体会到体育锻炼的乐趣和成功的快乐。引导学生逐渐走向成功，强化成功意识，培养适度的成功心理，提高自我效能感。

3. 注意学生良好心理状态的调控

体育教学尤其是比赛训练中，对学生心理的调节应该采取心理激励调控和暗示调控。通过心理激励可以巧妙地形成一种兴奋、好学的心理状态，从而诱发其内部的自我效能感，最大限度地调动和发挥其学习的积极性、主动性和创造性，提高学习效果。暗示调控将对学生的心理状态和行为产生影响，适时、合理、恰当地运用各种暗示手段对引导、控制学生的心态，发挥学生的心理潜能和提高学习效率有着积极的作用。

4. 提高教师教学效能感

"罗森塔尔效应"充分体现了教师期待作用对学生发展所起的重要作用。教师对自己教学能力的认知极大地影响着学生自我效能感的培养。许多研究已证明：教学效能感高的老师，其责任心强，会对学生自我效能感产生积极强化作用，提高教师教学效能感的基础是教师的基本教学技能和专业知识。因此，注重教师自身教学基本功锤炼，及时吸纳先进的教学理论和方法，才能根据教材特点，结合环境和学生实际情况，大胆创新，活跃课堂气氛，采用新颖的教学手段激发学生兴趣，发展学生能力。

（六）替代性经验

一个人的自我效能感是自我在与环境的互动过程中形成的。当学习者看见替代者，即与自己相似的人成功时，就会增强自我效能感，相反，则会降低自我效能感。替代者对个人效能信念的影响主要受自我与替代者之间相似程度的影响，相似性越大，替代者成败的经验越具有说服力。在大学体育教学中，主要的替代者有教师和同学两种。另外，不能忘记学生本人也具有某种自我示范效应，关键是怎样让学生去发现这一点。（1）教师示范作用。"教者，效也，上行之，下效之。""教师是教育过程中最直接的有象征意义的人物，是学生可以视为榜样并拿来同自己作比较的人物。"体育教学更加如此，身教重于言教，体育教师必须注重表现自己，在教学上体育教师要有强烈的工作责任感，让学生从教师的自我教育程度中发现教育别人的能力，形成期待效应，进而转化为自我效能；同时大学体育教师应注重对自身教育教学、教研工作成果的积累、转化和传播，形成权威效应。（2）自我发现作用。从性格组合上讲，每个人的性格都不可能是单一的，既有优点，也有缺点；既有阳刚，也阴柔，诸如此类，呈"双重组合"状。所以体育教师要学会激励自我，战胜自我，教师要善于和学生建成互助关系，强化"每个学生都有帮助老师教学的能力"这一观念，耐心地到学生中去找，助手就会越来越多，连最差的学生也能学着帮体育老师计时、计数、点名等，而学生则会在此过程中因为获得能力的发展和表现而发现一个新的自我，进而形成自我效能。

四、结论与建议

（一）结论

（1）在小学体育教学中运用自我效能理论，进行培养和激发学生自我效能感是一种行之有效的方法，它可以明显有效地提高学生身体素质水平和体育锻炼教学效果，建议在体育教学中广泛应用。

（2）自我效能理论不以结果为行为的唯一因素，强调行为主体自我行为评价的效能期望，为体育教学任务的确定，以及在具体教学实践中教学手段选择和教学方法的选用提供了理论依据，同时也为学生是否愿意参与体育活动，以及怎样动员和激发学生参与体育活动提供了实践依据。

（3）榜样的力量是无穷的。在教学中，一个好的榜样能使其他学习者获得积极的替代性经验，从而增强自我行为尝试的冲动，提高自我效能感。因此，在体育教学中，要提倡学生之间相互交流、互帮互学的学习互动，构建一种良好的、比学赶帮的学习环境。重视对学生采用正面的、鼓励性言语劝说。来自教师或权威人员的建议、劝告、解释和鼓励，在帮助学生产生积极的自我效能感方面，是一种简便有效的方法。但言语劝说一定要建立在学生直接经验的基础上，否则外界的鼓励和说服会因不切实际或空洞，难以引起学生的共鸣，并转化为持久、牢固的自我效能。因此，在体育教学中，不能因强调学生的主体作用，而忽视教师的主导作用，应在教师与学生之间形成一种良性的教学互动。

（二）建议

（1）减少不必要的教学比赛，多注意学生学习的过程和自我认知能力的提高；

（2）根据教材的内容，设计出适合上课而进行有目的的内容；

（3）利用教师自己做出的成绩起到一定的表率作用；

（4）提高课堂的气氛，让学生能够有自己练习的能力，从而进行培养。

浅谈小组合作学习在信息技术课中的重要性

北京市石景山外语实验小学 刘增光

英国大文豪萧伯纳曾作过一个著名比喻，他说："倘若你有一个苹果，我也有一个苹果，而我们彼此交换这些苹果，那么你和我仍各只有一个苹果。但是，倘若你有一种思想，我也有一种思想，而我们彼此交流这些思想，那么，每个人将各有两种思想。"这个比喻很形象地告诉我们这样一个道理，如几个人一起交流自己的知识、思想，就会促进每个人多学一点儿东西。通过合作、交流，每个人很可能得到一个，甚至几个金苹果。这实际上包含有合作学习的意思。可见，培养学生合作学习能力，是我们这一学科的课程任务之一。在新课标、新理念的环境下，将小组合作学习应用到信息技术课堂中，我们不难发现在实现教学目标、改进学习方式等方面都起到了积极、有效的作用。小组合作学习已成为提高信息技术教学效率的新策略。

《中小学信息技术课程指导纲要》指出：学生在使用信息技术时要学会与他人合作，学会使用与年龄发展相符的多媒体资源进行学习，能够在他人的帮助下使用通信远距离获取信息、与他人沟通，开展直接和独立的学习，发展个人的爱好和兴趣。因此，作为一名信息技术老师更要善于学习，勇于创新，大胆实践，集其他学科之长，补本学科之不足，让学生从不同层面，各个角度了解社会的发展，知道学科的重要性，从而增强对事物的判断力，以提高自身的综合素质。可以说这是一个漫长的过程，但并不是说不可能实现，这就要求从学生的自身特点出发。学生爱说、能动、想象力丰富、喜欢表现自己是他们的突出特点之一，而按照我们的传统教学模式，是满堂灌，一言堂，这些生龙活虎的孩子在课堂上的气氛如果像一潭静水，我觉得就太呆板了，而且现代教育提出的课堂气氛应该是自由和和谐，应该让每个学生在课堂上自由发挥，如鱼得水般轻松愉快，从而产生爱学习的感觉。

一、优化组合、培养助手

教师应该把不同性格特点、不同语言水平、不同兴趣爱好和学习成绩有差异的学生归并到一个组。这样，优秀的学生就自然而然地成为了后进生的榜样。为了小组的荣誉，优秀的学生可以发挥小老师的作用，主动对后进生给予帮助。这样既可以使后进生的成绩慢慢好转起来，对优秀生而言，又是一次很好的复习和巩固知识的机会；另一方面，后进生可以在实践和经验方面帮助优秀生，给予适当的建议。这样一来，同学之间的关系就会变得更加融洽，思维方式也会更加多样起来。

二、使学生目标清楚、任务明确，并给予指导

在合作学习中，学生不仅要明确学习目标，更重要的是知道用什么方法去完成目标任务。在开展小组合作学习初期，大多数学生由于没有合作学习的经验和方法，不知道学什么，怎么学，这时需要教师帮助学生确定小组学习的方法和步骤。只有掌握正确的学习方法和步骤，才能保证各小组合作学习的速度、质量。如学生在制作作品过程中，缺少某些资料，教师要引导他们通过搜索引擎在网上查阅资料，还可以提供相应的网址，让学生参考这些资料；指导他们根据学生特长进行分工，小组长要安排好成员任务；指导他们对要收集的资料按类别进行分工，如文字、图片、动画等。当学生掌握一定的学习方法，有了一定的学习经验后，各小组用什么方法、步骤来学习，可由学生自己选择，自主确定，当然教师也作适当的指导和帮助，避免小组学习偏离轨道、远离目标。

三、给学生足够的时间

组织学生进行小组合作学习时，教师要给学生一定的学习时间，让学生进行充分的实践、思考、讨论、交流，保证学生能按时、按质、按量地完成学习任务。不要几分钟就让学生草草收场，汇报结果。教师在组织小组合作学习时，一定要给学生足够的学习时间，至于多少为宜，要依据学习内容而定，灵活把握，也不能造成时间上的浪费。如《校园的小树》一课，老师让学生用"复制"和"粘贴"命令，让校园瞬间长满小树，问题也随之出现了，复制的小树移到围墙边时，把围墙盖住了一部分。教师抛出问题："怎样解决这个问题呢？"教师首先让学生独立尝试探究解决的办法，然后以小组为单位进行研讨交流，最后请学生汇报解决办法。

四、教师参与，加强指导

在教学中，教师要摆正自己的位置，不再是知识权威的绝对领导者，而是学生学习的组织者、指导者、参与者。学生进行小组合作学习时，教师要对每个合作学习小组进行走访，了解各组的学习情况，并加强指导，在了解、指导的同时，要参与小组的学习、讨论、交流活动，与学生进行平等的对话，做学生的知心朋友，做学生的合作伙伴，这样不仅可以增进师生间的友谊，还可以了解、掌握学生的学习情况，提高合作学习的效率。如《打开的窗户》一课，教师在引导学生学会"翻转／旋转"命令后，出示新的任务，"窗户"图片，然后问："怎么才能让半扇窗户打开时接近现实生活的样子呢？下面以小组为单位，研讨解决的办法，并用你们的巧手，让图片中的窗户打开时最漂亮，看谁想的办法最棒，图片处理得最生动。"学生以小组为单位进行研讨，教师注意观察各小组的情况，并能深入到小组之中指导。在操作过程中，有的小组成员很快便完成任务，教师告诉他们："互相看看，取长补短，修改完善作品。"

五、及时组织交流、评价

小组合作学习结束后，要对各小组的学习情况进行汇报、交流、评价。汇报一般由合作的小组推荐一人展示汇报，其他成员作补充，汇报时要说明学习方法、学习结果以及收获和感受。各组汇报、交流结束后，要组织学生对各组的学习情况进行评价，评价先由组长发言，其他成员作补充，评价时要公平、公正、客观，既肯定成绩又指出不足，并提出自己不同的观点和看法。小组汇报、交流、评价结束后，教师对各小组的学习情况要进行小结和总体评价，指出各小组的成绩和不足，让学生明白自己在学习中的得和失，以便他们在今后的学习中不断改进和提高。通过小组间的学习汇报、交流，能弥补小组学习上的不足，有利于小组间取长补短、共同进步。通过小组间和教师的评价，能培养学生辨别是非的能力，形成正确的审美观和评价观。通过评价还可以激发学生参与小组合作学习的积极性和主动性。

总之，小组合作学习将过去的"接受学习、死记硬背、机械训练"转变为"主动参与、乐于探究、勤于动手"的合作学习方式。它能给学生合作的机会，培养学生团队精神和责任感，发展交往与审美的能力；它还有助于因材施教，弥补一个教师难以面对有差异的众多学生的不足。但是，在教学实践中我们不能为了合作学习而进行合作学习，而应根据教学内容和学生的实际情况选择恰当的时机进行，使小组合作学习真正服务于教学目的，从而发挥其最大优势。

小学美术综合实践课程研究——走进博物馆

北京市石景山外语实验小学　潘　红

摘　要： 美术是社会文化的一个重要组成部分，与社会生活的方方面面有着千丝万缕的联系。通过美术课程，学生了解人类文化的丰富性，在广泛的文化情境中认识美术的特征、美术表现的多样性以及美术对社会生活的独特贡献，并逐步形成热爱祖国优秀文化传统和尊重世界文化多样性的价值观。现代壁画强调社会功能和审美功能。壁画艺术与建筑艺术结合，融入环境，改善环境，与人的生活空间密切相关。因此，是当代环境艺术的主要表现形式。作为当代环境艺术的主要表现形式之一，壁画已经越来越多地走近我们的生活。

本活动从身边的壁画入手，通过欣赏壁画艺术作品，引起学生对身边艺术壁画的关注，并了解其艺术创作方法，使学生体会到壁画艺术作品本身的艺术特征。本活动侧重于通过引导学生了解法海寺相关知识进行展示汇报。在"综合·探索"学习中引导学生主动探索、研究、创造以及综合解决问题。注重将知识建立在广泛的社会、文化情境中，让学生在充分认识美术审美功能的基础上，加强与生活的密切联系，增强在探究中解决实际问题的能力。引导学生欣赏与其生活联系较紧密的当地壁画，来学习壁画的简单知识及基本的欣赏方法，感受其美感，并运用口头和书面语言来表达出自己的感受。通过引导学生感受壁画的特征及美感，感悟作品在主题、造型、色彩、材质上的特点，有利于激发学生对壁画艺术喜爱的情感，逐步形成主动对壁画进行欣赏与评价的意识。

在此活动中，学生以美术视角学习欣赏壁画，体会壁画的线条之美，发现其中的美。在分小组活动中，以学生独特视角去寻找自己喜欢的点，作为回来交流的内容，主旨也在引导学生在博物馆中如何去获得属于自己的学习成果。参观后的分享会的环节设计以发展学生自主、合作、探究性学习的能力，培养他们创造性地综合运用各门学科知识解决问题的能力，同时也引导学生发挥综合能力，关注我们身边环境，探索我们身边的古迹，从课内延展到课外。

"在博物馆中学习"综合实践活动自开展至今，每年都在第二学期四年级中进行，此活动已经是学校一门重要的校本课程，课程从前期的实地调研，素材的挖掘，到教材的编写，同时每年结合学校艺术节开展相应的中国传统文化艺术活动，每一次活动都在实践中不断完善。

本活动提升了小组合作学习意识与能力，老师为学生创设开放性研究内容，小组内交流后到班级内交流。在交流前做好信息的收集与整理工作，分配好交流内容与人员安排，从而提升学生自主学习的能力。增强收集、整理和处理信息的能力，在交流的过程中，提高学生交流表达的能力。应尽可能地创设欣赏时间和评述空间。在整个艺术综合实践活动中，美术素养得以提升，激发学生对壁画艺术的喜爱，逐步形成主动对壁画进行欣赏与评价的意识，激发学生关注身边的艺术，爱家乡、爱祖国，尊重传统文化瑰宝的情感。

一、问题的提出

（一）博物馆丰富的教育资源为学习活动提供了丰富的学习资料

博物馆资源是社会文化与科学技术的缩影与精华，丰富的教育资源是任何一所学校不可能具备的，博物馆丰富的藏品为学习活动提供了丰富的学习资料。学生们可以在博物馆中实现快乐学习，自主探究学习，并进行综合实践，博物馆成为学校开展综合实践活动的第一课堂。目前，越来越多的博物馆公共教育部都支持并配合学校开展各项工作，让学生在真实的环境中产生最真实的体验，使学生在博物馆中学习成为可能。

（二）有主题的"在博物馆中学习"与学校育人目标相吻合

学校育人目标即：全面健康发展，凸显人文素养，培养国际视野，彰显英语特长。《义务教育美术课程标准（2011年版）》（以下简称《课标》）指出：美术是社会文化的一个重要组成部分，与社会生活的方方面面有着千丝万缕的联系。通过美术课程，学生了解人类文化的丰富性，在广泛的文化情境中认识美术的特征、美术表现的多样性以及美术对社会生活的独特贡献，并逐步形成热爱祖国优秀文化的传统和尊重世界文化多样性的价值观。

教师根据博物馆资源，结合学校综合实践有针对性地设计活动方案，有计划、有目的、有组织、有主题的博物馆的校本课程，旨在全面提高学生的人文素养，提高学生的美术素养，做到全面发展，做有内涵的社会人。

（三）课程为学生的终身发展奠定基础

校本课程有明确的活动目标，在博物馆中进行主题学习活动，引导学生到博物馆中有目标、有组织、有计划、有方法地学习，培养学生乐于在博物馆中学习，掌握在博物馆中学习的方法，学会从众多的展品中汲取精华，这是社会发展的要求，也是基于核心素养的美术教育以促进人的全面发展和适应社会需要，提高学生的综合文化素养的需求。

（四）"在博物馆中学习"课程的开发与实践实证研究是基于学校发展的需要，基于学校课程建设的需要，基于提升教师专业素养的需要

《课标》中提出，课程分为国家课程、地方课程和学校课程3类，校本课程资源开发的内容是校本课程开发的关键，直接体现着校本课程开发的理念和目的，这为校本课程的实施提供了良好的契机。

校本课程的开发始终与学校的特色发展紧密结合，学校有特色，学生有特长，已成为基础教育改革发展的一大趋势。这势必要充分考虑资源和学校课程的建设与特色教育联系，以学校和教师为主体，展开丰富多彩的教育实践。在打造"特色校"的过程中，开发旨在发展学生个性特长的、多样的、可供学生选择的资源作为课程资源。同时，实践活动的开展激发教师的教育潜能，积极参与学校课程开发的实践研究，鼓励教师增强科研意识，在科研中求发展。

教师集体编写的《我爱博物馆》一书已经正式出版，为学校特色课程发展起到了重要的载体作用。《在博物馆中学习——探访身边古迹　线描重现壁画》的采用，激励了我积极参与教育教学研究活动，发扬教师在教科研及教学中的主人翁精神。

二、研究问题的目的和意义

（一）"在博物馆中学习"综合实践活动课程的目的

1. 促进学生美术学科核心素养提升

《在博物馆中学习——探访身边古迹　线描重现壁画》是专为本校四年级开设的

一门课程，它依托博物馆文化资源，从了解法海寺历史入手，借助图像识读、美术表现、审美判断、创意实践和文化理解等手段，通过活动，学生学会欣赏壁画，激发学生对壁画艺术的喜爱，逐步形成主动对艺术作品进行欣赏与评价的意识，激发学生关注身边的艺术，爱家乡、爱祖国、尊重传统文化瑰宝的情感，提高学生美术核心素养。

学生以自主探究的方式，在收集、整理、归纳、总结的过程中，养成分析和解决问题的能力，在分享活动中提升学生表达的能力。

2. 提升教师专业水平

新形势，新的学习模式，教育教学需要全面发展、和谐发展的具有健全人格和创新精神及实践能力的复合型人才。新课改要求教师转变教育观念、教学观念，对每一位教师提出了更高的要求，要不断提高学生的核心素养、综合能力。随着课程的不断深入研究，教师也相应促进自身的专业发展，提高教师的专业水平。

3. 丰富学校特色课程

欣赏课教学是小学美术的重要组成部分，学校四年级《探访身边古迹，线描重现壁画》校本课程经过多年的摸索实践，已经形成独特的特色。从赏析、临摹到对自己感兴趣的内容进行深入研究，到博物馆中去学习，老师们研究着不一样的教学方法，从课堂走向社会，拓宽国家课程外延；同学们体验着与学校课堂不一样的学习环境与学习方式，感悟着大千世界的精彩，享受着学习的快乐。

博物馆课程让师生都得到不断的进步，共成长，让我们充满活力。

（二）在博物馆中学习课程的意义

在博物馆中学习，爱上博物馆中学习，学会在博物馆中学习的方法，在活动中不断提升综合艺术素养。教师对学生的需要和发展的不断思考，学习内容的改变，除了知识的获得之外，更加注重学生学习方式的改变，促进教师、学生共同发展。"师生共发展"是本校共同愿景，本校本课程的建设与实施推动了教师教材的编写能力，对地方教育资源的开发能力，拓宽了教师的教育视野，促进了教师专业成长。本课程最大的受益者是全校学生。

三、研究内容、过程与方法

（一）确定"在博物馆中学习"综合实践活动的目标

活动目标：通过交流，分享实践活动收获，展示活动成果，提高学生艺术欣赏能力，锻炼表达能力。

情感目标：体验实践活动的快乐，在活动中提升爱祖国、爱家乡的情感，增强民族自豪感。

建立文明参观的行为习惯，建立保护文物的意识。

能力目标：提高收集、整理资料的能力，归纳总结的能力。

重　　点：学生主动交流，对祖国文化瑰宝产生情感共鸣。

难　　点：在活动中学生提高欣赏评述的能力，能用恰当的语言阐述观点。

（二）确定解决的主要问题、解决问题的过程与方法

1. 学会欣赏壁画

走进法海禅寺，进入药师殿，巨幅的壁画扑面而来。远观感受壁画的气势磅礴，近看细节处处皆精彩。

（1）"水月观音"。

远观：仪态端庄大方，神情安详温和，衣服华丽，超然脱俗。

近看：身披的薄纱质地轻薄，随风飘逸。

技法：白粉线勾勒，绘制六角棱花，每一朵小花均由 48 根金丝线组成。

画工技艺高超，线条巧夺天工，精细至极（见图 1）。

图1　"水月观音"局部

（2）"壁画中的动物"。

对比法："狮子犼"——狮子形态凶猛，线条表现丰富，钉头鼠尾描把狮子的毛发画得细密有致，而后背上短而粗的画线使狮子威悍凶猛，扑之欲出（见图 2）。

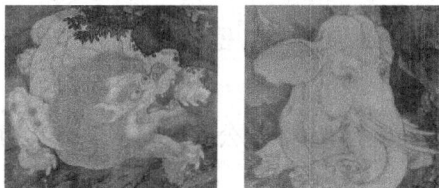

图2　"狮子犼"局部

观察法："六牙白象"——和狮子犼相比较，大象的线条简洁概括，头部寥寥几条线，就把大象坚硬的头骨以及结构画得精准而有质感。

体验法："衣带飘飘"——《帝释梵天礼佛护法图》局部（见图3）。人物画得雍容华贵、宽衣大袖，衣带飘飘，有的线条足有1米多长。

学生手执画笔绘画，在运笔的过程中模仿当年画师作画，体会站立在墙壁前，用毛笔作画，将长线条一气呵成需要的体力与超强的画功。

图3 《帝释梵天礼佛护法图》局部

满铺壁画没有一处败笔。

中国绘画线条技法的多样，具有强烈的表现力，体现了画师精益求精的精神。

2. 深入了解法海寺，感悟中国传统艺术魅力

（1）认识五绝——壁画、曼陀罗藻井、千年白皮松、梵文经咒佛钟、寺前的四柏一孔桥。

（2）了解数据。

建于明正统四年（1439年），完成于正统八年（1443年）。法海寺占地面积20000平方米。动用木匠、石匠、瓦匠、漆匠、画士等共有169人，耗时4年8个月才完工。

壁画共有9铺，佛龛背壁的3铺（水月观音、文殊、普贤菩萨）。东西墙画的是传说故事，共有35个人物，高的近2米，低的只有50厘米，并有祥云、花卉、动物等衬托。

水月观音画面高4.5米，宽4.5米。水月观音披纱上有六菱花瓣，每一片花瓣都由40多根金线组成，细如蛛丝，薄如蝉翼。壁画人物高达1.6米，壁画线条绵长洒脱，衣纹线条长近1米。

该壁画为"明代壁画之最"，1988年公布为全国重点文物保护单位。

（3）两大绘画技法。

沥粉堆金、叠晕烘染集明代工笔重彩绘画技艺。

大量用金，多层叠晕和烘染的手法，壁画金碧辉煌、色泽浓丽、富丽华贵，精湛的壁画绘制技巧为我国壁画中仅见，是明代壁画中的精品。

3. **体验课题研究的过程与方法**

（1）任务驱动。

以"探秘法海寺"为活动任务，引导学生从寻找自己感兴趣的问题出发，鼓励学生以开放的视角探究本小组确定的学习内容，为本次综合实践活动汇报收集资料，设计交流方法。

（2）自主学习法。

以小组为单位，就确定的研究主题进行深入研究学习，并将研究成果在"学习成果分享会"上与全班同学分享，提高小组合作、自主探究等综合素质。

（三）我们的活动安排

第一课：准备课（1课时），认识法海寺。（收集有关法海寺的资料，初步认识法海寺，完成前测）

第二课：实践课（3课时），探访身边古迹　线描重现壁画。（亲临法海寺，欣赏壁画，感受壁画，临摹壁画）

第三课：分享课（1课时），精美古壁画在我身边。（以活动成果分享形式展示学习成果）

四、成果创新点

1. **法海寺实地参观学习，设计"探秘法海寺"环节，鼓励学生发现问题，引领学生自主学习，深入探究**

（1）本课教学充分发挥博物馆优势，带领学生亲临现场，沉浸在现实情境中，感受艺术魅力。当学生们走进法海寺，壁画迎面扑来，那种现场感是图片资料所不可替代的。

（2）设置"探秘活动"，分小组活动"我发现……"引导学生从自己视角出发，寻找"我"喜欢的内容，用镜头捕捉，为本次综合探索活动汇报交流环节的评述收集资料。返校后小组深入研究搜集整理资料，分工协作，在分享活动环节进行展示交流，从而达到教学相长的效果。

2. **"穿越时空　再现壁画"，真切体验壁画的绘制，感悟壁画之珍贵**

在墙壁上裱上宣纸，为学生们准备好中国画笔与墨，"穿越600年，我是画师重回大雄宝殿进行绘画"。学生们在真实的体验中体会绘制壁画的不易，从而使学生对国宝、对画师的尊敬油然而生。在潜移默化中，感悟法海寺壁画之精美，画师技艺之高超。

3. 现代多媒体的使用优化教学

（1）学生自备拍摄设备，从孩子视角出发寻找关注点，形成研究问题。做到自主、个性地学习。

（2）在分享交流环节，多媒体设备的功能可以把平面的图片进行放大、缩小，聚光灯的使用可以将学生的注意力集中。为展示、说明细节做了很好的技术支持，起到优化教学的效果。

（3）大屏投影设备，创设情境，仿佛使学生置身于大殿之中，提高学生学习兴趣。

五、课程评价体系

在整个综合实践活动中，调动学生的积极性，鼓励学生全员参与活动。教师采用个人评价、小组评价、学生互评等方式，评选出"我的壁画线条最美""我的发现最独特""我是优秀宣传员"等一系列的奖项，激发每一个学生的参与热情。

六、活动成果应用及效果

1. 在真实的博物馆情境中学习

博物馆作为文化传承与创新的殿堂，在艺术活动设计中，探索、研发，创造性地开发了中华优秀传统文化博物馆综合实践活动。课堂把法海寺作为学生学习的课堂，并且在课程实施中不断探索课程与艺术核心素养相结合，促进教学方式变革，改变学生学习的方式，从而让学生爱上博物馆，学会在博物馆中学习，在博物馆中成长（见图4）。

图4　在博物馆中学习的学生们

2.学生成果展示，进一步提升活动主题

成果展示，在整个主题活动中既是活动的总结，也是学生间交流学习的过程，本着"每一个人都是艺术家"的理念，学生在展示自我的过程中，体验成功的过程（见图5）。

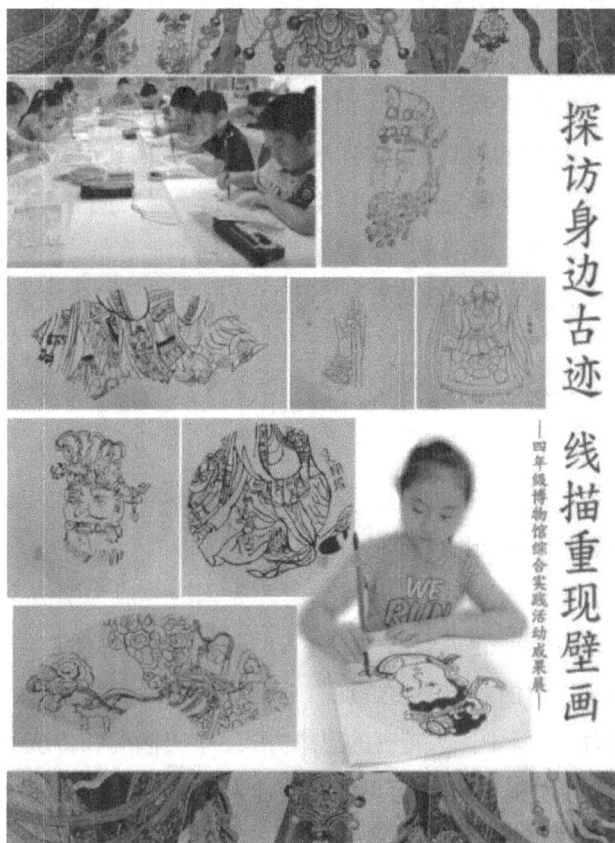

图5　成果展示

疫情期间线上书法教学之初探

北京市石景山外语实验小学　操 红

2020 年注定是不平凡的一年，春节序曲刚唱响，突如其来的新冠肺炎疫情就把个人、国家甚至世界的运转秩序都打乱，学校教育教学工作也随之受到了严重影响。为了能够维护社会正常生活生产秩序，按照国家规定如期完成教育教学任务，教师线上教学，学生居家学习的教学方式就应运而生，让学生家长们能安心忙碌在各自的工作岗位上。我们需要把平时的教学进度进行压缩整合，我们还要把 40 分钟的课精简到 10 分钟左右，面对面的教学需要变换为网上教学，这真是时间紧、任务急！

书法教学是地方课程，根据现行的教学内容我们如何在线上指导学生居家学习书法，同时又能进一步激发学生的学习兴趣，燃起学生学习中国传统文化的热情呢？

一、方法总比困难多

当新冠肺炎疫情发展到严重时刻，我静下心认真思考：书法到底能带给孩子们什么？疫情期间的线上书法课如何发挥它的作用呢？

郭沫若曾说过，中国人要写好中国字，并不是因为要成为书法家，而是从小培养良好的书写习惯，培养自己的审美意识，对人的一生都是有益的。学习书法可以强身健体，培养孩子持之以恒的意志品质，拥有一颗平常心；培养孩子认真的学习态度，以及细致的观察能力；了解中国人特有的思维方式、审美倾向和传统的精神文化境界。这段时间正提供给了学生这样的学习机会，使他们沉下心来，做好一个学生该做的每一件事。沿着这种思路思索，我不由自主地拿起手边的《颜勤礼碑》，看到自己以前备课的痕迹，慢慢地心中有数了。

（一）巧思整体框架，精心编排内容

我根据之前学生实际情况，将全校学生分为低（1～4年级）、高（5～6年级）两个学段，以《我学书法》微课的形式进行教学。以《颜勤礼碑》为教学内容，没有按照一般程序进行，而是从字帖中精心选字，采取一课一字，以字为中心，根据学段的特点，高学段侧重结构的讲解，低学段侧重笔画的练习，然后分别集字教学的方式，以一幅幅作品为主线贯穿整个学期的教学。由易到难，从浅到深，从第一节的学习用具的准备、书写姿势的规范、初用毛笔写名字，到采取集字成作品，例如，低学段设计有《童年》《万里河山》《长江》等几个单元，到最后一节课再写名字，和自己之前写的进行比较，使学生看到进步，激发他们学习的兴趣，增强继续坚持学习书法的信心和动力。

（二）教学目标明确，方法简单易行

在每节课的教学设计中，我把教学目标定得尽可能准确，比如，在学段中，继第一节准备课后，第二节课就开始写字，我通过写"童"字，讲解长横和短横的写法及区别，第三节通过写"年"字，讲解悬针竖的写法，第四节就写作品"童年"，内容既符合低学段学生年龄特点，又满足了孩子们对书法的好奇心。

（三）教学设计新颖，激起爱国情怀

微课教学是我在这段时期随着不断尝试摸索和实践渐渐熟练起来的。在教学导入阶段，我根据年龄特点，低学段采用"找一找"的游戏，让学生找找两幅图片的几处不同之处，主要是培养学生敏锐的观察能力，认真的学习态度，为今后的临帖学习打下良好基础，潜移默化地使学生喜欢上书法课。高学段我会从每个字的不同字体展示导入，让学生们从字体演变的过程中认识到字的起源，使学生对文字产生兴趣，从中感受到中国汉字的无穷魅力，中国传统文化的博大精深。

为了突破教学重难点，每节课我都精心录制了书写示范的视频。在录制过程中，我力求范字的准确性，于是反复临摹字帖，仔细观察揣摩字帖中的细节，在米字格中书写多次，录制多次后，最终确定画面清晰临摹到位的版本进行使用。下一步就是配合视频，录上一条条的配音，力求语言简洁、清楚明白、重点突出。然后设计出高质量的画面，再以中国优美舒缓的传统音乐烘托，最后将以上视频、图片和音乐元素合成精美的微课形式。

随着不断地尝试，在每次微课中又增加了书法家故事以及简单的书法常识等环节。在课前准备环节我会录制一段音画，提示学生做好课前准备，并将上次的作业统计进行总体评价，鼓励学生的优点，同时指出努力的方向。

在设计环节中，我每节课所选取的字，不仅要考虑到学生的认知水平，还要根据文字内容进行巧妙设计，融入中华优秀传统美德教育。比如高学段《家国》单元，我先分别用两节课讲了"家"和"国"两个字，暗藏伏笔，这时正值疫情渐渐好转，全国医护人员相继支援武汉，大家都逐渐认识到没有国哪有家的道理，因此，我在接下来的第三节课中讲解《家国》作品前，先播放一段歌颂祖国大好河山的视频，烘托气氛，然后配上声情并茂的解说词，以激发学生的家国情怀。我说道，家是最小国，国是千万家，舍小家为大家，先国家后个人，从来都是中华民族的核心基因和精神标识。在这次艰难的抗疫中，每个人都能深刻感受到我们拥有强大的国家，也正因此我们才能以世界上最快的速度战胜疫情、共克时艰，我们每个人也都能从这次疫情中学会敬畏生命，感恩生活，也在心中树立起家国情怀。然后，指导学生一步步饱含激情地书写出"家国"二字的作品，我想他们会永远记住这一刻的。

（四）注重教学实效，激发学生热情

微课与线下课相比，自有它的优势，微课可以反复收看，反复学习，且不受时间限制，最大化地掌握课程的重难点。作业的好坏，在一定程度上反映了学生学习的现状与对所学知识掌握的程度，是对所教知识的信息反馈，对教师今后的教学有一定的指导意义。因此在每节微课后，我都会写上"期待你们的作品在统计助手上出现哟"这样的话语。我在统计助手小程序上制作相应课时统计，学生们可以在一周之内把作品拍照直接上传到这个小程序中，还可以互相进行观摩学习，其实就是一场场全校书法比赛，我会随时关注到学生的作品，并且在学校制作的各年级作业展览公众号中进行展示。从统计助手小程序中，我能看到学生的积极性还是很高的，全校 460 人，第一次上传作品人数就高达 317 人，占全校总人数的 69%。

二、反思分析

在这段时间里，我共上了 13 周，26 节的微课，从最初的无所适从、一头雾水到渐渐熟练、操作自如，我是摸着石头过河走了一路，回头看看，有许多收获，但同时仍然有许多遗憾和不足需要改进。

（一）需要加强所选字之间知识技能层面的内在联系，增强系统性、逻辑性，以不断激发学生的兴趣

一般书法教学是按照基本笔画、偏旁部首、间架结构、章法布局等顺序来进行的。为了增强学生的兴趣，我采用了以一个字或一幅作品为中心同时进行基本笔画、偏旁部首、间架结构、章法布局的教学，这样由成果到基础的过程是学生喜欢的。但如何将书法基础打牢，如何将技能线与兴趣线既科学又富有意义地合二为一呢？问题的解决方法，我目前想出两个方案，一是调整教学内容的难度，可以找些简单的字进行集字创作；二是根据学生的年龄以及认知特点，可以分为低、中、高3个阶段分层教学，将教学内容细化，以更准确地明确教学目标，更有针对性地完成教学任务。

（二）增加些书法常识方面的作品欣赏，以增强孩子对中国优秀传统文化的了解和认同感

可以在每次的微课拓展环节中，展示历代书法名家的书法作品，拓宽学生对书法的认识领域，提升眼界。

（三）加强自身字内功的学习，提高字外功的修炼

作为书法教师应该业精于勤，坚持每天习字，坚持不懈。不但对所教楷书颜体了如指掌，还要加强横向对比，对楷书的其他书体，如欧体、柳体、赵体进行临帖练习，另外需要对其他字体的涉猎，逐渐形成自己的书写风格。在文学、历史、哲学等方面也要下功夫，才能在课堂上融会贯通，深入浅出地引导学生进行学习。

（四）顺应时代潮流发展，加强自身信息技术方面的学习

不断提升信息技术水平，以便更好地服务于教学，将现代技术与传统文化紧密结合，以适应未来教育高质量、高水平的发展。

书法是什么？说到底，是中国人的气度与胸襟，是感受书法背后这个人的精神气质，正所谓字如其人。中国传统的哲学思想使中国人有着不同于西方的思维方式、道德规范、做人做事的原则，而这些是隐含在书法学习的方方面面之中的，需要静心体会。中国人的智慧、内敛含蓄、勤劳谦逊等太多优秀品格是需要我们的孩子们来坚持并弘扬的。这样才能使孩子们从小学会一眼看中国，一眼看西方，一眼看过去，一眼看未来，融会贯通，扬弃取舍，形成这一代孩子整体的核心竞争力，以不断创新发展我们的祖国！

努力，我们永远在路上！

优化课后延伸活动　促进学生社会性发展

——以道德与法治《战胜困难更快乐》一课为例

北京教育学院石景山分院　赵文琪　北京市石景山外语实验小学　万东春

摘　要： 学生的社会性发展并不是一蹴而就的，是一个具有连续性的过程。优化课后延伸活动，持续跟进教学，帮助学生在实践活动中逐步参与社会、认识社会、适应社会。笔者从"课后延伸活动设计童趣化，促使学生乐于参与、积极互动；课后延伸活动内容生活化，鼓励学生勇于坚持、反复内化；课后延伸活动评价多元化，帮助学生善于交流、共享共进"三个角度思考了"优化课后延伸活动　促进学生社会性发展"的策略，并以三年级上册《道德与法治》课本中《战胜困难更快乐》一课为例加以阐释说明。

《义务教育品德与社会课程标准（2011 年版）》明确指出，该课程是在小学中高年级开设的一门以学生生活为基础、以促进学生良好品德形成为核心、促进学生社会性发展的综合课程。这里，社会性发展所包含的意义是形成社会认识、发展社会情感、学会社会行动。这与品德与社会课程总目标中所提及的"认识社会、参与社会、适应社会"相呼应。毋庸置疑，学生的社会性发展并不是一蹴而就的，具有连续性的特点。学生通过课堂学习所获得的对社会的认识、情感以及参与社会的能力，只有及时地在生活中加以实践运用，才可能得以丰富、内化和提升。在课程实施过程中，教师有意识地设计开展课后延伸活动，为学生搭设学以致用的实践平台，引导学生参与实践、与社会互动，是促进学生提升相应的品质与能力，实现社会性发展的有效途径。

听课调研中发现，由于一些教师忽视课后延伸活动，使学生缺少了应有的实践环节，导致其社会认识、情感以及参与社会的能力难以得到应有的推进。在本文中，笔者以统编小学《道德与法治》三年级上册第一单元《快乐学习》中第二课《我学习，我快乐》的第二个框题《战胜困难更快乐》一课的课后延伸活动为例，对如何优化课后延伸活动，促进学生的社会性发展加以阐释说明，与同仁共同探讨。

《战胜困难更快乐》这一课，旨在引导学生在日常的学习和生活中，能够积极面对遇到的困难和问题，尝试自己解决问题，体验克服困难、取得成功的乐趣。在课堂教学中，通过对以往生活经验的梳理，学生认识到"敢尝试""想办法"以及"肯坚持"是解决问题、克服困难的好方法。但是，学生在课堂学习中获得的积极心理体验能否帮助他们克服今天抑或说今后所面临的困难呢？心理学研究表明：三年级的学生进入少年期，他们对外部控制的依赖性逐渐减少，但是内部的自控能力又尚未发展起来，还不具有有效调节和控制自己行为的能力。由此可见，帮助学生在实践中运用课堂学习中梳理的经验，解决生活中的实际问题，在解决问题与克服困难的过程中深化认识、提升能力，从而提高自信，确实需要课后延伸活动的引导与强化。为此，笔者在优化课后延伸活动方面做了如下尝试。

一、课后延伸活动设计童趣化，促使学生乐于参与、积极互动

社会性的一个重要方面就是个人对他人的依赖关系，相互依存性规定了人脱离社会是无法生存的，人一出生就处在特定的人群和集体中，集体生活和社会生活对人来说是一种内在需要。因此，引导学生乐于参与，促进学生与他人、与社会积极互动，是社会性发展的重要基础。课后延伸活动设计童趣化，就是要以儿童的情感和兴趣设计课后延伸活动。儿童有着不同于成人的精神世界，教师只有具有儿童视角才能理解学生的需要，懂得学生的困惑，并怀着一颗童心满足学生成长的需要。"童趣"是学生主动参与活动的前提，学生在安全、惬意的心境下才能全身心地投入活动中，实现与自己、与他人、与周边事物的积极互动。

《战胜困难更快乐》一课的课后延伸活动采用"续写绘本故事"的形式。即教师将学生在日常生活中面临的困难与问题用儿童画的形式呈现在画纸的左侧并装订成册，画纸的右侧作为留白，用来引导学生用自己喜欢的方式记录自己克服困难、取得成功的经历。心理学研究表明：三年级的学生以具体形象思维为主，他们愿意展示自己，已经表现出创造力的倾向。在续写绘本的过程中，有的同学用儿童画的方式记录下"写作文"的进步，有的同学用小诗的形式记录下"攻克数学难题"的喜悦，还有的同学用照片的形式呈现了自己英语百词听写满分的快乐……学生在参与续写绘本故事的过程中，努力地展示自我、完善自我、超越自我。在这种积极的心理体验下，以开放、

乐观的心态实现着与自我、与他人、与事物之间的积极互动，这种互动推动学生将走进群体的内在需要转变为乐于参与、积极互动的品质与能力！

二、课后延伸活动内容生活化，鼓励学生勇于坚持、反复内化

《义务教育品德与社会课程标准（2011 年版）》指出：学生的品德与社会性发展源于他们对生活的认识、体验和感悟，学生的生活对本课程的构建具有重要价值。课程必须贴近他们的生活，反映他们的需要，让他们从自己的世界出发，用自己的眼睛观察社会，用自己的心灵感受社会，用自己的方式探究社会，并以此为基础，提升学生的生活。因此，课后延伸活动的内容也应该指向学生的生活，帮助他们认识和解决现实生活中的问题，在体验生活的过程中体会勇于坚持的乐趣，并内化成为自己的个性品质。

课后延伸活动按照主题划分，可以分为"习惯养成类""学习拓展类""实践体验类"等；按照关注点划分，可以是学生的兴趣点、热点，也可以是学生的问题点等。就本主题而言，学生将"积极面对学习中遇到的困难和问题，尝试自己解决问题"的认识内化于心、外化于行是难以在有限的课堂教学中实现的，这就需要依托课后延伸活动切实给予学生实践体验的时间与空间。本节课的课后延伸活动持续一个学期。就三年级的学生而言，克服任何一个困难都不是一朝一夕的事情，但是每一次的尝试与实践对于困难的解决来说，都具有重要的价值和意义。因此，学生是否肯坚持并愿意想办法去尝试是问题的关键。绘本中呈现的场景源于本教学班学生的实际生活，鼓励学生在熟悉的生活场景中坚持实践，不断丰富"尝试克服困难取得进步"这一积极的心理体验，帮助学生把"勇于面对困难"的认知逐步内化为克服困难的能力与品质，进而不断地完善自我，为学生适应社会打下坚实的基础。

三、课后延伸活动评价多元化，帮助学生善于交流、共享共进

艾里克森人格发展八阶段理论揭示：六到十二岁的儿童如果能顺利地完成学习课程，他们就会获得勤奋感，这使他们在今后的独立生活和承担工作任务中充满信心。反之，就会产生自卑感。这就需要运用评价积极促进学生发展，引导学生在评价的过程中获得相应的成就感与勤奋感。品德与社会课程标准指出，本课程倡导采用多主体、开放性的评价。鼓励学生自评与互评：教师引导与帮助学生对自己和同伴在学习中的表现及成果进行自我评价和相互评价，鼓励学生自我反思，相互借鉴，相互促进。

在本课的课后延伸活动中，绘本在每位同学手中传阅，当绘本传递到任何一位学生手中的时候，既可以记录自己的故事，也可以为其他同学"点赞"或者"提出建议"。家长、教师也作为不可或缺的评价者阶段性地参与评价。绘本在传递过程中，已然成为学生、家长、教师交流分享的纽带。每一位学生既是评价者，也是被评价者；既是经验的分享者，也是经验的学习者，在此过程中丰富了自我觉知，实现了榜样模仿，提升了适应社会的能力。

一是以绘本为"镜像"，丰富自我觉知。儿童心理学研究表明，三年级是形成自信心的关键期，他们在接受别人激励性评价中能发现自身的价值，并产生兴奋感、自豪感，对自己充满信心。因此，续写绘本故事以多元主体参与评价，学生能够以同伴、教师、家长的评价为"镜像"观察自己的行为，发现自己的进步与不足，在自我觉知的过程中不断激励自我、调整自我、完善自我。

二是以绘本为"样板"，实现社会模仿。社会模仿指的是个体在非控制性社会刺激作用下，以社会上其他人的行为为模本，做出相类似行为的一种社会心理现象。社会模仿是实现人的社会性发展的重要途径。三年级这一年龄阶段正是从可塑性强转向逐渐定型的重要过渡阶段，榜样对于学生的习惯、品格、思维方式、情感、能力等发展来说具有重要的价值和意义。对于本节课的课后延伸活动而言，绘本俨然成为"样板"，学生在传阅绘本故事的过程中既能看到同伴克服困难的历程，也会学习到同伴克服困难的智慧，还可以在大家的点赞与评价中感受锲而不舍精神的可贵。学生在交流的过程中，收获的既有克服困难的方法，也有与人交往的平和与友善，更有对良好品质的赏识与追求。学习榜样、模仿榜样在潜移默化中悄然开始了。

三是以绘本为"阶梯"，完成自我超越。绘本为每一位学生描绘了战胜困难取得成功的美好愿景，极大地激发了学生为之努力的动力。学生每一次对自己行为的记录都是自我超越的见证。随着时间的延续，学生身上存在的问题与困难一点点得到解决与战胜。绘本犹如"阶梯"一样，引领学生为了实现愿望而集中精力，在每一步进阶中客观地观察自我，在学习与创造中不断地超越自我！

总之，续写绘本故事这一课后延伸活动，为学生打开走进社会、参与社会的一扇门，学生在亲力亲为中不断丰富对自我、对他人、对社会、对生活的认识，在自我完善的过程中不断增强适应社会的能力，以此推动着自身的社会性发展。因此，注重道德与法治课后延伸活动的优化，持续跟进教学，巩固课堂教学成果，会更好地帮助学生参与社会、认识社会、适应社会，充分发挥品德与社会课程独特的育人功能和价值。

在艺术教育中运用奥尔夫元素
促进儿童感知觉与多元智能的发展

北京市石景山外语实验小学　莫文安

摘　要：20 世纪后半叶以来，由于工业文明对于整个世界的影响，失去"美"的儿童数量迅猛增长。难产得到剖宫产解救，生活的富裕导致长辈对儿童呵护过度，城市化的普及导致孩子的生存空间变得狭小……解决儿童的美育问题迫在眉睫。美育运动的兴起，仅仅经历了几十年，仍算是门年轻的课题。不可否认艺术教育是有效的，但艺术教育在教学中不经意间的枯燥无味也是无法避免的一个问题。如何让儿童爱上课堂中的艺术教育与美育，则可用奥尔夫教学法中多元的方式吸引他们，并层层叠加，加入不同形式、不同感官的刺激，让孩子开发出更大的潜能。在多个年龄段以及不同的教学实践中，得出了不同形式的美育教学方式的确能对孩子造成不同程度的影响的结论，得以让他们获得"美"的能力。

一、奥尔夫是什么

在 20 世纪开始的西方国家教育改革之路上，三位教育大家奥尔夫、达尔克罗兹、柯达伊的科研成果尤为显著。我们在阐述这个问题前，需要了解什么是"奥尔夫"。

"奥尔夫教学法"是由德国作曲家、音乐教育家卡尔·奥尔夫先生所创建的教学法，全名为"奥尔夫音乐教学法"（下文简称"奥尔夫"）。

奥尔夫认为，表达思想和情绪是人类本能的欲望，并通过语言、歌唱（乐器演奏）、舞蹈等形式自然地流露，这是人原本固有的能力。诉诸感性，以人为本，唤醒、开发和提升人表达情感的音乐本能。这也是奥尔夫中最亮眼的一个特点，也是最鲜明的特点——原本性音乐。

很多人对奥尔夫有一个误解："不就是拿奥尔夫乐器随便敲吗？"其实不然，尽管奥尔夫最为人所称道的是奥尔夫乐器，但在奥尔夫的理念里，任何的一切都可以成为"奥尔夫乐器"，而人们所谓的奥尔夫乐器，也不过是他们强加在某几样常被使用的小型打击乐器上罢了。

奥尔夫的教学目标说道："让孩子在群体即兴、游戏愉悦身心中学习和体验音乐。"所以在奥尔夫的教学课堂中，形式往往是最不被看重的一点，能够让孩子体验到音乐、获取到快乐、学习到知识，才是奥尔夫所看重的目的。我们所要阐述的奥尔夫音乐教育实践对感知觉的多元刺激（听觉刺激、运动觉刺激、视觉刺激），恰恰就是奥尔夫的教学目的之一。

二、感知觉统合是什么

感知觉是我们人类与生俱来的能力，是多种人体分析器协同活动的结果，依照感知觉中起到主导作用的分析器来划分，与前述感觉水平种类的外部感觉相接近，可分视觉、听觉、嗅觉、味觉、触觉、本体觉、前庭觉。复杂知觉是一种综合的知觉。它需要多种分析器同时参与活动，知觉的对象、内容也较为复杂。按其所反映对象的性质来划分，复杂知觉可分为时间知觉、空间知觉和运动知觉。时间知觉，是对客观现象顺序性和延续性的反映。空间知觉是人的大脑对物体空间特征的反映，它包括形状知觉、大小知觉等。运动知觉与时间知觉和空间知觉密不可分，它是对物体空间位置移动的知觉，它依赖于物体运动的速度、运动物体里观察者的距离以及观察者本身所处的运动和静止状态等。

在对感知觉的描述中，有一个更进一步的名词，叫"感知觉统合"（Sensory Intergration）。感知觉统合缩写为SI，是指个体的感官（视觉、听觉、嗅觉、味觉、本体觉、前庭平衡觉等）接收信息，将信息输入大脑，由大脑对这些信息进行筛选、解释、联系、整理，进而进行决策，发出指令，通过分支神经指挥身体的某个部分做出反应的神经心理过程。

早在1906年，感知觉统合这一术语就已问世。于1969年，英国生理学家谢灵顿（Sherrington）和美国生理、心理学家拉什利（Lashley）再次把感知觉统合这个词提出。在20世纪40年代末期，加拿大的心理学家、认知心理生理学的开创者赫布（Hebb）在研究人脑感觉和运动的交互作用后认为，人的知觉、思维等心理活动是神经系统相互连接的结果。自此之后，感知觉统合便成为了跨越心理学与脑神经科学的一门学问。而系统提出感知觉统合理论，并奉献毕生进行大量实验应用研究的则是美国心理学博士爱尔斯（Anna Jean Ayres）。

奥尔夫音乐教育实践对感知觉的刺激，笔者斗胆将其理解成奥尔夫音乐教育对感知觉统合的刺激，那么如何使得奥尔夫刺激到感知觉统合，我们需要明白两个名词。

三、美育中奥尔夫的重要性

（一）联觉与联想

谈及美育中音乐与感知觉的联系，必然避不开两个概念：联觉、联想。

在心理学中有两个概念均用于描述一种心理体验引起另外一种心理体验的现象，即"联觉"与"联想"（synes-thesia）。"联觉"被定义为"从一种感觉引起另一种感觉的心理活动"，即对一种感觉器官的刺激引起其他感觉器官感觉的心理活动。"联想"被定义为"由一个事物的观念想到另一事物的观念的心理过程"。

从定义上来看，"联觉"和"联想"均指由一种心理活动引起另一种心理活动的现象，而两者不同之处则主要体现在以下两点：

一方面，需要阐述的是，联觉的产生是在感觉的层面，而联想则产生在思维的层面。例如，我们听到低音，所感受到的一定是沉重，听到高音则会感受到轻盈；而当我们听到巴赫的《G弦上的咏叹调》时，或有人想到宫廷的翩翩起舞、或有人想到水边的温婉美人、或有人想到夜空中闪烁不定的星星，这就属于一种思维层面的东西，属于联想现象。

另一方面，联觉是所有人都具备的普遍反应，而联想总是以个人经验为基础，经过后天思考得出。比如看到红色的时候，无论你是亚洲人、欧洲人还是非洲人，你所感受到的都会是温暖而非寒冷。那么颜色本身具备温度吗？答案必然是否定的，那么带给我们这种感受的先天性、每个人普遍都具备的感受就是联觉。另一方面，看到红色时，我们想到的是革命烈士的鲜血，是迎风飘扬的五星红旗。此时，带给我们这种感受必然是经过后天思考的，此乃联想。前者可以发生在任何的个体当中，而后者仅在有这种经验的个体之中才可能发生。

（二）奥尔夫对听觉的刺激

音乐同样也有着经验，在奥尔夫的音乐课堂中，会出现这样的一种情况：以木琴为例，学生按照教师的要求拿到的第一个乐器往往不是木琴，而是两个琴槌。在拿到琴槌后，教师会让学生尝试着用正确的方式握住琴槌，随后会让学生们探索怎样让琴槌发出声音；怎样才能发出更大的声音；怎样才能让琴槌发出的声音更加悦耳。在这个过程中，学生们的听觉会受到刺激，反映到学生们的动作时，我们会看到学生们不断地调整自己的琴槌，以发出自己想要的声音。每一次敲击所发出的声音都会传到学生们的耳朵里，刺激着学生们的听觉。在敲击下去之前，学生们会思考：我敲下去后，声音是什么样子的？是之前如同闷在水底般的声音？是清脆悦耳如同百灵鸟般的声音？抑或是根本就发不出声音？在一次又一次的刺激当中，学生的音乐经验逐渐积攒，当找到最适合的声音时，这个敲击的姿势已经牢牢地掌握在了学生们的心底里，此时拿出木琴，学生们敲击下的声音必然是悦耳且动听的。若教师在一开始就告诉学生：琴槌应该诸如此般拿。那么学生或许能拿对琴槌，但是对于如何奏响悦耳的声音、为何要诸如此般拿琴槌，则是一头雾水。

奥尔夫音乐教育对于听觉的刺激自然难以一言蔽之。在奥尔夫的课堂中，不可或缺的一个步骤就是即兴。如何即兴得好听，就涉及另外一个词汇"美"。

（三）把"奥尔夫"与"美"相结合

俗话说，音乐是情感的艺术，是声音的艺术，奥尔夫也是对于声音、对于音乐的一种阐述。

音乐是足以勾勒描绘出情感的艺术，也是一种发现和体验的过程，是音乐创作者与音乐欣赏者情感的一个碰撞与交融的过程。

那么音乐的欣赏能力我们天生就有吗？答案是必然的。那么我们为什么需要去做音乐的教育呢？这，曾是困惑我许久的问题。有着自己的人生观、世界观、审美观，对于音乐我们有着我们自己的想法与评判方式，但是，这一定就是对的吗？答案显而易见，那必然是不可能的。谈及音乐的欣赏能力，则需要用到我们的"审美观"。

美，是随着我们人类历史长河不断地流淌而逐步向前的。遗憾的是，那仅仅代表着美的上限，而不是普及。从古希腊时期苏格拉底、柏拉图、亚里士多德到近代的席勒、蔡元培等著名的教育家们，都无一例外地把"美育"放到了一个极其重要的位置。

大部分人认为美育只是简单的美术教育，其实不然。美育被称为美感教育或审美教育，是培养孩子感知美、热爱美与创造美能力的教育，是孩子成长过程中不可或缺的一部分。我们所说的美育并不是简单地指美术教育；而是将"美"渗透于生活中的一切所形成的教育。早在春秋末期的孔子，就把教育从国家政治生活中独立出来，创立了古代教育体系。他以"六艺"礼、乐、书、数、射、御教授弟子。乐，实际上就是专门的美育课。近代教育家蔡元培先生在 1912 年 2 月所著《对于新教育之意见》中，将美育列为五种教育之一（其他 4 种为军国民主义、实利主义、德育主义、世界观），认为"美感者，合美丽与尊严而言之，介乎现象世界与实体世界之间，而为津梁"。通过美育，可以提升人们的趣味和情操，树立美好的人生观和世界观。所以我们的学生在美育学习的过程中不仅能提高道德情操，而且也能促进学生智力、体力的健康发展，培养学生的想象力、创造。而美育所培养的能力中，感知美指的是培养学生充分感受现实美和艺术美的能力；热爱美是指使学生具有正确理解和善于欣赏现实美和艺术美的知识与能力，形成他们对于美和艺术的爱好；创造美则是美育的最高目标，为的是培养和发展学生创造现实美和艺术美的才能和兴趣。

在奥尔夫的课堂里，对于听觉的刺激是最大的一个部分，在学生一步步地进行尝试，逐渐找到好听的声音的这样一个过程，无一不是对听觉的刺激性行为。学生们在一定规则下的即兴，恰恰是对于声音经验的一种累积，学生在教师的引导下接触"美"的音乐、我们自身能演奏的好听音乐、我们听到与别的孩子一起合作的音乐，听到他们的声音，良好的审美观就会在学生们的心里生根发芽。

（四）感知觉与多元智能

美国心理学家加德纳 1983 年提出多元智能理论。加德纳认为，人的智力结构中存在着八种相对独立的智力，这八种智力在每个人身上的组合方式是多种多样的，每个人在不同领域的智力发展水平是不同步的。这八种智力分别为音乐—节奏智力、身体—运动智力、视觉—空间智力、言语智力、逻辑—数学智力、人际智力和自省智力、自然智力。

（1）音乐—节奏智力是指人敏锐地感知音调、旋律、音色和节奏等的能力。这种智能在作曲家、指挥家、歌唱家、乐师、乐器制作者、音乐评论家等人员那里都有出色的表现。

（2）身体—运动智力是指善于控制身体运动，善于运用身体动作表达思想和情感以及运用双手灵巧地操作物体的能力。这项智能包括特殊的身体技巧，如协调、平衡、敏捷、力量、弹性和速度，以及触觉和触觉引起的能力。运动员、舞蹈家、外科医生、手艺人都有这种智能优势。

（3）视觉—空间智力是指人们利用三维空间的方式进行思维的能力，是在脑中形成一个外部空间的世界的模式并能够运用和操作这一模式的能力。空间智能强的人对色彩、线条、形状、形式、空间及它们之间关系的敏感性很高，感受、辨别、记忆、改变物体的空间关系并借此表达思想和情感的能力比较强，表现为对线条、形状、结构、色彩和空间关系的敏感以及通过平面图形和立体造型将它们表现出来的能力。

能准确地感觉视觉空间，并把所知觉到的表现出来。这类人在学习时是用意象及图像来思考的。

视觉—空间智力强的人通常会表现出对成为一个艺术家、摄影师、工程师、建筑师、设计家、航行者或形象类倾向的职业感兴趣。

这些智能的发展，都有赖于对听觉、视觉、运动觉的刺激。

在不同的情境中，奥尔夫对于听觉刺激、运动觉刺激、视觉刺激分别对应着加德纳的音乐—节奏智力、身体——运动智力、视觉—空间智力。

（五）奥尔夫对于运动觉、视觉的刺激

奥尔夫的课堂也会使用到舞蹈的形式来进行，内容常常会是由音乐—语言—动作三结合的音乐活动与奥尔夫乐器演奏。在奥尔夫的教育思想里，一直贯彻着让每个人都能学会和体验音乐，所以在奥尔夫的课堂内，综合性和参与性是必不能少的。在奥尔夫的舞蹈活动中，学生往往会随着音乐去进行简单的律动和舞蹈动作，在做这些舞蹈动作和律动的时候，学生运动觉的感受器被激活，逐渐积累到身体经验里。在日后表现身体仪态以及生活姿势的时候，这些经验就会帮助到学生能够快速地去适应和理解这些姿势。

在这个阶段里笔者往往愿意把视觉的刺激加入进来，而并非单独把奥尔夫对运动觉的刺激拎出来描述。容易发现，许多的奥尔夫教室拥有一块大的镜子，这个镜子并不是摆设，而是为了帮助学生能够更加深入地对自身进行体验。在母亲怀孕第 28 周时，胎儿的脑组织开始出现皱缩样，能分辨声音，视网膜已经形成；有了呼吸和微弱的吸吮力。出现了褶皱，肺血管开始发育了，大脑沟回明显增多，对外界刺激开始变得敏感，骨关节也开始发育。脑沟和脑回几乎和成人一样，耳朵神经网已经形成，胎儿会做梦了，眼睛可以自由闭合睁开。这个时候，他们就已经能够感受到微弱的光，他们的视觉感受器也已经开始形成。

奥尔夫课堂中学生们做舞蹈动作和律动的时候，无论是在教师的指引下或是学生出于对自身的好奇，这面镜子就会完整地展现出学生们当前的身体姿态。学生们的视觉感受器会在这个阶段中不断被刺激，进而去进行对自己身体姿态的调整。

另一方面，奥尔夫对视觉感受器的刺激不仅仅是对运动觉感受器的附庸。我们的视觉感受器每时每刻都在接受着刺激，在奥尔夫的群体即兴或演奏时，我们除了听觉感受器需要提供反馈之外，视觉感受器也需要发挥出它的作用。观察身边表演者的动作；观察自己的演奏方式；观察教师给予的指挥；观察其他演奏者的状态。在这么一步步的观察中，与其他人的交流逐步加深，体验也更加深刻了。

四、结论

事实上，在奥尔夫的音乐教育实践中很难把每个刺激单独拎出来阐述。在笔者的理解里，更是感知觉与感知觉统合的关系，步步相连且缺一不可。加入奥尔夫元素的美育课堂在一步步的多元刺激下，促进孩子的听觉、运动觉、视觉的发展是必然且迅速的。

在不同感受器的刺激下，带给孩子的好处是终身的。回想一下我们所想起来的关于美的画面，是否记忆犹新？打个比方，小时候听到经典的优美的旋律我们会打心底里觉得很喜欢，而现在听到的所谓的"流行歌曲"，可堪入耳？如果孩子从小听优秀的作品、常与他人合作、常观察他人、常对自己的身体有所感知，最终他会成长为一个什么样的人是显而易见的。如果孩子反其道而行，那他又将会成为一个什么样的人呢？然而现在我们在生活中，听音乐、看书成为一种消遣，听完、看完一部作品之后内心毫无波动，不正是我们失去了一大部分获取"美"的能力吗？这恰恰说明，我们对于"美"的教育是不够的。若孩子从小接受"美育"，他获取"美"、热爱"美"、创造"美"的能力，将会是我们的百倍、千倍，他们的世界、他们的未来，也将丰富、精彩百倍、千倍，不可胜数。

在音乐教育中提升道德品质

北京市石景山外语实验小学　刘海燕

摘　要： 音乐，是人类的第二语言，是人类最亲密的朋友，美的音乐不但能愉悦身心，而且能使孩子的心灵得到净化，使其行为变得高尚。因此，帮助学生树立健康、正确的审美观，培养学生美好的审美情趣、审美意识，提高学生的审美能力是一个重要的问题。在音乐中改造学生的情感，通过潜移默化使学生良好的思想、道德品质在艺术教育中自然而然地形成。所以在音乐课堂中应不失时机地渗透德育，从情感上对学生进行陶冶，做到"以情育人，以情动人"。

一、音乐教育的关键是培育人

音乐是人文学科的一个重要领域，是实施美育教育的主要途径之一。苏霍姆林斯基认为："把真理转化为有血有肉的具体行为和行动的过程，在很大程度上取决于情感教育和善良情感的形成，而以情感育人是音乐学科育人的一大优势。"新的课程标准提出："音乐课的基本价值在于通过聆听音乐、表现音乐和音乐创造活动为主的审美活动，使学生充分体验蕴含于音乐音响形式中的美和丰富的情感，为音乐所表达的真、善、美理想境界所吸引、所陶醉，与之产生强烈的情感共鸣，使音乐艺术净化心灵、陶冶情操、启迪智慧、情智互补的作用和功能得到有效的发挥，以利于学生养成健康、高尚的审美情趣和积极乐观的生活态度。"健康的艺术确实在陶冶人的情操，提高人的道德修养，激励其爱祖国、爱人民的思想感情等方面起了重要作用。作为一个音乐教师，不要把音乐课仅仅看作是教学生们唱唱跳跳和一些音乐知识技巧而已。要把音乐教学当作一种手段去达到"育人"的目的。在音乐课中，从选歌、释词、感情的处理，以及教学的安排等，都着意于爱国主义、集体主义、理想纪律的教育，以及思想品德、优良心理品格的培养和激励。如：在教唱《歌唱二小放牛郎》这首歌时，教师向学生介绍有关时代背景，激发他们为国为民，勇于献身的爱国主义和英雄主义思想。教唱《老师，您早》这首歌时，要通过歌词的讲解，向学生进行礼貌教育，使学生懂得要严于律己，做一个懂礼貌的人。音乐教育的首要任务，应该是为众多的将来不是音乐家的孩子着想，帮助他们，使他们也能够参加音乐活动，能够从音乐中享受到乐趣。让音乐课堂成为爱与美的课堂，为培养具有健全的人格、高尚情操的人奠定基础。

二、在音乐艺术美之中陶冶情操

音乐教学对于情操陶冶、品行修养、正确审美观的树立有独特的作用。教师应紧紧抓旋律、节奏、音色、拍子、曲式、和声等音乐要素所塑造的形象，诱导学生进入歌（乐）曲意境，抒发美好情感。让学生在理解美、表现美、鉴赏美中培养高尚的情操和道德。在学唱《国歌》时，除了让学生了解它的歌词意义、时代背景、作者生平外，更要抓住歌曲中号角式的呼喊，再三强调的"前进"，后半起的急切呐喊及三连音的运用等音乐本身的特点，既准确地表现了歌曲，又激起对祖国无比热爱之情，进而树立时代责任感。同学们在演唱时严肃、自豪、情感真挚，较易寓理于情、情理交融。《放学歌》以教师护送学生放学离校为题，抒发了学生对教师的热爱之情，在教唱时应注意到三拍子的叙事性及抒情性，引导学生充分投入感情，动情地歌唱，体现出对教师满腔的爱。在生动的感情体验过程中，学生可受到艺术的感染、熏陶和教育。

神奇、美妙的音乐，像细雨润物无声，陶冶人们的情操；像流水奔流不息，净化人们的灵魂；像空山鸟语使人愉悦，热爱生活；像旱天雷使人警醒，催人奋进。如何在音乐课堂中渗透德育呢？教师应抓住孩子好动、爱玩这一特性，让课堂活起来，让学生在音乐游戏中、创编中、合作中、讨论中不断培养良好的品德与习惯，在快乐中学习、成长。如在教《卖报歌》时，选择不同时机进行渗透：在教歌曲前，让学生自己与卖报儿童的生活进行比较，换位体会旧社会孩子的苦难生活，进而更珍惜现在幸福的生活，这是较直接的教育，是为更好地理解歌词和体会歌曲情感作铺垫；教完歌曲后，让学生分组合作，用道具和打击乐器组织一个小型表演，在准备过程中，有导演，有演员，分工合作，在合作中增进友谊、培养团队精神，感受到集体的智慧和力量，激发集体荣誉感。在这一教学过程中，孩子的创造力得到了发挥，好动好玩的天性也最大限度地得到了满足，同时在情感上也得到了潜移默化的升华。音乐本来就是从生活中创造出来的，品德的养成也离不开生活。所以，我们要在音乐教学过程中根据需要，实现教师、学生、教材、教具、教学环境与生活的多方面的横向联系，发挥它们之间的相互作用和影响，让音乐回归生活、回归自然。如《摇篮曲》一课，教师可抓住小朋友很想做爸爸妈妈的特点，准备几个娃娃，让学生亲身体验做爸爸妈妈的辛苦，从而进行爱父母、尊敬长辈的教育。所以，我们应从学生的生活中选取适当的内容，借助音乐之美培养孩子的高尚情操。

三、在课堂教学中提高审美能力

课堂教学是学校教育最基本也是最主要的教育组织方式，更是美育教育的"主战场"。音乐艺术是以最富于情感的音乐形象直接向学生进行美的教育。一切优秀的音乐作品，莫不如此。在挽救民族危亡的抗日战争中，《义勇军进行曲》等一大批慷慨激昂的战歌，曾鼓舞着多少英雄儿女奔赴抗日的战场；在决定祖国命运的解放战争中，《没有共产党就没有新中国》给多少苦难民众指明了前进的方向；新中国成立后，《歌唱祖国》的嘹亮歌声，激励了多少中国人民意气风发、斗志昂扬地在建设社会主义大道上迅跑。而《春天的故事》《走进新时代》又伴随着新的一代人在改革开放的春风里，为迎接新的世纪新的未来而努力奋斗……这一切都必须让青少年学生们去体会、去理解、去审美，在教学中加以渗透。由于青少年生活阅历较浅，音乐实践较少，审美经验不足，因此他们对音乐的判断常带有社会上的随意性，也常以个人的审美趣味作为评判标准，这会给审美判断的形成以很大影响。这就要靠我们的教师根据大纲的要求，根据学生的具体情况，不失时机地去进行教育，把学生引入真正美的天地，保证审美教育的真正实现。以美育来把握和促进音乐教学，进行卓有成效的教学审美效应是一个亟待解决的实际问题。美育的实质是情感教育，其特点应以情动人、以美感人。所以，在音乐教学中的美育渗透，从"情"和"美"切入，按照音乐教学的审美规律，精心地创设音乐审美情境，是音乐教学得以成功和优化的保证。只有洒出融融的爱，才能激起暖暖的情；只有培养学生的创新意识，才能沟通感情的桥梁。师生在特定的音乐审美情境中触景生情，产生情感共振共同获得审美的情感体验，唤起学生对音乐的更大兴趣和喜爱。音乐家冼星海有句名言："音乐是人生最大的快乐；音乐是生活中的一股清泉；音乐是陶冶情操的熔炉。"艺术审美教育是培养学生审美意识、审美情趣的审美观教育。通过艺术教育，学生的兴趣、特长得到充分的发展，不断提高其自身的素质。

四、音乐教师的自身修养与敬业精神影响学生道德与情感发展

语言是人类传递情感的重要工具。教师与学生之间无时无刻不在传递着信息。教师一句亲切的话语好似一股清泉，温暖着每一颗童稚的心。教师一个和蔼的眼神，燃起孩子创造的信心。在教学中，教师要做到语言亲切，富有儿童化，易于他们理解。正如在讲附点时，先问学生："附点像什么？"有学生说："附点像皮球，唱歌跳起来。"这样形象化的比喻，帮助学生理解了附点的作用。如讲到高音点时，学生说它好像是头顶戴了一顶帽子……儿童化的语言，拉近了教师与学生的距离。

教师的言行和表情，教师对学生的表扬、批评等都对学生起着潜移默化的作用，就让音乐成为师生沟通的桥梁。教师营造一种民主、自由、轻松、愉快的氛围，创设良好的师生关系，让老师的情感去感染学生。老师大多数时间可以走到学生中间，缩短和学生的距离。教师是导演，有序地领着孩子走进音乐的殿堂，不断给孩子新的内容，让他们有新的发展。教师又是演员，与孩子们一起欢歌跳跃。教育心理学认为，如果教师与学生能形成友好信赖的关系，那学生就愿意与教师相处，接受教师的教诲。同时在这种平等、和谐、热烈的氛围中，就能更好地激发学生学习的主体和创造的积极性。在课堂上用鼓励、支持的态度，期望性、肯定性的语言，能树立学生进步的信心，让孩子在宽松友好的学习氛围里感受美、体验美。假如教师不爱自己的事业，对自己的家乡、自己的民族缺乏亲情，对追求真善美没有热忱，他就不可能从教材中挖掘深刻的内涵，也不可能把德育渗透到教学中去。

一个献身于音乐教育事业的教师应当具有远大的理想、高尚的情操、丰富的知识、认真的态度，这将会对学生起着示范作用。教师整洁大方的衣着、自然端庄的教态、形象生动的语言、富有激情的歌唱、优美动听的琴声、准确娴熟的指挥、工整认真的板书都会时刻影响着学生。特别是教师的师爱品质、道德行为对学生一生都可能发生着影响。因此，教师必须从自我做起，平时严格要求自己，抓好个人师德修养，为人师表。教师的"身教"正是教育学生的重要内容，以身作则，从自身做起。

总之，美育在音乐教学中的渗透不是抽象的理论，也并非口头的承诺，而是一种实实在在的实践，只有认真研究并抓好我们的日常教育工作之点滴，方能全面提高学生的素质。这是一项长期的、艰苦的事业，我们必须要下大的决心，尽最大的努力，认真去做好这项工作。音乐教师应努力去追求、去创造，真正去实现美育教育在音乐中的渗透，实现美育在素质教育中的渗透，把我们的学生培养成富有理想、心灵纯洁、品德高尚、身心健康的一代新人！

教育科研篇

乘"红鹰文化"之风，助红鹰展翅翱翔

北京市石景山外语实验小学　徐　菁

摘　要： 随着社会的不断进步，班主任工作的定位在日常的班级生活中扮演着实施德育、管理和引领，促进学生健康全面发展的重要角色。班级管理工作是需要教育智慧和教育艺术的。班级文化建设在班级管理中起着至关重要的作用。本篇文章借以通过与前任班主任前赴后继、精诚合作6年来打造的"红鹰文化"共育学生成长之路。"红鹰展翅翱翔蓝天"这是红鹰球队的标志。队徽上一只正在翱翔的红鹰，代表着红鹰中队的每一位同学；红鹰背后的山川、大海和田野象征着红鹰们不怕困难的精神；鲜红的底色代表着每一位同学热情、向上的激情；红鹰脚下飞奔的足球，象征着队员们的足球梦。看！红鹰们正张开翅膀，翱翔在蓝天，带着足球梦，不断克服困难，去摘取足球比赛的桂冠！

三年前送走了毕业班，我又接了一个新的班级，这个班级有一个响亮的名字——"红鹰班级"。七八岁的孩子，像一只只正在学飞的小鹰，对未来的世界充满着好奇，他们遇事总是跃跃欲试，好冲动，做事不考虑后果，时常会给班集体和他人造成一些不好的影响。尽管如此，每个孩子身上都有很多可贵的品质值得挖掘。多年的班主任工作让我深刻认识到：班级文化是班级共有成员的信念、价值观、行为准则的综合体现，是班级的灵魂。班级文化是一种强大的隐形教育力量，对班级成员的健康成长起着潜移默化的作用。

基于此，我决定从班级实际情况出发，通过确立班级信念、制定班级制度、营造特色班级环境、开展特色班级活动等方面的有序开展，形成良好的班风。通过创建"红鹰文化"——"志在九霄，勇于担当，稳如泰山，振翅高飞"，打造幸福班集体，促进学生健康成长。

一、雏鹰立志，刻苦磨炼

（一）少成若天性，习惯成自然

中国研究青少年的专家孙云晓指出："习惯决定孩子的命运。"可见习惯的力量是巨大的。对于小学生来说养成良好的学习和生活习惯，可以成就他幸福美好的人生。每个开学初，引导每个孩子结合自身的实际情况制定本学期的"行为习惯小目标"和改进措施，中期有评价，期末有反馈。在老师和同学们的帮助督促下，通过争当"学习小状元""劳动小标兵""行为习惯小达人""规则之星""物归原处小能手""团结友爱小达人""礼仪小标兵""读书小状元""劳动小能手""节约环保小达人""积极参加各项活动""校园先锋岗服务小模范"等活动，让每个孩子通过自身的努力，不断地完善自我，帮助他们改掉了许多缺点和坏习惯。在学校开展的各种活动中逐渐树立孩子的规范意识，在集体中形成榜样力量带动班级共同成长！

（二）佩戴小臂章，成就大责任

小干部是班级活动的组织者、带头人，又是班级成员的行动目标。我一接班就着手进行物色和培养小干部的工作，一边教方法，一边搭建成长的舞台。经过几个学期的锻炼，他们已经能胜任校内和班内的各项工作。"红鹰班级"的小干部，每天活跃在学校的各个岗位上：大队旗手每周组织全校的中队旗手练习升旗仪式，校园监督员每天仔细地巡视，保证校园安全有序的教学环境，每逢有客人参观我们的校园，讲解员们就会登台用中英文展示外语实验小学学生的风采……上至班长、宣传委员、劳动委员，下到小组长、课代表，各尽其责，形成了"班级无小事，事事有人管"的精神风貌。

（三）家校同聚力，共建"红鹰文化"

班级文化就像班级的一面精神旗帜，它引领着班级的发展方向。家风是一面镜子，折射出一个家庭的文化。好的家风是一所学校，父母的言行举止都是孩子的表率，而从孩子的一言一行也反映出父母的综合素养。家风也是一条承上启下的纽带，"父之爱子，教以义方"。家风文化就是子孙后代在父母长辈长年累月的耳濡目染、潜移默化中点滴凝聚而成，反映了一个家庭或家族的风格特点和处世原则，也是在社会上的立足之本。

利用假期让孩子们绘制"家族关系图谱"，采访亲人记录一条家训，撰写一篇"家庭美德故事"。通过班会分享处世箴言"食不言，寝不语""勤俭节约，不随便浪费粮食""友善待人""认认真真做事，踏踏实实做人""孝为先，和为贵，诚待人""立德善良，诚信为人，勤俭持家，助人为乐""尽可能分担父母的忧愁，不可无视父母的感受""礼貌待人，尊敬长辈，要有爱心和同情心""孝敬老人，严教子孙；和睦邻舍，勤俭持家；诚信做人，受恩莫忘"……分享家庭美德故事，传播正能量，让中华美德在校园流动起来。

征集家长和学生们的建议，组织学生设计班徽、班牌和班级的文化马，根据班级现状制定班规和班训，以向上的班级精神来展现班级风貌，以此促进良性的班级发展（见图1）。从家长中寻找榜样，促进家长言传身教的示范作用。为此，组建家长委员会，协同家长资源，通过"弘扬好家风，传承正能量"等系列活动，向家长征集"好家训"，绘制"家族关系图谱""分享家庭美德故事""做美德好少年"……慢慢形成班级特有的"红鹰文化"——志在九霄，勇于担当，稳如泰山，振翅高飞。

  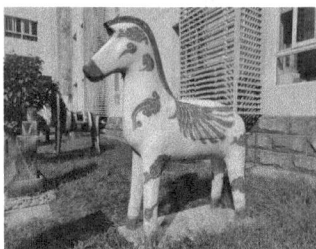

（班徽第三页）　　　（班牌第三页）　　　（班级的文化马第三页）

图1　班徽、班牌和班级的文化马

二、红鹰聚力　羽翼丰满

（一）推进诵读，浸润书香文化

"鸟欲高飞先振翅，人求上进先读书"，积极筹建班级图书角。我的女儿上高中，家中有一些闲置的图书，把它们拿到班级供同学们阅读。家长们知道这一消息后，主动为班级图书角出谋划策，积极参与班级图书角的建设，带着孩子逛书店，在网上浏览，选购适合孩子们阅览的图书。孩子们也纷纷把自己最喜欢的图书带到学校。书籍为孩子们提供宝贵的精神食粮，让书籍流动起来。有的家长还为自己选择图书，家长们在亲子阅读中增进了亲情，还学会了科学的育儿方式。开展"诗情、才情、少年情"的诵读活动，吟《弟子规》，舞《采薇》，诵《少年中国说》……在传统文化的滋养下，塑造学生美好的心灵，培养积极的心理品质。孩子们的读书活动从学校延伸到了家庭，家庭中减少了电子设备的使用，更多的是安静的亲子阅读。

（二）多彩校园，展现红鹰风采

丰富的活动可以培养学生的才艺，还可以磨炼他们的意志。"讲长征故事""听党的话，做阳光好少年"引导学生树立远大的目标。"探寻金印谷""走进非遗传承"等一系列活动让孩子们感受到祖国传统文化的博大精深。"我爱收藏展"培养了学生的审美品位，让他们学会用美来缔造善良。收藏的过程，既是积累知识的过程，也让学生内心充实，更加热爱生活，对未来充满向往。在活动中，学生从藏品中汲取能量，在交流中培养艺术修养，以积极的心态创造美好未来。"足球嘉年华"的孩子们在绿茵场上挥洒激情，夺得了一次又一次的胜利，磨炼了坚毅的品质。多彩的校园活动就像一个磁石，把每一个孩子牢牢地团结在集体之中。乘着"红鹰文化"之风，一只只小红鹰在一次次锐意进取中羽翼渐渐丰满。

（三）创建班级公约，提高班级凝聚力

在不断的尝试中孩子总会犯错误，作为班主任需要牢牢地抓住这样的教育契机。一次博物馆课程活动，我发现一部分孩子在用手机偷偷玩游戏，还有个别孩子全程听歌、看电子书。看到这样的状况我并没有直接批评孩子，而是利用班会引导孩子们分析手机的利与弊以及如何合理利用手机。全班同学积极地展开讨论，最后达成共识，再由小干部整理出来《使用手机公约》，从而不断丰富完善班级公约。他们还和家长约定了使用手机的规则，学生由抵触家长监督到自觉请求家长监督。在讨论中，他们认清了事物的真相；在反省中，他们获得了自我的成长。班级是大家的班级，班级公约需要班级的每一名成员遵守。班级公约就像一个小小的纽带，把班级成员紧紧地联系在了一起。

三、雄鹰展翅　志在九霄

（一）做导师，带动校园文明

在不知不觉中小雏鹰成长为羽翼丰满的大红鹰，他们是学校年级最高的大哥哥、大姐姐，也是他们感恩母校培育之恩的时候。他们作为小导师，带领一年级的学生熟悉校园，教弟弟妹妹们在校园快乐学习、生活的知识和技能。他们成为学校的骄傲！他们是校园文化讲解员的主力，在一次又一次圆满完成校园文化讲解的任务之后，他

们又负责手把手带徒弟，在临毕业之际，带出新一届校园文化讲解员。

（二）迎冬奥，展现外小风采

石景山区正在创建文明城区，冬奥的部分场馆也落户于我区。借此，我组织学生采访、调查家乡美好的精神风貌，做"赞家乡"的宣传员；参观首钢遗址公园，寻找最美首钢，听长辈讲首钢故事，感受首钢在中华人民共和国成立以来对国家建设所起到的重要作用；走进冬奥组委会学习冬奥知识，让"红鹰"振翅，聚力冬奥，做"冬奥"文明小使者。

红鹰班级由雏鹰立志，到红鹰聚力，最后雄鹰展翅，靠的是"志在九霄，勇于担当，稳如泰山，振翅高飞"的"红鹰文化"，如今懵懂的少年已成为有理想，敢担当，意志坚的翩翩少年！"红鹰少年"将带着这份幸福，创造更美好的未来！

一个有学习力的班级必是一个有文化氛围的班级。班级是学生生活的重心，它是知识的集散地，是人格的熏陶地，是体质的培养地，是心灵的归宿地。而富有人性、感性、个性的班级文化，将给学生带来更为人文的生命关怀，引领学生在学会学习、学会做人、学会生活的过程中，启迪其智慧，陶冶其性情，温暖其心灵，充盈其精神，达成生命的自我实现！

开启生命教育　携手共抗疫情

北京市石景山外语实验小学　芦震红

摘　要： 新冠肺炎疫情，是小学生们第一次遇到的严峻疫情。我紧紧抓住疫情契机，从认识生命、感悟生命、珍爱生命三个维度积极开展生动的教育活动，用心用智慧去引领孩子认识生命，感悟生命的意义，让每个孩子的生命绽放，激活每个孩子的生命活力，绽放出最绚丽最美的花朵，珍爱生命，快乐成长，携手共抗疫情。

新冠肺炎疫情，是小学生们第一次遇到的严峻疫情。在这场疫情中，让我们看到了生命的脆弱与卑微、光辉与伟大、坚韧与执着，这也正是我们开展生命教育的好时机。于是，我紧紧抓住疫情契机，积极开展生命教育，引领学生认识生命的意义，珍爱生命、健康成长，携手共抗疫情。

一、认识生命——了解疫情　积极防控

新型冠状病毒——这种全新病毒的出现，打乱了人们生活与学习的步伐，让我们认识到生命的脆弱。孩子们第一次感受到了死亡原来距离我们这么近。什么是新冠病毒？如何科学防控呢？我校从以下两方面入手，引领学生认识生命、直面疫情，学习科学防控的方法，树立阳光心态。

1. 了解疫情　学习防控知识

结合疫情实际，我们鼓励同学们每天收看相关新闻，及时推出了"阻击新冠肺炎疫情居家防护攻略篇"系列活动，引领学生认识新冠肺炎疫情，用科学的方法进行防控。通过图文并茂的形式，让孩子们生动形象地了解疫情，学习正确的摘戴口罩、洗手、口腔防护、家庭安全防护等方法，提高自我防护意识，掌握科学的防护方法。

2. 直面疫情　树立阳光心态

新冠肺炎病毒在全球范围内肆虐，看着国际新闻中滚动播报的感染数据和死亡数据，我们更加珍惜祖国的安宁和安全，更加感慨生命的脆弱与沉重。如何消除学生对于疫情的恐惧，更深刻地认识生命呢？我校不但及时将心理辅导等专业材料转发给学生和家长，而且利用少先队主题微队课和公众号的形式，引导学生勇于直面疫情，积极应对、调节负面情绪，树立阳光心态，做一名积极向上的外小学子。

二、感悟生命——尊重生命　致敬榜样

在这场没有硝烟的战"疫"中，有人隐瞒病情造成危害，有人却不畏生死逆行而上。一场疫情检验出了人们的本色，更引发了我们对生命意义的思考。

1. 致敬逆行　学习榜样精神

我们从学生的年龄特点和心理特点入手，策划进行了"校长和你聊假期"的活动。刘世彬校长是北京市美术学科的特级教师，凭借她精深的美术造诣和教育智慧，设计绘制了一套精美有趣的漫画。借助一只可爱的小老鼠卡通形象，让孩子们在这场无声的战"疫"中去思考："谁是名人、明星？""谁是最可爱的人？""谁是受到人民敬仰的人？""作为小学生，我们要做什么样的人呢？"这些问题直指学生的思想深处，用一个个问题激发学生的思考，在寻找答案中逐渐清晰地认识现在的疫情，寻找疫情中最可爱、可敬的人，确定自己的人生目标。

问题一经发出，马上就收到了同学们的回复。学生答案形式多样、精彩纷呈、内容广泛，涉及对疫情的认识；疫情防控知识；疫情防控方法；假期生活学习、劳动实践；致敬祖国、致敬疫情中最可敬、最可爱的人；更有孩子们对成长、对生命意义的思考……在这次聊假期的活动中全校共有 174 人积极回复，参与率达 41.33%。

通过这次充满教育智慧的活动，我们欣喜地看到同学们不但对疫情有了客观的认识，读懂了珍惜、尊重、感恩、关爱、诚实、从容、同心同德、风雨同舟；而且从内心深处产生了致敬英雄，用实际行动学习榜样精神，为防控疫情贡献力量的想法。

本次活动也引发了多家媒体的关注，人民日报客户端、北京日报客户端、今日头条、搜狐全网、网易全网等纷纷转载报道，点击率达到 4 万余次。

2. 尊重生命　感悟生命意义

"致疫情中的先锋少年"是我校利用网络公众号开展的一次特殊的网上"国旗下讲话"活动。从认识国旗及其象征意义入手，引领学生通过革命先辈和抗疫英雄去感悟生命的意义。红色的旗面是千千万万革命先烈们用热血染成的，他们用宝贵的生命

换来了我们现在幸福的生活。

疫情中，无数个奋斗在抗疫一线的身影，他们不畏个人生死、勇担重任，守护人民的生命健康。鲜红的国旗，不但是我们国家的象征，更是用宝贵生命去守护亲人的赤子之心，这不但是他们对生命的尊重，更体现了生命的价值与意义。

三、珍爱生命——牢记使命　勇于担当

疫情让我们经历了生死的考验，认识了生命的意义，更令我们感受到要珍爱生命、珍惜当下。对于新时代的少年儿童，我们更要将红色基因传承给他们，引领孩子们牢记使命，勇于担当，积极防控，贡献自己的力量。

1. 先锋引领　传承红色基因

在疫情中，我校积极发挥少先队的先锋引领作用，开展"红领巾开讲啦"——少先队微队课系列活动。6位中队辅导员老师从讲授少先队知识、赞美抗疫英雄讲好故事、结合疫情传授卫生防护知识、疏导恐慌情绪普及科学知识、带动少年儿童锻炼身体增强体质等方面进行了翔实的讲解。引领少先队员们重温少先队知识，明确少先队的光荣与使命感，学习榜样精神，传承红色基因，高举星星火炬，争做防控疫情的小先锋。

2. 童心共筑　温暖守望

珍爱生命，不但爱自己，还要爱他人。三年级二班的两位同学因为积极响应国家防控疫情的要求，至今未能返回北京。班主任唐巍老师精心组织了《同心抗疫情　童心共成长》的主题网络班会，在我为伙伴送温暖、寻找身边的榜样、自主学习我能行3个板块的交流互动中，让关爱与温暖借着网络在同学间流淌。

3. 多维度活动　争做先锋少年

珍爱生命、勇于担当，对于新时代的少年儿童来说，延期开学的日子就是实践锻炼的好时机。我校在积极开展延期开学自主学习活动的同时，从多维度开展教育宣传活动，设计学生喜闻乐见的实践活动，引领学生积极参与，不断提高自身的实践能力，争做有担当的先锋少年。

（1）学习雷锋精神　弘扬战"疫"正能量。学雷锋纪念日时，我们分两期开展网上队日活动，引领队员学习雷锋精神，弘扬战"疫"正能量。带领队员走进雷锋叔叔的世界，学习时代楷模，寻找身边的雷锋，继承和发扬雷锋精神，从身边点滴小事做起，自觉实践雷锋精神，体现生命的价值。

（2）防范疫情　法治同行。珍爱生命，尊法守法。为了进一步加强学生和家长对

于疫情中国家相关法律法规的认识，我校积极与法制副校长联系，策划实施了主题为"防范疫情　法治同行"的网上防控法治教育课活动。让孩子们知法、懂法、守法、宣法，积极按照国家防控的政策法规去做，争做疫情防控法律小卫士。

（3）防控疫情　禁毒同行。疫情防控期间，预防毒品教育对于学生来说也是生命教育中非常重要的内容。我校积极鼓励同学们观看禁毒公益宣传片《别让"我以为"变成"我后悔"》，号召同学们树立"防疫禁毒，人人有责"的思想观念，努力提高我们预防毒品的能力，让防控疫情与禁毒同行，珍爱生命，远离毒品，争做一名禁毒小卫士！

（4）节日活动巧实践　感受生活的美。珍爱生命，更要感受生活中的美。结合植树节、春分等重要节日、节气的契机，我校精心设计实践活动，引领学生在参与中提升动手实践能力。

中华民族自古就有"爱树、育树"的传统。在植树节时，我们开展了"双手折出小树　心中种出绿色"的实践活动。不但带领学生认识植树的意义，更鼓励宅在家中的学生，从身边的每一件事做起，用行动来厉行环保，节约资源，废物利用，感受不一样的美。

二十四节气——我们中华民族的智慧结晶，春分是其中比较重要的节气之一。在春分这一天，我们向同学们介绍了春分的知识和民俗活动，向同学们发起了竖蛋、做风筝的活动挑战。用这样的活动，不但让孩子们了解中华民族传统文化，激发学生的爱国情感，更用这样的趣味活动，让孩子们进一步认识到生活的美，珍爱生命、珍惜当下。

关注生命教育是教育永恒的主题，更是我们义不容辞的责任。在抗击疫情这堂生动的教育课上，我们要抓住契机，开展生动的教育活动，用心、用智慧去引领孩子认识生命，感悟生命的意义。让每个孩子的生命绽放，激活每个孩子的生命活力，绽放出最绚丽最美的花朵，珍爱生命，快乐成长，携手共抗疫情。

让魔方陪伴孩子快乐成长——带班育人一招鲜

北京市石景山外语实验小学　张　翠

　　摘　要：通过培养学生学习魔方的兴趣，利用多种资源学习魔方，让学生爱上魔方、精于魔方，带动班级文化，从而形成积极向上的班集体。

一、圆梦，爱上魔方

　　会转魔方是我儿时的一个梦，当时我认为会转魔方的人一定是最聪明的。长大了，随着网络走进人们的生活，我按照网上的视频开始琢磨起来。在我学会复原六面的一刹那，心底由衷地自豪，我终于圆了儿时的梦想。自从学会复原魔方，魔方便不离我的手，班里的学生十分好奇，纷纷要求我教他们。要是能用自己的爱好感染班里的学生，让孩子们也爱上转魔方，那将是多么有趣的一件事啊！于是魔方成为了我班级中最热衷的益智玩具，课间的时候经常能看到我和学生们一起扭动魔方的身影。

二、激趣，学会魔方

　　小小的魔方能不能成为我开展班级活动的一个切入点？利用业余时间，我对魔方的历史和益处进行了深入的调研。魔方被称为最有教育意义的玩具，20世纪对人类最有影响的100项发明之一。魔方是益智玩具，对开发智力有很大帮助，另外玩魔方还原过程是一个集观测、动作、思维于一体的过程，对手、眼、脑部结合的协调性动作以及高速运转敏捷性思维都有锻炼。而在快速还原过程中必须保持注意力的高度集中，对人的心理素质和专注力都有很高的要求。并且极大程度上训练人的记忆力、判断力以及空间想象力。资料的收集，让我找到了理论的支撑，更加坚定了我用魔方带动班级文化的念头。

根据视频的讲解和我本人的理解，我设计了一种通俗易懂的学习魔方的方法，力求深入浅出，利用班会或者课间的时间教他们一步一步地学起来。"第一步拼小花，第二步拼十字……接孩子放学回家……"深入浅出的口诀让孩子们很快就上手了。不到一周，班里已经有好几个学生会复原六个面了。我让会的同学带徒弟，手把手地教不会的学生，很快全班大部分学生都熟练掌握了这一技能，我还让孩子们回家教给爸爸妈妈，教会一个同学奖励一张先锋卡，教会一个家长奖励两张先锋卡。这样既得到了家长的支持，同时又让孩子们拥有了成就感。

三、磨炼，精于魔方

（一）每周开展魔方班级挑战赛

转魔方成为了我和孩子们共同的爱好，只要一有时间我就奖励他们一些时间复原魔方。每周不定期地进行班级三阶魔方挑战赛，挑战的同时我都录好小视频发给家长们看，这样一来孩子们练习更刻苦了，有的还跟家长一起钻研，班级魔方水平突飞猛进地增长。教室里安静极了，只听见魔方飞快转动的声音，那声音真是好听极了！我们班的魔方比赛引来了外班同学的驻足观望，他们十分羡慕。我班的学生也自豪地说：我们班是全校最会玩魔方的班级。小小的魔方成为了我的一个符号，在我所带的班级学生中一届又一届地传递下去……

（二）走出学校参加区级比赛

每年一度的区魔方比赛就要开始了，我征求学生的意见要不要去参加，孩子们真是初生牛犊不怕虎，纷纷跃跃欲试。没想到还真取得了优秀的成绩：班里派出20人参加比赛，全部获奖，一人获得一等奖，六人获得二等奖，一人速拧进入区前十名。好成绩大大激励了我和孩子们。走出去，我和孩子们也开阔了自己的眼界。当然，我深知，我还是一个魔方的门外汉，要想提高速度，突破自己，还要学习更加先进的速拧技术。在家长的支持下，班里几个魔方高手已经开始学习速拧，相信他们的水平会再上一个台阶。孩子们从中懂得"人外有人"的道理，不断向自己发起挑战，乐观向上、积极进取的班风逐渐形成。

四、坚持，受益魔方

任何一项有益的活动，都贵在坚持。几年来，我在这条路上坚持着、探索着，有过挫折，但是更多的是收获！

（一）班级更加凝聚

在学习魔方的过程中，同学们能够互相帮助、相互促进。会的教不会的，有的同学接受能力较弱，甚至有三四个同学同时热情地帮助他。几个同学经常在一起切磋，谁要学会更巧妙的方法，一定毫不吝啬地教给其他同学。共同的爱好，让我们走在了一起。在相互促进中，凝成了深厚的友谊。练习魔方让班里的学生更加雷厉风行，展现出良好的精神风貌。

（二）让学生更加自信

班里有这样一个男孩，做事踏实认真，就是不太爱表达。听妈妈说：自从爱上魔方，每天自己在家钻研，现在已经熟练掌握二阶、三阶、四阶、五阶等高阶魔方，还会镜面、三角等异形魔方。小伙子这种钻劲让同学们十分佩服，都来找他学习。从此他更加自信了，脸上时常漾起灿烂的笑容，于是他更愿意和同学们交流了，突破了自我，那种成就感使他变得更加开朗、善谈。不止他一个，好几个小伙子也因为爱上魔方，变得更加上进努力！在我们年级开展的"倾心巧收藏"的活动中，他们拿来了自己收藏的各式各样的魔方。他们如获至宝的样子，真令人感动！

（三）班级常规明显进步

玩魔方不仅丰富了学生的课余生活，在练习的过程中更加锻炼了学生的手眼协调能力。爱玩是孩子的天性，调皮捣蛋是他们的特长。四年级的孩子正是做事没深没浅的时候，有时往往控制不住自己的行为，更有甚者做出危险的举动，这正是我们班主任头疼的事情，有时课间都不能回办公室喝口水。自从班里开展了"魔方转转转"的活动，课间在楼道追跑打闹的没有了，教室里大声喧哗的减少了，有的只是孩子们相互切磋魔方的身影。三五个人一起交流，还可以召开主题班会，或者进行专门的培训课程，这些都可以增进同学间的友谊，有益于构建和谐校园环境。孩子们没有时间去破坏纪律了，扣分的少了，我们班连续几周获得了学校评比的大满贯。适当的游戏有益孩子们的身心。当健康的游戏充满了孩子的生活，那些不良的游戏就不会乘虚而入，正确的引导比事后弥补更加有效。良好的班级文化展现了孩子们良好的精神风貌，孩子们阳光自信,有很强的上进心,因此我带的班级被评为全国动感中队和区优秀班集体,还获得了北京市先进班集体的荣誉称号。

（四）视力大幅度提高

我现在所带的班级，有着很好的读书习惯。在我们学校的每一个角落，都有孩子们喜爱的书籍。有的同学不注意读写姿势或者之前痴迷电子游戏，小小年纪就戴上了眼镜，连续几次体检下来，近视率都在直线上升，这是令我痛心疾首的问题。自从开展了转魔方的活动，还得到意外的惊喜，两个学期下来，我们班的近视率不但没有提高，相反还下降了不少，成为了全校近视率下降最高的班级。在用眼疲劳的时候，让孩子动动小手，转转魔方，十分利于缓解眼睛疲劳。

除此之外，转魔方还培养孩子的观察能力和逻辑思维能力，以及记忆力和反应力等，它培养学生做事更加细致，更加有耐心！

魔方是一件普通的玩具，更是一件艺术品！每一次变化都会产生不同的结果，但是又遵循着某种规律，就像是人类和大自然，相互合作且相互探究。

小魔方，大魅力！它是我的爱好，也成为了我的带班一招鲜！小小的魔方转动了班级文化。如今又带了新班，我会继续在魔方文化上探索下去。希望小小的魔方成为孩子们童年最好的伙伴，让魔方陪伴孩子快乐成长！

树立节约意识　明确节约就是爱国

北京市石景山外语实验小学　史　婷

一、案例背景

随着社会经济的发展，人民的生活水平实现了由温饱到小康的飞跃，勤俭节约的意识已经渐渐被淡化了，而浪费现象日趋严重。通过观察，我发现我们班学生在学校就餐时，虽然老师多次提示要节约，要按需取餐，但是仍出现了大量剩饭剩菜的现象，甚至出现了馒头一口都没吃就被扔掉。为了让孩子们感受到粮食的来之不易，认识到节约粮食的重要性，树立节约意识，掌握节约的方法，明确节约就是爱国的行为，就是为建设祖国作贡献。

二、设计依据

1. 社会主义核心价值观

"爱国、敬业、诚信、友善"，是公民的基本道德规范，是从个人行为层面对社会主义核心价值观基本理念的凝练。爱国是基于个人对自己祖国依赖关系的深厚感情，也是调节个人与祖国关系的行动准则。对小学生进行爱国主义教育，不仅要注重传递爱国知识，激发爱国情感，还必须重视引导学生的爱国行为。对于六七岁的孩子来说，引导他们在日常生活中做一些力所能及的事情——用实际行动为祖国节约资源，将自己的爱国情感融入点滴的小事，让爱国的种子在幼小的心灵里逐渐生根发芽。

2.《中华人民共和国反食品浪费法》

2021年4月29日，十三届全国人大常委会第二十八次会议表决通过《中华人民共和国反食品浪费法》，弘扬传统美德，保障粮食安全，坚决制止餐饮浪费行为，切实培养节约习惯，在全社会营造浪费可耻、节约为荣的氛围。每一位教育工作者应教育引导学生树立"节约光荣、浪费可耻"的意识，养成良好的行为习惯。

3. 认知理论和观察学习理论

社会认知学派认为，小学生的思想道德品质教育应该遵循"认知—行为"的过程。因此，本案例通过创设情境、讨论、交流、游戏、儿歌等形式，让学生认识到粮食的来之不易，从而树立节约意识、学习节约的方法，将爱国之情融于节粮之中，用行动诠释自己的爱国心。最终将爱国之情内化于心，外化于行。

三、课堂重现

（一）活动一：创设情境　发现浪费现象

师：同学们，芝麻班主题班会开始啦！今天咱们班的吉祥物——小芝麻也来参加我们的班会。快！我们一起喊出咱们的口号：芝麻开花节节高。

1. 小芝麻的悄悄话

师：小芝麻悄悄告诉我，给同学们带来了一份珍贵的礼物，你知道这是什么吗？

出示：稻穗

2. 揭秘缘由，发现身边浪费现象

师：为什么要带来这份礼物呢？还是让我们的小芝麻告诉大家吧！

播放小芝麻录音：同学们就餐时遇到难题，小芝麻去拜访了袁隆平爷爷，带回这份珍贵的礼物——稻穗。

（二）活动二：学习知识　感受粮食来之不易

师：袁爷爷告诉小芝麻要想帮助同学们解决难题，就要先了解小米粒的成长故事。

1. 看一看，了解小米粒的成长故事

播放视频：小米粒的成长故事

师：你们看得可真认真啊！有什么想说的？

生1：哦，原来我们每天吃的大米就是稻子结出来的。

生2：小米粒成长得真不容易啊！

生3：农民伯伯太辛苦了！

师：小米粒经历了多少次风吹日晒才成熟起来，每一粒米都饱含了农民伯伯对它们的精心呵护！我们非常熟悉的《悯农》，就讲述着农民伯伯的艰辛！让我们怀着感

恩之情，来读读这首诗吧!

2. 读一读，感受粮食来之不易

出示《悯农》：

悯农

唐　李绅

锄禾日当午，汗滴禾下土。

谁知盘中餐，粒粒皆辛苦。

每一粒米要端上我们的餐桌，不光是农民伯伯们的辛勤劳作，还要经过干燥、脱壳、检验等很多工序，最终才能被精心制作成米饭。

（三）活动三：解决问题　学习节约小妙招

1. 说一说，实际情境中学习节约方法

出示情景一：有一个小女孩饭量小，吃不了这么多，正想都倒掉呢！快来帮帮她！

生 1：我们可以请食堂叔叔阿姨帮忙拨回一些饭菜。

生 2：我们请老师帮忙分给其他同学。

师：遇到问题你们真会想办法！

出示情景二：这个小女孩不爱吃鸡蛋，她想悄悄地把鸡蛋扔掉。

生 1：我们不能挑食，营养要均衡。

生 2：我们可以提醒她把鸡蛋送回食堂。

师：你们的方法可真巧妙啊！

出示情景三：哇！是我最爱吃的包子，先拿十个……实在吃不了，怎么办？

生 1：我们可以吃多少盛多少。

生 2：看到他这样做，我们可以提醒他。

师：看到身边有浪费的行为我们要提醒他，你们真是有责任感的好孩子。

2. 举一举，节约游戏中掌握方法

我们一起想办法，既帮助了同学们，又找到了节约粮食的好方法。下面我们一起做个游戏吧！

场景：圆圆和家人外出就餐

讲解游戏规则：同意举起笑脸牌，不同意举起哭脸牌。

（1）叔叔说："今天我请客。大家随便点，点的越多越好。"

生：都举起了哭脸牌。

师：你为什么举起了小哭脸？

生：我们刚刚学过了按需点餐，不能浪费食物。

（2）你们看，小朋友也劝叔叔少点，"N–1"够吃就行了。

生：都举起了笑脸牌。

评价：这个小朋友真是我们学习的榜样。

教师讲解："N–1"，菜的数量要比人数少一个。

（3）服务员说：建议您点小份菜，点小份菜能多吃几个品种。

生：大家都举起了笑脸牌。

师：点小份菜既能做到荤素搭配，又能不浪费。

（4）菜都吃完了，还剩一碗米饭没吃完，不值钱就不要了吧？

生：都举起了小哭脸。

生：通过前面的学习我们知道小小一粒米来之不易，这样做太不应该了。

师：看来节约粮食已经牢牢地记在我们的心中了。

3. 倡导"光盘行动"

敬爱的习主席倡导我们要践行光盘行动。同学们，节约可是我们中华民族的传统美德，我们每个人都应该做到光盘行动，要有节约光荣，浪费可耻的责任感，做一个爱国的好孩子。

4. 读一读，节粮儿歌中牢记方法

小芝麻结合大家的节约小妙招，为我们编了一首儿歌，让我们一起读读吧！

出示儿歌：

> 节约粮食我先行，按需取餐不浪费。
>
> 营养均衡不挑食，点菜就用"N-1"。
>
> 小份饭菜品种多，剩菜剩饭打包走。
>
> 爱惜粮食人人夸，光盘行动爱祖国。

（四）活动四：学习榜样　肩挑责任勇担当

师：其实，在我们的学校里不仅要节约粮食，还要节约每一滴水、每一度电、每一张纸……

1. 学榜样，时时处处见行动

师：让我们看看哥哥姐姐们是怎样做的？

播放视频：按需接水、节约用纸、及时关灯……

学生讨论：你有什么想法？

生1：这些大哥哥大姐姐可真棒啊！

生2：我也要向他们学习。

生3：从小事做起，争当校园节约小先锋。

师：同学们说得可真好！我们首先要自己做到节约，还要担负起提醒他人节约的责任。

2. 先锋岗，报名上岗勇担当

出示先锋岗吊牌图：班级就餐服务员，校园节能服务员，班级财产保管员，卫生间协管员。

师：大家都想为节约贡献自己的一分力量。校园先锋岗开始申报了，你想报名哪个岗位？

生1：我想报就餐服务员，提醒同学们节约粮食不浪费。

生2：我想当节能服务员，提示同学们节约水电。

生3：我们每天洗手的次数特别多，我想当卫生间协管员，提示大家节约用纸，节约用水，节约洗手液。

师：看来大家都是不怕苦、勇于担当的好孩子。

你我都贡献一分力量，节约之花就会在校园里遍地开放，在校园外我们可以小手拉大手做一名小小节约宣传员，用自己的节约行动带动身边的人，为国家的资源库尽一分力量。

四、自我反思

本节班会结合一年级的学生心理和情感特点，设计并亲手制作了孩子们喜欢的班级吉祥物——乐观向上的小芝麻。未来6年里，这个小伙伴将赋予更多的班级理念，陪伴班级成员一起学习和成长。让小芝麻和学生一起参与班会，调动学生参与和实践的积极性，凸显班级文化建设的重要性和实效性。也遵循社会认知学派"认识—行为"的过程，符合一年级小学生的认知特点和情感需要。环节设计层层深入，通过视频、语音、情境、游戏等环节的设置，在生动、形象、有趣的活动中，不但学习了知识，习得了方法，明白了道理，懂得了担当，最后达到自觉践行的目的。学生受到潜移默化的影响，寓教育于丰富多彩的活动之中。

本节班会探究的问题源自学生真实的就餐浪费现象，贴近学生的真实需求，解决了学生从口号式的"节约粮食"到深入探讨为什么要节约粮食、怎样节约粮食的问题，再拓展到节约更多的资源。将节约与爱国紧密地联系在一起，让孩子们真正感受到节约行为就是爱国的具体表现，节约资源就是为祖国作贡献，以情导行。

播洒阳光和爱心，收获快乐和希望

北京市石景山外语实验小学　王秀娟

怀揣着儿时的梦想，以及对教育事业的热爱，我于2000年正式成为了一名小学教师！一晃已经20年了，在这平凡的工作岗位中，我默默地用真挚的爱心陪伴着我的每一个学生，享受着作为一名教师的快乐与幸福！

一、爱生如子是我的习惯

无论是教一年级的"小豆包"，还是教六年级的大孩子，我都会给自己定位在妈妈、朋友的角色中。天冷了，我不忘提醒学生及时添加衣服；空气污染严重时，我叮嘱学生外出戴口罩；谁生病了，我主动去家中探望；因故缺课的，我想办法给他辅导功课；每个学生的生日，我都会和其他学生一起为他唱生日歌，送上祝福的话语和小小的生日礼物。生日会虽说简单，礼物虽轻，但他们会感受到老师的关爱、同学的友爱。

课间，我习惯了和孩子们在一起，倾听他们的开心与烦恼，也及时了解每一个孩子的情况。记得在去年刚接班后，发现班中有这样一个男孩，长得很帅气，但平日里封闭自己，从不和同学交往。在观察中我知道他吐字不清楚，学习吃力，还很自卑，同学们都不愿意和他接近。了解到情况后，我试着接近他，和他聊天，和他做游戏，给他更多的关注与关爱。只要有时间就给他辅导功课，并多次找他妈妈沟通，达成家校教育共识。为了增强他的自信心，我抓住一切时机对他进行表扬与鼓励。我发现他每次吃饭速度很快而且吃得干净，我便大力表扬，并评选他为"节约粮食小标兵"。第一次拿到小奖状的他开心极了，课间主动到我身边，告诉我他想得到更多的奖状！看到他的表现我比他还高兴！学习上他也比以前努力了！课上开始举手发言了，作业的正确率也高了。他笑了，那是自信的笑。我也笑了，那是因一次教育的成功而满足的笑。

我把每一个学生当作自己的孩子：我买了很多漂亮的头绳，每天午睡后，我会给一个个小女孩儿扎小辫；课间的时候，我带着他们一起玩"老鹰捉小鸡"的游戏；为了让孩子们多喝水，我给他们买秋梨膏；考虑到一年级的小娃娃上 40 分钟的课太累，中间穿插做小游戏，蹦蹦跳跳、欢欢唱唱；每天给孩子们讲绘本故事，从一个个小故事中明白大道理……

高尔基说过："谁爱孩子，孩子就爱谁。"课间总有孩子悄悄走到我身后为我轻轻捶背，或者抱着我说贴心话；当我嗓子沙哑时，孩子们会凑到我身边心疼地问候；每次外出培训回来，孩子们都会告诉我他们很惦记我。我享受着这种温暖，享受着这种作为老师才能感受到的职业幸福。

二、忘我工作是我的态度

教师的工作不仅仅要感化学生，更要感化家长，引导家长，家校联合形成合力，可以达到事半功倍的教育效果。一、二年级是各方面良好习惯形成的关键期，面对这些"小豆包""小辣椒"，家长更加关注，也更想和老师多交流，清楚自己孩子每天在学校的表现。我常常采用面谈、电话、微信、短信等多种方式与家长耐心、有效沟通，取得家长的支持与配合。记不清有多少个中午休息时间，我与家长用微信沟通着孩子的情况；记不清有多少个晚上，一个个电话打进我的家里，我总是和家长耐心交流，在电话中我表扬孩子的优点、肯定孩子的进步。我努力达到的沟通效果是：家长对孩子有信心，对老师有感动，孩子对学习有决心。

记得我担任一年级班主任的那一年，每天晚上除了备课，大部分时间都用来和家长沟通。小小年纪的女儿只能自己玩耍，自己和自己说话，自己做自己的事情。有一次，她竟然问我："妈妈，到底谁才是您亲生的女儿啊？"一句话让我哑口无言！是啊，自己用在学生身上的时间、对学生的关心远远大于对自己的女儿。我知道八岁的女儿需要我的陪伴，生病的丈夫急需我的照顾，多病的公婆也离不开我，可是我的学生们需要我，我是他们的班主任就要对他们肩负起责任啊！

三、不断创新是我的追求

学生是在一个又一个活动中成长起来的，所以我从不放过培养学生的时机，激发他们的潜能和创造力。每逢母亲节、父亲节、教师节等节日，我就组织孩子们亲手做一些小的绘画、手工等礼物送给老师和家长，培养孩子们尊敬老师、孝敬家长的良好品德，让孩子从小就懂得感恩！家长纷纷发信息给我，表达对我的感谢。

工作中，我会让每个孩子准备一个小本子，那是我们师生说"悄悄话"的地方。小小的本子，成了我和孩子共同的珍爱，孩子们在小本里把心底的小秘密、生活中的小苦恼告诉我，我在自己的回话中帮助解决，加以引导。这样增进与学生关系的融洽，也避免了许多不必要的麻烦。用心去做每一件事情，会使自己工作轻松而愉悦。

既然一个集体就是一个大家，所以我努力营造家的感觉。接班后，我都会让学生根据自己的兴趣、爱好，在家中给自己找一至二项为集体服务的工作，在班级中负一定的责任。在我的提示之下，孩子们都能找到适合自己的服务岗位：如擦窗台、开灯、关灯、拉窗帘、收窗帘、修理、负责垃圾箱等。这样一来，全班没有一个"闲人"和"客人"，让学生牢记自己是班级的主人，班级就是自己的"家"。

学生有了服务的意识，有些服务工作就不用老师来说了，他们会主动地做。如：冬天到了，有的同学打出衣服存放处的字样，贴在后边的墙上。每天孩子们都会把衣服整整齐齐地叠好，放在指定的地方。有的同学自告奋勇地承担了检查、帮助叠衣服的工作。面对流感，有的孩子主动拿来橡胶手套，为教室消毒；有的孩子拿来洗手液，让学生洗手……

同学们在服务中重新认识了自我，在服务中得到了同学们的信任。在服务中不断培养、锻炼自己，使自己学会做事，学会做人，更使学生增强了服务意识，增强了集体主义观念。

为培养学生"主人翁"和竞争意识，锻炼组织管理能力，我们建立了"班队干部轮换制"，实行自我推荐，演讲述职，民主选举，大家监督。定期改选，并不是把原来的干部否定了，而是让他们合作，新老结合，共同来完成老师交给的任务，为每个学生提供施展才能的机会。实行干部轮换制度，是建设班集体的有效途径，其效果主要体现在四个方面：一是发扬了民主，增进了师生关系；二是调动了全体学生的积极性，锻炼了学生的组织能力；三是培养了他们合作的意识，与人交往的能力；四是促进了良好班风的形成。干部轮换制实施以后，提高了学生自我管理的能力，增强了学生遵守纪律的自觉性，同学间团结互助、文明和谐，班风正、学风浓。

在用心培养之下，所带班级形成健康、团结、向上的班风、班貌。一个同学的东西忘带了，有许多热情的小手伸出来；一个同学受伤了，有许多热情的同学跑过来；一个同学获奖了，真诚的掌声响个不断；一个同学学习上遇到了问题，有许多的同学争着来当小老师；劳动时同学们争先恐后，班级真的就像一个大家庭一样，我和孩子们在一起幸福地生活。

正是这种对事业孜孜不倦的追求和对学生的无限关爱，我曾经被评为"优秀班主任"，获得"优秀中队辅导员"和"德育先进工作者"的称号，撰写的论文均获市区级一、二等奖。在我的带动下，孩子们也为班集体赢得了一张张奖状、一个个荣誉，逐渐培养了一个个优秀的班集体；跳绳比赛、汇操比赛、艺术节展演、合唱比赛等参加的所有的比赛，都会满载而归。

20年的教育工作，我倾注的是对事业的爱、对学生的爱，也从学生的欢声笑语中得到了快乐，从学生的茁壮成长中我感受到了自身的价值。它让我体味着与风浪搏击的酣畅，感受着风平浪静的安宁，收获着成功的喜悦与满足，更幸福着只有教师才能拥有的幸福。在未来的教育工作中，我将不断实践、不断探索，为我所钟爱的教师这一神圣职业，为我所挚爱的孩子们能够快乐地扬帆远航！

加强应急教育　培养自救技能

北京市石景山外语实验小学　张朝辉

一、基地环境分析

（一）基地基本情况描述

中国消防博物馆展陈面积 9500 平方米，由序厅、古代消防厅、近现代消防厅、防火防灾体验馆和临时展厅组成，展出了反映中国消防历史发展进程的遗存、文献资料、图片和视频影像，涉及各历史时期的防灭火思想、组织机构、法制和技术等内容，利用多媒体展陈技术对城市消防规划、建筑消防设施、火灾及地震应急处置知识等内容进行了展示介绍，并制作了相关的场景模拟和体验项目，寓教于场景，寓教于体验。

（二）基地环境与学习内容的关系

此次活动不同于往日仅仅是参观学习的课程安排，而让学生亲身参与火灾和地震逃生的体验将是本次活动的一大亮点。视觉上的冲击，听觉上的震撼，给学生留下了深刻的印象。在参观、体验的过程中，不仅让学生学到许多书本上没有的消防知识，而且在地震、火灾和地铁逃生的体验中也提高了灾难来临时的逃生技能，更增强了学生安全防范的意识。

（三）基地环境与学生的学习、生活的关系

我校每年都要定期进行安全疏散演习，大部分学生已经在这项活动中了解了学校的疏散路线和一些逃生的基本知识。但是，我们认为防火防灾不能仅仅停留在书

本里、课堂上，还需要将这些知识内化于心。因此，本学期，我们带领三年级学生一起走进中国消防博物馆，了解消防历史文化，学习并体验如何防火防灾，由此培养他们的安全防范意识，以及应对灾难的方法，让那些书本上的文字变成活的经验。鉴于以上考虑，我们将本次博物馆课程的主题定为学知识、长技能、亲体验、强意识。

参观消防博物馆的活动仅有兴趣是不够的。据我们观察，有个别的同学在参加疏散演习的时候态度不够认真，在疏散过程中出现嬉笑打闹的现象。这说明他们从思想上不够重视此项活动，没有把这样的活动提高到"珍爱生命"这一高度，而且在逃生知识和技能方面也需要不断拓展和提高，因此我们在设计时特别关注了学生年龄特点与认知水平，采用学生乐于接受参与的活动形式，各个环节都环环相扣。

二、活动目标

（1）学习消防知识，增长安全技能。
（2）珍爱生命教育，增强安全意识。
（3）多学科知识综合运用。
重点和难点：珍爱生命教育，增强安全意识。

三、教学实施过程

（一）活动准备阶段

1. 研究方案
只有准备工作做得细致周密，学生才会不虚此行。之前负责的几位老师设计的《走进消防博物馆》实践活动方案，融知识性与趣味性于一体，新颖而独特，起到了抛砖引玉的作用。

2. 实地考察
考虑到消防博物馆的一些变化，我和同组的老师一起去博物馆踩点，根据场馆现场情况设计行之有效的活动。

3. 前期学习
这学期我们召开了一次以"珍爱生命"为主题的班会，通过本次班会活动，同学们了解了一些基本的消防规则，知道发生火灾后应该怎样做，平时注意怎样预防火灾。

4. 了解场馆

教师运用PPT介绍消防博物馆的概况，如场馆规模、藏品、馆徽的象征意义等。学生多渠道收集有关消防知识、图片资料。有了这些知识的储备，学生走进消防博物馆已不再陌生。

5. 完成前测

为了了解学生的消防知识水平，为中期有的放矢地实践学习，特对学生进行了活动前测。

6. 礼仪培训

为更好、更高效地完成本次博物馆学习，我们对学生的参观礼仪进行了培训。要求学生做到：

（1）保持场馆安静（创造宁静的学习氛围，认真听讲解）；

（2）服从一切指挥（听从讲解员指挥，服从组长分配）；

（3）切忌走马观花（学习态度端正，潜心学习，认真记录）；

（4）展品不能乱摸（保护展品，体现高素质）。

7. 带队教师培训：提醒并关注学生安全

观看影片《一个消防员的故事》时有巨大的爆炸声，会刮风下雨，提前告知学生别害怕；结束后有火灾逃生演习，要掩口鼻、弯腰有序撤离，不坐电梯。模拟地铁区域空间相对狭小，要组织学生有序撤离。

（二）活动实施阶段

我们将三年级的57名学生组成6个活动小组，由一名老师负责，共同完成体验活动。考虑到路况、当天场馆人数等不可预知的情况，我制定两套活动流程，如果一切顺利就执行第一套流程；如果遇到堵车、参观人较多等情况就执行第二套流程。

1. 临时展厅——亲密接触，参观消防站

学生走进临时展厅，参观消防站。了解我国消防站的发展史、消防站家族、消防员出警过程、消防员在消防站的生活等。学生对消防站有了深入的了解，同时在体验了消防员的训练项目后，更加敬佩消防员。

2. 体验馆——身临其境，在体验中长技能

博物馆里最受欢迎的当数防火防灾体验馆。在这里，借助多媒体技术，走进各种灾难的模拟场景，参观者亦是体验者。体验馆位于地下二层，有城市消防规划、火灾体验剧场、火灾应急疏散、地震应急避险等多个互动体验项目。

火灾体验剧场里，正放映着一起火灾自救的科教短片：一家宾馆楼上正在进行电焊施工作业，火星四溅引发大火，大火烧至加油站引发爆炸。119消防车迅速赶到现场，烟雾弥漫了整个剧场，大家听从工作人员的指挥，用手掩住口鼻，弯腰尽量压低身体迅速从安全出口逃生。逼真的体验给孩子们上了一堂生动的火场逃生课。

在"地震逃生体验"区，孩子们在模拟场景中体验地震的发生。体验地震分3级、5级和8级地震。当同学们坐在酒吧时，地面开始摇晃，桌子、椅子、灯管以及壁画开始倾斜，他们正在感受着由小到大的地震强度，有的人迅速躲到桌子底下，有的人站在墙角，有的人站在街道中央，也就是所谓的安全区，成功完成了地震体验的自救。这样的灾难体验对很多同学来说是第一次，这是一次直接接受消防教育的体验，体验完后大家感受都特别深刻。视觉上的冲击，听觉上的震撼，给学生留下了深刻的印象。

在"地铁火灾应急疏散体验"区，孩子们登上了一列"地铁"，缓缓驶离站台。"如果一列地铁列车在高峰时段发生火灾，乘客们在拥挤的环境里急于逃生，难免会惊慌失措。事实上，大多数地铁列车的首尾驾驶室都装有安全门，遇到火灾就会打开。只要乘客听从列车工作人员的引导，就都能通过安全门进入隧道，逃往邻近的站台。"话音刚落，车厢里突然"火光四射"，浓重的烟雾从后面车厢涌来。位于驾驶室正中央的安全门翻了下来，成为一条逃生的坡道，同学们紧随工作人员逃离现场。来到体验馆终点，解说员叮嘱孩子们："我们国家是不主张未成年人参与灭火的，你们遇到火灾首先要做的是什么？"几名学生抢答道："逃生！""逃生以后要做什么？""报警！"孩子们异口同声地回答。讲解员不禁竖起大拇指。学生参观体验并然有序，听从指挥，求知欲强烈。可见他们在博物馆里的学习能力在不断提升。

3. 古代、近代展厅——学习知识，畅游历史长河

有互动，有体验，也有学习。二层的古代消防展厅和三层的近现代消防展厅，共展出了反映各历史时期消防文化和见证物1400余件，并设有多个多媒体演示展项及复原场景，见证了我国的消防历史。

时光倒流至远古时期，人类开始钻木取火，展出的北京山顶洞人用火遗迹化石，见证了人类早期用火的历史。宋朝展区挂着一块"慎火停水"的牌匾，意思是谨慎用火并用缸、池贮水，以便及时灭火。一开始人们并未理解其中深意，直到后来宫中屡

发火灾，才知道此话的含义。这也是我国最早的防火宣传标语。从古代走到三层的近现代，顿感消防技术质的飞跃。这里展出了近代消火栓、消防警察制服徽章等。而到中华人民共和国成立后，消防事业进一步发展。从中华人民共和国成立初期的消防器材到汶川地震的救援装备可以看出，设备越来越先进，技术也越来越成熟。

最后一个展区的墙壁上镌刻着自中华人民共和国成立到 2010 年灭火救援过程中牺牲的 474 名消防员的名字。望着他们生命中最后的一瞬，不禁感叹消防事业的神圣与伟大。这就是消防博物馆带给每一个参观者的心灵震撼。

临近中午，活动圆满结束，孩子们听到、看到、亲身体验到的消防知识，应急避险知识将受益终身。希望这些灾难永远不要发生，但在危险真正降临时，孩子们如果能保持镇定，完成自救和互救，就能最大限度地减少灾难造成的损失。

（三）成果展示和交流阶段

1. 活动后测及评价

博物馆场馆学习之后，我们及时梳理总结所学知识，对本次学习活动进行评价，通过后测和家长评价检验学生学习效果。

2. 活动感受（文章、小报）

学生还将本次活动学习的感受用不同形式展示出来，比如写感受，绘制防火、防灾宣传画，编写绘本小故事等。

3. 知识拓展

与科学课相结合，指导学生如何将所学应用到生活中去。

4. 拓展实践

将所思所想落实在文字上是远远不够的，还需要将所学知识学以致用。因此，我们带领学生分别在教室和楼道里进行了火灾逃生演习和地震逃生演习，又对教学楼的安全隐患进行排查，同时教给学生在家逃生的技能，让学生在家长的陪同下，进行了家庭火灾、地震逃生演习，对家庭安全隐患进行了排查。家校互动也教育了家长，提高了他们的应急避险能力。

四、教学效果分析

活动反思：内化于心，外化于行。本次活动，我们在注重学生学知识的同时，更注重学生的亲身体验。在参观场馆过程中，学生学习消防知识，同时亲身体验了在不同场所中发生火灾和地震时应怎样逃生。参观场馆后，学生又结合所学知识，走进校园和家庭，进行火灾和地震模拟演练，对校园和家庭的安全隐患进行排查。由此，学生不仅增强了安全防范意识，更懂得了生命的宝贵，真正地将"居安思危"的安全意识深深扎根于心中。

保护孩子，就要培养孩子的生存能力，加强应急教育，培养自救技能，应该从小抓起。作为教师，我们责无旁贷地承担起这份重任。消防博物馆无疑是最合适的教育基地。

借书育人——在低年级语文学科中渗透德育教育

北京市石景山外语实验小学　王婷婷

摘　要：《国家中长期教育改革和发展规划纲要（2010—2020 年）》指出："坚持德育为先。立德树人，把社会主义核心价值体系融入国民教育全过程。把德育渗透于教育教学各个环节，贯彻于学校教育、家庭教育和社会教育的各个方面。"国无德不兴，人无德不立。立德树人是教育的根本任务，要培养德、智、体、美、劳全面发展的社会主义建设者和接班人，就必须把德育放在首位。

《国家中长期教育改革和发展规划纲要（2010—2020 年）》指出："坚持德育为先。立德树人，把社会主义核心价值体系融入国民教育全过程。把德育渗透于教育教学各个环节，贯彻于学校教育、家庭教育和社会教育的各个方面。"国无德不兴，人无德不立。立德树人是教育的根本任务，要培养德、智、体、美、劳全面发展的社会主义建设者和接班人，就必须把德育放在首位。作为一名低年级语文教师和班主任，将语文学科教学和班主任工作相结合，在语文学习中培育具有高度道德素养和情操的人，渗透德育教育。

小学阶段的课文含有许多育人的素材，因此我依据教材的内容结合学生的特点，适时、适地、适当地对学生进行理想教育、爱国教育、传统教育等，使之从小就懂得做人的道理。

一、低年级语文学科中渗透德育教育的意义

在低年级语文学科教学中，渗透德育教育是培养小学生语文核心素养、创新能力的有效方式。德育教育中包含很多与学生道德理念和文化精神有关的知识内容，通过

将语文学科与德育教育工作相结合，也能促进低年级语文学科教学改革工作的全面发展。同时，小学语文教学素材中，包含很多与德育教育有关的知识内容，通过对这些知识内容进行挖掘，也能满足低年级学生的学习需求，了解更多与德育教育知识有关的信息内容，为帮助学生树立正确的思想道德意识和核心价值观念，也需要发挥德育教育的作用和优势，提升低年级语文教学工作的有效性，结合教学情况，适当渗透相关知识。

二、低年级语文学科中渗透德育教育的策略

（一）充分利用教材，感悟德育渗透

1. 在拼音教学中渗透德育

开学初，礼仪教育必不可少，尤其对于一年级新生，因此拼音教学中我会时时渗透礼仪教育。例如：在学习"j""q""x"和"ü"相拼，"ü"上两点省略的规则时，我利用顺口溜"小ü小ü有礼貌，见了j、q、x就脱帽"。表扬小ü有礼貌，我们要向他学习。在掌握了枯燥的规则的同时，渗透待人要有礼貌。

在学习拼音标调规则时，强调拼音标调有规则，班级和学校也有规则，所以作为小学生也要遵守学校和班级规定，否则就要闹笑话了。

2. 在识字写字教学中渗透德育

识字教学是低年级教学的重点，因此在识字中对学生进行思想品德教育也是一个重要过程。

在学习"乳"字时，通过讲解它的来历，和在甲骨文中手抱婴儿哺育的形象，延伸到各位妈妈哺育小朋友的辛劳，加强了同学们对母爱的认识，教育他们心知感恩，孝敬父母。

借助"打"字的书写教学，提问学生，你知道这个字的意思吗？能组词吗？学生便积极地举手发言，有一人组了"打人"，其余纷纷跟着说"打架""打骂""打死""打倒"等，我一看这势头便反问了一句："这些词说得不错，但我们能随便打人、打架、打骂别人吗？你们还能组其他有表示打这个动作的词语吗？"在引导下学生很快组成了"打球""打水""打鱼"等词语。这样，在开阔了学生的思路同时，又对学生进行了思想品德教育。

3. 借助教材课文，感悟德育渗透

开学初，学生对升旗仪式很陌生，对升旗要求更是一无所知。为了让他们对升国旗有更深刻的认识，我借助教学《升国旗》，对他们进行了入校后第一次爱国主义教育。

我利用多媒体设施，播放有关国旗在各种场合出现，升旗的图片和视频资料，并进行适当的讲解，引导学生对五星红旗的注意和兴趣，抓住这个时机，教导学生要热爱国旗，尊重国旗，并引入课文原句，引导学生升国旗时立正站好，面向国旗，行注目礼，感受升国旗是一种庄严的仪式，激发学生尊敬国旗、热爱祖国的思想感情。第二周的升旗仪式，学生们的表现有了巨大的进步。

低年级的孩子活泼好动、喜欢打闹，但因年龄小、心智不成熟，同学之间经常发生矛盾，告状的现象比较严重。因此在学习课文《一个接一个》时，我让孩子们换位思考，感受小作者的"快乐"，鼓励学生在遇到不愉快的事情时，要多想令人快乐的方面，不抱怨。和同学相处时，也要多想快乐的方面，不告状。

在学习中，班里的学生们经常会说：老师我不会。因此我利用《乌鸦喝水》，让学生了解靠自己动脑筋想办法终于喝到水的乌鸦，鼓励学生认识到遇到困难要积极动脑思考，别人认为做不到的事我做到了，则是一种创造。引导学生善于发现、善于思考、善于创造。

（二）拓展课外读物，启发诱导品味

除了利用教材文本，我还积极拓展课外读物，让学生自读自悟。例如在学习《小熊住山洞》时，为了让学生感受大自然的美好，体会小熊一家的环保行为，我让他们去继续阅读《鸟树》，激发学生对花草树木的热爱，对大自然的热爱。

在《端午粽》一课中，为了拓宽学生的知识面，渗透学生对中华民族优秀传统文化的热爱，我让学生去收集和阅读关于传统节日的来历、习俗，并进行汇报交流，学生们对中国传统节日产生了浓厚的兴趣。

通过读寓言故事《我要的是葫芦》一课，明白其中蕴含的道理，清楚万事万物都是有联系的。因此我拓展阅读《亡羊补牢》的故事，将课内阅读和课外阅读相联系，通过感受养羊人和种葫芦人的不同，帮助理解寓意，体会生活中我们应该懂得事物之间的联系，听别人劝告的道理。引导学生思考生活中遇到类似的事该如何处理，将读书和做事相联系。

语文教材中蕴含着丰富的德育因素，只要我们教师选好切入点，都可以对学生进行德育教育的渗透。通过形象感染、感情陶冶和潜移默化的作用来实施德育，寓德育于语文教学之中，以文本为依托，有的放矢，把德育工作渗透到每天的学习中，一点一滴地感染和渗透，培养学生成为一个道德高尚的人。

推进支部建设，提升党建水平

北京市石景山外语实验小学　吴继红

摘　要：　学校党组织是党在学校中的基层组织，加强基层党组织建设对于学校发展起着至关重要的作用，对于学校的和谐稳定，师生的全面发展具有重要作用。如何发挥党组织的作用，是我们思考的问题。外语实验小学党支部以构建一二三四党建工作体系为统领，以思想建党和制度治党为重点，系统谋划推进学校党建工作，压实了党建责任，细化了党建任务，丰富了党建载体，凝心聚力建设适合学生成长的精品学校。

学校党组织是党在学校中的基层组织，加强基层党组织建设对于学校发展起着至关重要的作用，对于学校的和谐稳定，师生的全面发展具有重要作用。党的十九大报告提出：党的基层组织是确保党的路线方针政策和决策部署贯彻落实的基础。要以提升组织力为重点，突出政治功能，基层党组织建设成为宣传党的主张、贯彻党的决定、领导基层治理、团结动员群众、推动改革发展的坚强战斗堡垒。在北京市下发的《关于加强党支部规范化建设的意见》中也指出：进入新时代，首都的发展与党和国家的使命更加紧密地联系在一起，加强"四个中心"功能建设，提高"四个服务"水平，迫切需要充分发挥党支部的政治优势和组织优势，把群众组织起来、凝聚起来，共同开创首都更加美好的明天。新时代对中小学基层党支部提出了更高要求，外语实验小学党支部积极思考，勇于实践，结合学校实际以构建一二三四党建工作体系为统领，以思想建党和制度治党为重点，系统谋划推进学校党建工作，压实党建责任，细化党建任务，丰富党建载体，不断提升党建水平，推动适合学生成长的精品学校建设。

一、建立工作体系，确立党支部的工作目标

学校党支部结合北京市石景山外语实验小学的办学理念、办学目标，构建党建工作体系（见图1），为学校的发展保驾护航。这一体系的基本内容可以概括为"四个确定"，即"确定了全面提升党建工作水平为建设适合学生成长的精品学校提供保障的党建工作方针；确定了建设好班子、培育好队伍、创建好机制、塑造好文化的党建工作目标；确定了自身建设决策和参与决策、领导和联系群众组织工作、维护学校稳定、学校文化建设、特色工作的党建工作内容；确定了由党建工作手册、党建督导评价和党建'E'先锋党建工作平台的党建管理手段"。

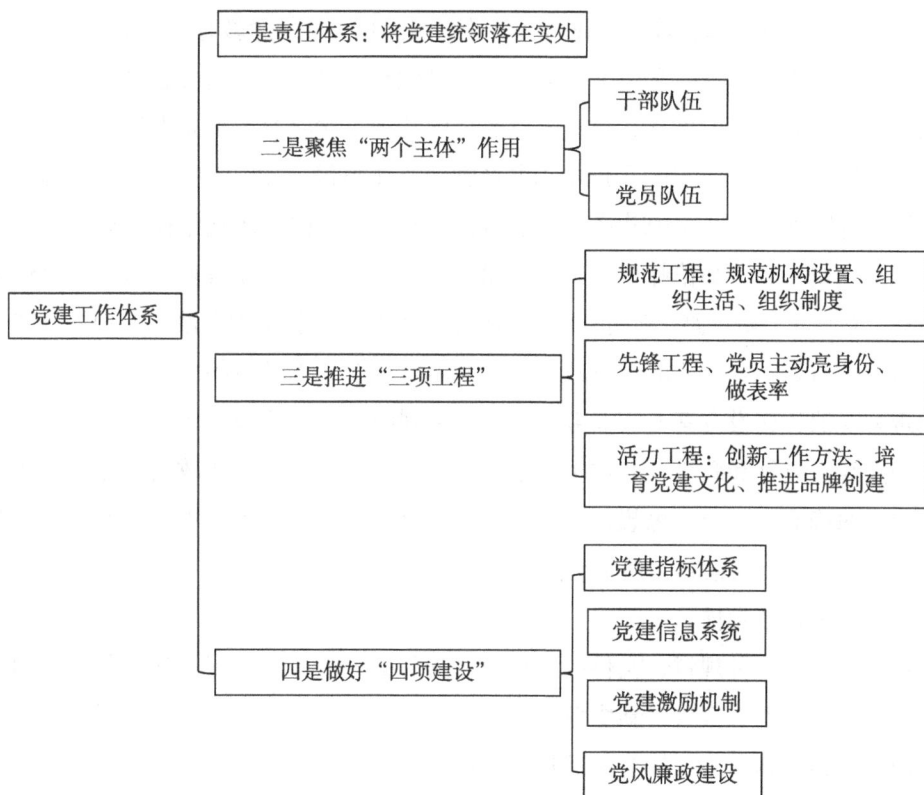

```
                  ┌─ 一是责任体系：将党建统领落在实处

                  │                        ┌─ 干部队伍
                  ├─ 二是聚焦"两个主体"作用 ─┤
                  │                        └─ 党员队伍

                  │                        ┌─ 规范工程：规范机构设置、组
                  │                        │   织生活、组织制度
党建工作体系 ──────┤                        │
                  ├─ 三是推进"三项工程" ────┼─ 先锋工程：党员主动亮身份、
                  │                        │   做表率
                  │                        │
                  │                        └─ 活力工程：创新工作方法、培
                  │                            育党建文化、推进品牌创建

                  │                        ┌─ 党建指标体系
                  │                        │
                  │                        ├─ 党建信息系统
                  └─ 四是做好"四项建设" ────┤
                                           ├─ 党建激励机制
                                           │
                                           └─ 党风廉政建设
```

图1　党建工作体系

外语实验小学党支部按照教工委关于党建工作的总体部署和要求，依照党建工作体系，与时俱进、扎实工作、开拓创新，进一步改进党支部和党员队伍建设，探索新时期党建工作新思路，为学校教育的快速发展提供坚实的组织和思想保证。

二、引领队伍发展，为战斗堡垒作用夯实基础

党的十九大报告指出：要以提升组织力为重点，突出政治功能，把基层党组织建设成为宣传党的主张、贯彻党的决定、领导基层治理、团结动员群众、推动改革发展的坚强战斗堡垒。为了提升党组织的战斗力，党支部不断探索，将支部的战斗堡垒作用落在实际行动上。

（一）注重学习，提升党性

1. 分内容，重组合

党员及干部学习内容较多，我们结合教师实际提出"信念教育""纪律教育""专业教育"三个维度，提高党员干部学习的针对性与实效性。"信念教育"即学习党的十八大、十九大以来中央有关党建的重要会议精神，学习习近平总书记系列讲话的内涵，参悟《党章》演变过程，了解中国共产党的奋斗历程，以此来坚定信念，锤炼党性。"纪律教育"即学习《中国共产党廉洁自律准则》《中国共产党纪律处分条例》等一系列党章党规，明确师德师规，严守纪律，筑牢防线。"专业教育"即学习习近平总书记有关新理念、新思路、新时代方面的论述，了解新形势下教育改革的理念与特点。中心组的学习如业务素养的《行政人员的基本素质》、党员教师《核心素养在教学中的体现》《课程建设方案》等业务学习，一系列的学习，使班子成员及党员进一步领会党的路线、方针和政策，并注重理论和实践相结合，提高业务政治素养，增强班子凝聚力，明确职责，统一思想，使之形成团结有力、德才兼备、思考与实践相结合的学校班子队伍。提高素养，强化队伍。

2. 多形式，悟党性

在学习党的各种规章、文件的过程中，支部书记带头讲党课，学习各种条例、重要讲话、党的十九大报告、新党章的学习等，以小组系列微党课、知识问答的形式进行学习理解，并撰写心得体会不断巩固、深化。以领导带头学、干部集中学、专题党课学、讨论交流学、体验观摩学等方式，推动干部开动脑筋、思考问题，提升学习质量。通过"让政治生命闪闪发光"为主题，开展"党员过政治生日""重温誓词""党员示范岗"，参观没有共产党就没有新中国纪念馆、北京市党校党性教育基地、焦庄户地道战遗址等系列活动，不断巩固、深化学习效果，做到思想上、政治上、行动上始终同党中央保持高度一致。

通过微党课的讲授学习，通过党性教育基地、红色教育基地的参观活动，使党员们深刻体会到，时代已变迁，但是不变的是革命的精神，是中国共产党在历史危机时

刻勇于站出来扛起民族命运的气魄，是"敢教日月换新天"的豪迈，是时时刻刻把民族和人民的最根本利益放在心间的承诺。这种精神，这样的信念将代代相传！

（二）注重人才，实现"双提升"

为了全面提升党员、教师队伍建设水平，实现学校办学目标，学校制定了《双培养实施方案》，并紧紧围绕教育教学中心任务把出发点和落脚点放在提高教学质量、加快发展上，通过建立"双培养台账"；党员教师参与教学研讨月、课题研究；骨干教师参加党员活动、建立联系人；储备人才，积极培养等方式，以"双培养"强化学校党建基础，促进学校全面发展。

学校年轻教师多，学校支部就通过青年培养工程将"四个意识"落实到位。

一是建立"青年党课"课程。激发他们树立理想信念，在新时代开启自己职业生涯的新征程。

二是成立"青年沙龙"。为青年教师搭建平台，让青年教师们在一起交流信息、探讨课题相互学习和提高。

三是构建"青年讲台"机制。通过"课堂风采""微课实践""设计比赛""才艺展示"等实践活动，锤炼教师的基本功，提高教师的业务素质与水平。

支部还组织部分青年教师参与党员活动，强化青年教师对党的认识。现两校青年教师有7名提交了入党申请书，教师团支部被评为"五四红旗"团支部。

支部充分发挥班子成员分工协作、集体决策的优良传统，增强班子的战斗力。建立实行中层干部工作考核制度，重平时考核、重实绩考核，使全体干部注重学习，自觉接受教育和监督。认真做好学校后备干部的培养工作，多层次、全方位地培养和选拔优秀年轻教师。近3年，主校和分校均严格按照民主推荐、考察、酝酿、讨论决定、任职等程序，提拔了3位教师走上管理岗位，3位主任上任后工作积极主动、做事严谨认真、工作能力不断提升，得到了广大教师的认可。

三、发挥先锋作用，促精品学校建设

中小学基层党支部的关键作用是推进学校发展，从而让人民对教育有更多的获得感。学校支部通过多样的活动，教育党员发挥党员的先锋模范作用，让党员成为精品学校建设中的主力军、先锋队，有力地保障党的教育方针的落实。

（一）亮身份，重承诺

自开展"两学一做"以来，学校支部提出以"亮身份、亮标准、亮承诺、亮服务、争先锋"为主线，以"推动科学发展、提高党员素质、服务师生员工、促进校园和谐"为目标，充分发挥基层党组织的战斗堡垒作用和共产党员的先锋模范作用。

在建党 95 周年之际，全体党员在党旗下重温入党誓词，并郑重许下共产党员的诺言。在教学上，党员们带头上公开课、研究课，在教学大赛中与赛课教师共同研究，体现了共产党员肯于研究、努力提高业务的表率作用。

支部还召开了"党员的模范作用在哪里"的交流活动，工作在不同岗位的党员老师们，在工作中尽心尽力，为全体教师树立了榜样。大家相互学习，凝心聚力，为建设"适合学生成长的精品学校"的办学目标而努力。

（二）建队伍，重服务

创建"党员服务队"突出党员的模范作用。支部成立"党员服务队"即：春晖行动服务队——教学经验丰富的党员组织起来成立"春晖行动服务队"，从课堂教学、班级管理、家校协同等方面对青年教师进行指导，使青年教师如沐春风，促进青年教师的快速成长。在教学上，党员们还带头上公开课、研究课，在教学大赛中与赛课教师共同研究，体现了共产党员肯于研究、努力提高业务的表率作用。青年教师参加市区教学大赛均取得了优异的成绩。春风化雨服务队——学校党员实行"一带二"机制，即一个党员联系一名教师及一名学生，从"四个一"着手了解老师与学生的思想状况。春满人间服务队——定期到敬老院、社区为社会服务，将党员的先进性辐射到社会。

（三）听意见，重提升

学校支部采取座谈会、访谈等方式，广泛征求意见建议。每年召开一次组织生活会，党员、干部对查摆出来的问题，及时制定措施进行改进。班子成员及时召开专题会议，对群众建议和批评意见进行了进一步梳理，制定了整改措施；明确了整改责任，并将实行清单制管理，狠抓整改落实、立规执纪，切实解决问题，确保整改落到实处。真正做到勇于担当，励精图治，以身作则，努力办好人民满意教育。

（四）强主导，重统领

规划学校德育工作，明确德育工作的任务、途径并开展课题研究。实行党带团、团带队制度，使党、团、队一脉相承。

教育改革中的难点就是中小学党建工作的重点。党支部广泛运用微故事、微寄语、微视频、微党课等新手段，在党员教师中提出了"党性强则师德强"的口号，让解决党员教师的理想信念问题与提升专业素养互为表里。

教学质量是学校的生命线，于是我们的支委都亲自走上讲台，感悟课堂教学改革，亲自进行课堂研究，让自己成为教学的引路人。

"求木之长者，必固其根本；欲流之远者，必浚其泉源。"外语实验小学党支部在新时代的感召下，开阔党建思路，砥砺前行，党员队伍、支部建设得以发展，同时也促进了学校的长足发展。在石景山区举行的教学大赛中外语实验小学的教师业务精湛，取得"群星五星奖"的好成绩，学校还被评为"首都学校文化建设最具影响力学校"、北京市校园文明先进校、石景山区教育先进单位。

唯有坚持党的领导，加强党的建设才是教育事业的根本保证。唯有信党、言党，加强党建统领，才能助推学校发展。外语实验小学党支部将不断丰富和拓展党建内涵，提升党建工作的科学水平，内强素质，外树形象，成为学校建设和发展有力的政治和组织保障。

想念一朵小菊花

北京市石景山外语实验小学　刘艳茹

学校新添了许多绘本，放在二楼、三楼的阅读角，方便学生随时阅读。

我教一年级新生。一年级新生的教室一不留神就会成为叽叽喳喳的小鸟屋。小鸟们叽叽喳喳，声音由低到高，直到教室里谁也听不到谁的声音，非老师的一声断喝不能平息。

我教孩子们数学。偶尔教学任务会提前完成，我就早有准备地拿出一本挑好的绘本，读给他们听，目的就是让一些爱鼓噪的小鸟们没有张嘴的机会。

《安的种子》《阿秋和阿狐》《雪人》……故事不长，也很简单，但孩子们听得很认真。他们把双肘放在课桌上，下巴抵住小手，抬着头看着我，眼睛睁得圆圆的，感觉都不舍得眨巴一下。这时，阳光从大玻璃窗上射进来，窗台上的绿植在阳光下斑驳而富有生机，教室里安静得只能听到我的声音，我很享受这个时刻，尽量让我的声音更圆润，语气更生动。

每一个故事讲完后，孩子们都爱聚在我身边，意犹未尽地聊上几句。感觉他们的思维与绘本的境界很契合，一只布艺的小狐狸跟着小主人历尽艰辛，也不会让他们惊奇。在他们的世界里，布艺的小狐狸一样会呼吸、会玩耍，会成为朋友，会为朋友两肋插刀。

六月，田野上开满小野菊的时候，我给孩子们讲了《想念一朵小菊花》。绘本的画面很唯美，蓝色的小河，绿色的草地，缤纷的小野花，还有长着一双大眼睛圆圆脸的小菊花。我将绘本放在实物投影仪上，配着唯美的画页，给他们讲一朵小菊花的故事。那天的教室格外安静，孩子们跟着一颗小水滴，从云变成雨，然后遇到了一朵小菊花。孩子们跟小水滴一样喜欢小菊花，但相聚是短暂的，小水滴又流到了小河里、大海里。行走中的小水滴，一直在寻找着它喜欢的小菊花，最后太阳公公帮助了它，它重新变成了云。

一下课，孩子们照样聚在我身边，一朵小菊花成了那一天我和孩子们唯一的话题。

而小菊花的延伸版出现在几天后。在班级的微信圈里，一个妈妈说："那天，我沏了一杯菊花水，晚上，我随手把喝了一天的菊花水倒进马桶里，并按下了按钮。没想，站在一旁的宝宝突然哭了，哭声很大。我忙问他怎么了？宝宝说：'下水道里太黑了，小菊花该多寂寞啊！'"

我忍俊不禁后，被深深触动了。我为孩子们的童真所感动，头脑中珍存的画面联袂而至，每一幅画面里都有纯净的童言稚语在熠熠闪光。

圣诞节的前一天，学校搞了点灯仪式。夜幕降临，当彩灯如梦如幻地把校园装点得流光溢彩时，我们带着孩子在梦幻而斑斓的色彩中徜徉。队首的一个小姑娘，扎着羊角辫，有着梦幻般的大眼睛，她突然歪着头，很认真地看着我说："老师，我觉得圣诞老人今晚不会到我家去。"我忙问："为什么？"小姑娘说："因为我家没有烟囱。"

一个美好的童话故事总会在成长的某一个瞬间破裂，这是谁也阻挡不了的事实。我只希望，这种破裂可以来得晚一些，再晚一些。

国家博物馆主题式学习的实践与思考

北京市石景山外语实验小学　刘世彬

为贯彻落实 2017 年中共中央办公厅、国务院办公厅《关于实施中华优秀传统文化传承发展工程的意见》以及 2014 年底颁布的《北京市基础教育，部分学科教学改进意见的通知》精神，特别是中小学各学科不低于 10% 的课时用于开展校内外实践活动的要求，结合我校已有的"博物馆课程"，2019 年始，我们着手编写系统的校本教材。国家博物馆是中华民族的文化祖庙，是中华文明与世界文明对话的重要窗口，本课程的开发与实践让博物馆学习成为学校教育的有力补充。通过主题式学习，让学生感受中华文化的博大精深，加深学生对民族与国家、历史与未来的正确认识和理解，弘扬民族文化、传承民族精神。

国家博物馆主题式教学校本课程的开发与实践，这一选题是以国家博物馆丰富的馆藏、深厚的底蕴为依托，紧紧围绕中华优秀传统文化和人文精神这一主线选择经典的主题，带动学校各学科联动教学，将主题内容贯穿于学校课堂、校内活动、场馆实践等系列活动中，构建适合学生的校本课程内容。

一、国家博物馆主题式学习研究的目的

（一）通过校本教材的开发，构建学校中华优秀传统文化教育的特色课程

本课题依托国家博物馆展览资源，挖掘中华优秀传统文化与学校教育教学的结合点，充分调动学校教师的主观能动性，从学生特点出发，开发主题式的学习内容，形成以弘扬传统文化、民族精神为主旨的特色课程。我们将校本教材与国家统编教材紧

密结合，研发出适合本校的校本教材。本课程力争有效地综合学校教师资源，社会场馆资源，成为以国家统编教材为基点，拓宽知识，延展视野，弘扬中华优秀传统文化、提高师生综合能力的有效课程。

（二）提升学生综合实践能力

国家博物馆主题式课程是围绕某一主题，结合学校课堂教学、场馆实践学习，引导孩子们有目标、有组织、有计划、有方法地合作探究学习。这种学习过程应该是对孩子信息搜索甄选、观察比较、思考记录、总结概括、同伴互动、公德礼仪等综合素养的培养；是激发学生探索求知的敲门砖；是提升学生综合实践能力，开阔学生视野，达成育人目标的有力支撑点。

（三）培养学生可持续发展的终身学习意识

我校计划每位同学在小学 6 年至少完成 6 次以上的国家博物馆主题式学习活动。我们把国家博物馆作为教育基地，通过教师有效的引领，利用博物馆资源丰富教学内容，有计划地开展教育教学活动。激发学生学习欲望，提高自主、合作学习能力。其目标是激发孩子探究中华文明足迹，传承中华优秀文化的欲望；在学习中引导学生掌握在博物馆中学习的方法，培养学生合作、探究、创新精神，以培养学生可持续发展的学习能力。将学生学习成长轨迹与博物馆学习相结合，彰显文化育人。

"国博伴我成长"学生活动手册，记录学生成长轨迹，伴随孩子 6 年成长。"国博伴我成长"活动手册将为每一位学生建立成长档案。"成长册"将作为毕业礼物分发给每位学校毕业生，记录他们学习中华优秀传统文化、感知祖国文明脉搏的足迹，更是孩子小学成长的见证。

二、国家博物馆主题式学习研究内容

（一）确定学习主题

充分利用国家博物馆资源，结合各学段学生认知水平、国家教材中相关的内容、学校办学理念及育人目标，以优秀传统文化为切入点，确定学习主题。从课程资源的编制、课程内容的实施、教学方法和手段的选择，紧紧围绕主题内容，对学生进行中华优秀传统文化教育和爱国主义教育。

本课题拟定以下选题：瓷器、玉之美与德、鼎盛中华、青铜铸造、中国古代钱币、瑞彩祥云、千年埋葬的俑、吉光凤羽、马文化、小钱眼儿里的大发现、远古时代、十二生肖、青铜时代、衣之美、中国龙，这些选题分布在各学段，国博的不同展厅，结合学科教学有效地实施。

（二）编写校本教材

本课程力争有效地综合学校教师资源、社会场馆资源，成为以国家统编教材为基点，拓宽知识，延展视野，弘扬中华优秀传统文化，提高师生综合能力的校本课程，编写的教材将成为学校持续开展学习活动的载体。

（三）探索将学科知识与展馆资源有效融合的方式方法

在教材的编写中力争体现开放性、综合性和选择性，编写丰富多元的教学内容。主要研究如何将国家课程学科教学内容和国博展品资源以及学校育人目标有机结合，努力开发出适合学生学习、教师教授的精品教材。总结博物馆实践方法策略，研究总结有效、有趣的博物馆学习方案，探索适合小学生各学段在国家博物馆学习策略。

此项研究要根据学生年龄特点，认知及心理发展水平，关注学生的参与度，关注学生的实际获得，有效地指导学生。根据需求进行实践活动，力争鼓励学生运用知识发现问题，自主探究解决问题。

三、研究重点和难点

（一）课程目标重点

凸显文化传承。在课程目标设置上，我们以传承和落实中华优秀传统文化为核心，结合社会主义核心价值观教育；注重学生真实的学习体验和个性的创意表达。让"文物会说话"，让学生与历史对话，感悟祖国文化的魅力，增强文化自信。

（二）课程资源重点

彰显民族特色。中国国家博物馆是我们的文化祖庙，它用丰富的展品向我们传递着中华民族薪火相传的民族精神、民族信仰、民族智慧、民族艺术等丰富的内容。引导孩子们认知中华文明的历史，从中寻找我们身上的民族烙印，形成民族认同感与自豪感。

（三）课程实施难点

多学科联动。国博主题课程将设计小学语文、数学、科学、美术、音乐、道法、英语 7 门学科。我们力求在实施在过程中打破学科边界，以主题探究的方式，充分调动学生多学科的知识联动，丰富、立体地展现传统文化的魅力。本课题主要运用文献研究法和行动研究法。行动研究是一个螺旋式加深的发展过程，每一次发展圈都包括计划、实施、观察、反思 4 个环节，我们要在行动实践中不断反思不断修正，最终达到较为理想的实践效果。

四、国家博物馆主题式学习研究实践

（一）中国古钱币主题学习开启研究序幕

2019 年 10 月至 11 月，我校以高学段为切入点，开展了"钱币"主题综合实践活动。组织学生对教师编写的主题课程进行实践。

课题组刘世彬从美术角度出发，以一节《花钱里的秘密》，与学生共同探讨古钱币中压胜钱（压岁钱）的吉祥图案及美好寓意，从而通过钱币上的纹样认识中国传统民俗文化；书法课上，老师为学生介绍了中国汉字的演变过程，提高了学生对古钱币鉴赏的基本能力。

该主题负责人张翠老师以《小钱眼里的大发现》为研究主题，开展了两周的主题系列学习活动。张老师利用班会、信息技术课，带领学生们进行了充分的课前预习和准备工作。孩子们在认真研读学习单的基础上，通过相关网络资源查询对钱币的历史知识有了大致的了解之后，每个同学都找到自己研究的兴趣点。教师指导学生根据相近的选题自由结合成小组，以小组为单位撰写本小组研究计划。

通过前期与博物馆公共教育部预约交流，2019 年 11 月 29 日，我们带领六年级两个班学生 60 人抵达国家博物馆，进行了该主题的博物馆实践学习。国博的讲解员杨老师为同学们进行现场讲解，从原始的贝币到早期的刀布币，再到持续两千年之久的方孔圆钱，直至清末的机制铜、银元，孩子们因为有了前期的知识储备和各自的问题，表现出良好的学习状态。他们专注倾听，认真凝神思考，积极互动交流……讲解学习结束后，杨老师对孩子们给予了高度的评价，夸他们知识面广、乐学、会学。在集体学习环节之后，在各组长的带领下开始了小组的深入学习。在古钱币展厅，各小组同学按照前期制定好的探究主题有序开展活动，孩子们在博物馆里尽情地观察、描画、摘抄。孩子们专注学习，认真讨论，一张张学习单记录了孩子们的思考与收获。

在学生活动实施期间，由课题组教师、骨干教师组成的观察组，通过记录、调查访谈等方法观察总结活动（含课堂教学）的效果，及时总结反馈给主题设计教师，教师根据反馈不断修订完善教材。

（二）疫情期间开展线上研究实践活动

2020年2月下旬，根据新冠肺炎疫情防控要求，学生进入停课不停学阶段。根据这一情况，课题组根据原计划适度调整了课题研究形式。在2020年2月17日至3月27日以两周一个周期，分别在五、六年级开展了《中国龙》《千里马》《画说蝙蝠》三项主题式学习。这三项内容均为本课题计划的研究主题，结合国家博物馆的馆藏，我们精心编写了适合学生居家自主学习的主题学习手册，通过线上指导，引导学生完成主题学习的校内学习内容。三项主题学习涉及音乐、美术、书法、道德与法治、科学、语文各学科，在学习手册编写过程中我们通过网络会议，在教师微信群中交流修改文案，尽可能发挥多学科联动的优势，把学习手册内容与学生认知水平、生活实际相结合。经过6周的学习，五、六年级学生100%完成了3个主题的学习，学生反馈学习资料、成果百余项（件），在这个特殊的时期，我们的课题在进行主题式学习指导方面，更加入了学生自主探究学习的思考与实施。

（三）带题授课网上交流

2020年4月，根据课题组原计划应该是带题授课交流研讨活动，根据疫情期间实际情况，我们将这次研讨交流转为线上。课题组孙明辉老师以《钱币的演变》为主题，综合语文、历史、思品学科内容精心设计了学习内容，并从教学背景、学情分析、教学目标、教学过程几方面，通过网络平台在本课题组中进行了说课交流。全课通过不同历史时期的文物将钱币发展贯穿始终，一步步引领学生感受钱币发展的必要性，发现钱币在发展过程中不断完善的美的元素，从而让学生感受博物馆的魅力，进而从内心深处产生主动走进博物馆的意识，亲近文物的"家"，鼓励学生主动走进博物馆，运用所学，探索求知。同时，教师还设计了多种体验活动、小组合作讨论等活动，充分发挥了学生的主体性、合作性，提高了学生的观察能力与合作解决问题的能力，突破教学重难点。这节课设计的问题一个比一个更深入，这种层层递进的问题式教学的运用，不仅有助于激发学生积极思考、深入探究、培养思维能力，而且有助于使学生不再被动地零散地接受知识，使他们对知识的理解不再仅停留在表面上，而是能更好地建立知识体系，从而利用知识体系灵活地解决问题。

五、对实践研究的思考

本课题研究有两个难点。一是主题式学习课程实施过程中的难点，即多学科联动。就教师现在开发的学习内容看，将涉及语文、数学、科学、美术、音乐、道法、英语7个学科。怎样在实施在过程中打破学科边界，指导教师协同备课，在教学中挖掘主题教学的深度和广度，使知识更好地融合，丰富、立体地展现传统文化的魅力。与此同时，合理配置教师资源以及课时安排，也是我们今后要解决的问题。

二是小学低学段教学内容的实施问题。小学低学段学生认知水平与学习能力有限，而国家博物馆的馆藏具有深厚的文化底蕴，怎样设计适合低年级的主题式学习指导，怎样引导低学段孩子走进国家博物馆，开展有效、有趣的学习活动，是我们需要突破的难点。

国家博物馆主题式学习研究工作还在继续，我们会依据前期研究成果再接再厉，继续深入开展课题实践，不断积累素材经验，努力做好课题研究工作，开发优质的综合实践读本，补充丰富学校课程。

（此文章内容为北京市教育科学"十三五"规划立项课题《小学生在国家博物馆主题式学习的实践研究》成果，立项编号：CDBB19098）